国务院侨务办公室立项
彭磷基人才培养改革基金资助

普通高等教育“十一五”国家级规划教材

College Finance & Taxation Series
高等院校财税系列教材

现代税务会计原理与实务（第四版）

王丹舟◎主编

暨南大學出版社
JINAN UNIVERSITY PRESS
中国·广州

图书在版编目（CIP）数据

现代税务会计原理与实务/王丹舟主编. —4版.—广州：暨南大学出版社，2015.10
ISBN 978-7-5668-1633-7

Ⅰ. ①现… Ⅱ. ①王… Ⅲ. ①税收会计 Ⅳ. ①F810.42

中国版本图书馆CIP数据核字（2015）第236342号

出版发行：暨南大学出版社

地　址：中国广州暨南大学
电　话：总编室（8620）85221601
　　　　营销部（8620）85225284　85228291　85228292（邮购）
传　真：（8620）85221583（办公室）　85223774（营销部）
邮　编：510630
网　址：http：//www.jnupress.com　http：//press.jnu.edu.cn

排　版：广州联图广告有限公司
印　刷：佛山市浩文彩色印刷有限公司

开　本：787mm×960mm　1/16
印　张：22
字　数：419千
版　次：2004年4月第1版　2015年10月第4版
印　次：2015年10月第9次
印　数：20001—22000册

定　价：45.00元

前　言

“现代税务会计原理与实务”是会计学专业的核心选修课程之一，也是经济管理类专业学生实践教学的主要参考书目。作为国家“十一五”规划教材，本书秉持与时俱进的精神，力图使本教材能保持学科前沿的特色和创新。最新修订的第四版教材是配合国家最新的税制改革和会计准则改革加以编写的，不仅增加税务会计方面最新改革内容，而且在体例结构上进行了重新整合。结合国际前沿教材的编写特点，编者在每章前增加了“学习要点”；在内文中，对近年相关法规的修订部分及时进行了增减，修改了一些例题和表格；在每章最后增设“本章小结”“关键术语和概念”“学习参考：文献与法规”等。同时，为了开拓同学们的学习研究视野，部分章节里增加了前沿政策、新闻、理论导读，案例分析，企业报表的税收理财等内容，极大地丰富了教材的内容。因此，该书更获得“国务院侨务办公室立项”“彭磷基人才培养改革基金资助”，在此深表谢意！

本书的写作参考了大量的文献，其中包括其他专家学者编著的教材。在此，对本书所引各类文献的作者表示感谢！同时，对暨南大学出版社编辑老师的认真负责表示感谢！由于编者水平有限，本书难免存在错漏之处，恳请读者指正。

编　者

2015 年 9 月于暨南园

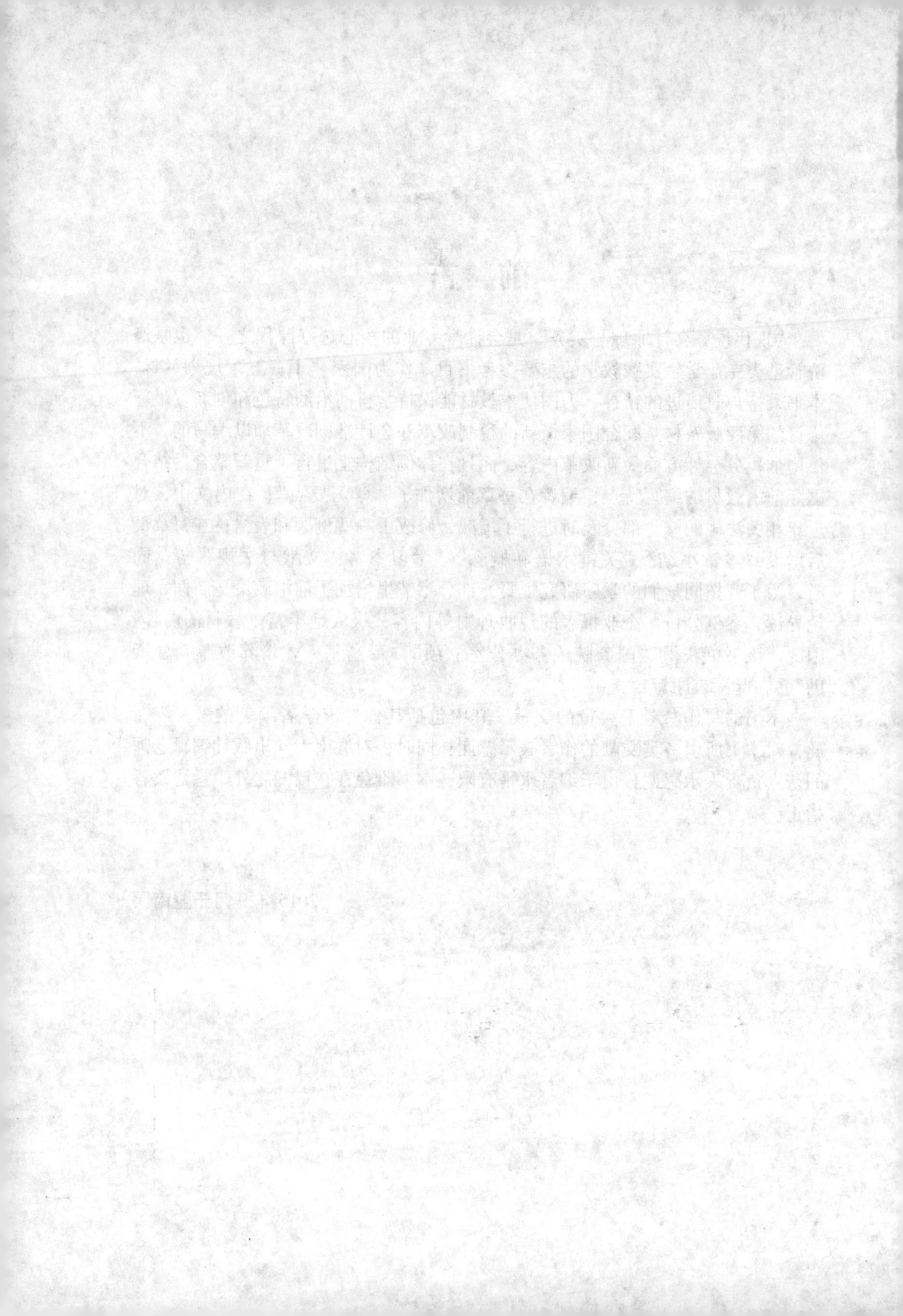

目 录

第一章　总论

【学习要点】

* 税务会计学习的必要性
* 税务会计的产生和发展
* 税务会计的概念和模式
* 税务会计与财务会计的关系
* 税务会计的内容

第一节　税务会计的基本原理

一、税务会计的产生和发展

众所周知，经济越发展，会计越重要。作为实现调控宏观和微观经济工具的税务会计，伴随税收的出现而产生，随着税收法规、会计法规的完善而得以发展。

（一）税务会计的产生

税收既属于历史范畴，也属于经济范畴。它随着社会经济发展和国家权力的形成而产生，是社会历史和生产关系发展到一定阶段的产物。

国家为了实现其职能，需要消费物质资料，而国家常设机构和公职人员并不直接创造财富。因此，他们只能凭借政治权力，运用法律手段向社会成员强制地、固定地、无偿地取得财富以增加国家收入。要征税则需要借助簿籍，以考核赋税的形成和缴纳，完成这一使命的特定工具就是税务会计。

从历史发展角度来看，在古代，我国“官厅会计”（税务会计）的应用早于“民间会计”上千年。“官厅会计”是反映、监督国家财政收支实现的重要工具。当时的国家财政主要是赋税收入，“官厅会计”则主要是反映、监督国家赋税收支的活动。从这个角度而言，我国古代的“官厅会计”就是早期的税务会计。

在西方，18 世纪下半叶，英国在对拿破仑的战争中，为筹措战争经费，于1799 年正式颁布所得税法。此后，西方各国相继建立了所得税制，并使其发展成为主要税种。人们在推行所得税制的同时，很快就发现：要建立比较健全和严格的税制，以保证政府的税收，就要促使纳税人既注重税法，又重视会计，将两者紧密结合并加以合理运用，这样才能实现合理纳税的愿望。1914 年，美国会计界在《会计杂志》（*Journal of Accountancy*）设“所得税园地（Income Tax Department）”“研究者园地（Student' s Department）”专栏，专门讨论所得税及其会计处理问题，正式把所得税会计概念提到议事日程上来，这标志着西方税务会计研究的开始。

（二）税务会计的发展

随着税收制度的不断演变，税务会计也经历了一条曲折、漫长、不断发展与不断完善的道路。

我国隋唐时期，由于统治者采取了一系列有利于经济恢复与发展的措施，特别是唐太宗励精图治，鼓励农桑，社会经济空前繁荣，给赋税收入扩大了税源。工商业的发展使新的税种、税目不断增加，这一时期的税务会计也相应得到了一定的发展。

进入宋代后，由于该时期是中式会计发展的高峰时期，税务会计也得到较快的发展。在这个时期，“官厅会计”的方法体系基本形成。宋代“官厅会计”账簿分为两种：一种是赋税征收及财务保管出纳；一种是军政费用开支。而赋税征收部门的账簿又分为户籍记账和钱粮账簿两种。户籍记账是赋税征收的依据，钱粮账簿是收、调核算及报账的依据，两者融为一体，说明当时的会计核算与征税核算是紧密联系在一起的，为税务会计的完善奠定了基础。

新中国成立以来，税收的性质发生了根本的变化，但由于理论与实践发展的种种客观原因，人们对在社会主义国家职能中税收的地位和作用的正确认识经历过一段曲折的反思。尽管新中国的税制历史经历了几次重大改革和反复，但真正引起足够的重视还是在经济体制改革以后才逐渐开始的。1978 年十一届三中全会以后，我国开始进入有计划商品经济的全面改革。为实现利改税的目标，财政部和国家税务总局陆续颁布了税务会计的有关制度，如 1984 年 9 月 29 日，财政部颁布了《国营工交企业第二步利改税财务处理暂行规定》，对利润和应纳税所得额的计算及其加减项目、税后利润的分配、调节税等有关税务会计的重要内容作了具体规定，增设和调整了有关税务会计中的“税金”等科目核算的内容与方法。

进入20世纪90年代，特别是1992年党的十四大召开，我国进入全面的社会主义市场经济的建设时期，全面的会计改革和税制改革为完善税务会计奠定了坚实的基础。1994年，全面税制改革，我国税务会计的模式由原来的融于财务会计中逐渐实现了转换，财务会计已不再融众多学科于一身。为了规范企业的会计核算，企业会计被要求根据会计法和会计准则、制度等法规，真实、完整地提供会计信息。在新出台的一系列税收法规的引领下，财政部陆续出台了《关于增值税会计处理的规定》《关于营业税会计处理的规定》《关于消费税会计处理的规定》《关于企业所得税会计处理的暂行规定》。这一重大改革举措充分说明我国税务会计改革有了质的飞跃，标志着税务会计的建设已日趋成熟。今天，随着我国会计和税收制度改革的不断深化，税收法规与企业会计准则之间的差距越来越大，加大新形势下税务会计的完善建设的力度，显得十分重要。

在西方国家，税务会计也同样有着迅猛的发展。第二次世界大战以后，以市场经济较发达的美国为首的西方国家，非常重视公司所得税的征收。由于大部分的西方发达国家都是实行以所得税为主体税种的单主体税制体系，所以，所得税成为税务会计研究的核心内容。不少国家如美国、加拿大、日本把所得税会计视为税务会计。美国会计程序委员会于1944年12月出台了《会计研究公报》第23号《所得税会计》（*ARS* NO. 23，*Accounting for Income Taxes*）。这是第一份系统、完整地规范所得税会计的公认会计原则（GAAP）文告。该文告的颁布结束了美国会计师们在所得税会计处理方面的“自由创造”时代。随后在20世纪50—80年代，国际会计原则委员会、美国会计学会、美国注册会计师协会陆续颁布并修改了所得税会计方面的文告。直到1992年2月，美国财务会计原则委员会（FASB）发布了修改后的*FAS*（*Financial Accounting Standards*）第109号*Accounting for Income Taxes*（《所得税会计》），使西方所得税会计理论和方法得到了空前的发展。正如美国著名会计学家Eldon S. Hendriksen在《会计理论的历史发展》一书中写道：“很多小的企业，会计目的是编制所得税申报表，甚至不少企业若不是为了纳税根本就不会记账。即使对大公司来说，纳税亦是会计师的一个主要问题。”

二、税务会计的内涵

从上可知，社会生产力的发展和国家的出现是税务会计产生的基础，而赋税的征收是税务会计产生的前提。那么，什么是税务会计呢？

西方国家的税务会计学者认为：税务会计是一门以法令为准绳，以会计技术为工具，平时负责汇集企业各项交易活动之合法凭证，并加以整理、记录、分类、汇总，进而年度终了加以结算、编表、申报、完纳有关税收的社会人文科学。

由于历史背景和社会经济环境不同，西方国家形成了不同的税务会计模式。主要有：

（1）英美税务会计模式。其主要特点是以股东、投资人为导向，税法对纳税人的财务会计所反映的收入、成本、费用和收益的确定不发生直接影响，各个会计要素的确认、计量、记录等都遵循财务会计准则，期末将会计利润（亏损）依照税法的规定调整为纳税利润（亏损）。

（2）法德税务会计模式。其主要特点是以税收为导向，税法对纳税人的财务会计所反映的收入、成本、费用和收益的确定发生直接影响，会计准则与税法（还有商法、公司法等）一致，对会计事项的财务会计处理严格按照税法的规定进行。由于计算的会计收益与应税收益一致，无须税务会计调整计算。这种模式强调财务会计报告必须符合税法的要求，税务会计当然也就无须从财务会计中分离出来。

（3）日荷税务会计模式。其主要特点是上述两种会计模式的有机融合。日本的税务学者认为：税务会计是根据会计的核算方法来掌握并计算出被确定的上税标准，从而起到转达和测定财务信息的租税目的与作用的会计。由此形成了日本税务会计模式，其虽以企业为导向，但具有其本身的特色。日本会计深受本国《商法》《证券交易法》和《公司所得税法》的影响，如日本《公司所得税法》要求为纳税而申报的公司收益额必须经本身的股东大会通过，并经有关方面核准，依据《证券交易法》编报的损益表与依据《商法》编报的损益表应该一致，在这一点上，它接近法德模式；但日本税法还规定，在计税时，对财务会计中的收益额可以进行调整，但哪些项目要调整、哪些项目可以灵活处理、哪些项目不允许调整要遵守税法的规定，从这个角度看，它又具有英美模式的特点。因此，日本模式有更强的实用性，亦称混合模式。与日本情况相似的荷兰，税法对财务会计没有全面影响。因此，荷兰的税务会计与财务会计有分有合。所以，这种模式也被称为混合模式。

我国税务学者认为：税务会计是以税收法规为准绳，以货币为主要计量单位，运用会计学的理论和核算方法，连续地、系统地、全面地对会计主体税务资金的确认、计量、缴纳、报告进行反映和监督的一种管理活动。税务会计是会计学中在近代兴起的一门边缘学科，是将企业会计中的税务问题和企业税务活动中的会计问题相互交织在一起，融财税法规、会计法规和会计核算原理于一体的特种专业会计。

税务会计的概念可以从以下几个方面来理解：

（1）税务会计处理的依据。税务会计不像其他专业会计那样以国家统一的会计准则或会计制度为唯一依据，而是以税收法规为主，兼以所涉各种专业会计准则或会计制度为辅的会计处理，这种二元依据是税务会计的典型特点。

（2）设置税务会计的宗旨。税务会计的宗旨可以从两个方面理解：一是从国家角度出发，其目的是保证国家及时、足额地收取税收收入，从而保证国家财政收入稳定地增长；二是从企业角度出发，其目的是使企业在不违反国家税法的前提下，经济、合理地缴纳税款，提高企业的经济效益。

（3）税务会计的理论依据与核算方法。作为会计学科的一个分支，税务会计像其他专业会计一样，以会计的基本原理作为本分支学科的理论依据与核算方法。所以，税务会计的核算方法也包括设置账户、复式记账、填制和审核凭证、登记账簿、编制报表等。

（4）税务会计的核算内容。税务会计以企业的税务资金运动为其主要核算内容。换言之，税务会计就是对企业的税务资金运动进行连续、系统、全面的记录、核算与监督的一门特殊会计。

（5）税务会计的性质。它属于一种特殊的税务管理活动。一方面，从宏观经济管理角度看，它是国家及时、足额地组织和取得税收收入的手段，加强税务管理应该包括科学地使用税务会计这一重要工具；另一方面，从微观经济管理角度看，它又是企业经济纳税、合理纳税的重要手段，如何准确地核算应纳税额对提高企业经济效益至关重要。所以，税务会计是核算和监督企业税务资金运动，加强税务管理的一项重要管理活动。

第二节 税务会计与财务会计的关系

税务会计作为适应社会主义市场经济发展而兴起的一门会计学科，与企业财务会计有着十分密切的关系。我们知道，企业的生产经营离不开业务、财务、会计、税务、人事等诸多事情，就像人们的家庭生活离不开柴、米、油、盐、酱、醋、茶一样。其中，会计是将企业个体的经济活动加以收集、整理、记录、分类、汇总、编表、分析及解释，进而提出有关企业的财务状况与经营成果的资料，以利于股东、债权人、分析人员及潜在投资者了解，作为其决策和判断的依据。而站在政府管理部门的角度，则基于国家的课税需要，对企业所提出的会计资料，根据税法的规定与限制进一步加以调整，作为课税基础，核算课税所得与应纳税额，是税务会计的根源。

税务会计作为一项实质性的工作，并不是完全独立存在的，而是企业财务会计的一个特殊领域，对传统的财务会计方法具有质的继承性。它不要求在财务会计的凭证、账簿、报表之外，再设一套新的会计核算系统；从企业会计机构的设置看，也可以不专门设置税务会计机构或专职人员。因为现代会计也要求具有多重功能，诸如财务功能、税务功能、管理功能、成本分析功能、经济效益分析功能等，这些功能形成不同的衡量尺度。企业只需设置一套系统，凭证、账簿、报表体系完整，平时就按会计准则和制度规定的程序及方法进行会计处理，需要时，再以财务会计核算资料为基础，按现行税法的规定作出相应的调整。世界各国的税法条款都不断吸收会计的概念和方法；计算税款的程序大多要模拟会计方法，计算依据必须以会计记录为基础。由此可见，税法必须借助于会计技术才能得以实施和发展。另外，税法对会计也产生重要影响。税法使会计实务的处理更加规范化，直接影响会计对某些会计方法的选择，促使会计重心由损益的计量转向资产的盘存，由重视利润表转向重视资产负债表；同时，使会计人员的业务范围不断扩大。税务与会计相互联系、相互影响、相互制约、相互促进，这决定了财务会计与税务会计之间密不可分的内在关系。但是，税务会计又与财务会计保持着距离。美国会计学者 Raymond J. Krasniewski 的文章 The Relationship and Difference Between Financial Accounting and Tax Accounting 给予了我们极大的启发（参见本章附录）。具体来说，财务会计和税务会计的主要区别如下：

一、目的不同

众所周知，财务会计是以传统会计为主要内容，通过一定的程序和方法，将企业生产经营活动中大量的、日常的业务数据，经过记录、分类和汇总，编成会计报表，向企业外部与企业有利害关系的集团和个人提供反映企业经营成果和财务状况及其变动情况的会计报表。也就是说，财务会计的主要目的是向管理部门、股东、贷款人和其他有关方面提供有用的信息，使企业外部的会计信息使用者能够及时、准确地了解企业的生产经营情况，对企业经营情况作出正确的判断，以保证其自身的经济利益。而税务会计则是以货币为主要计量单位，以税务法规为准绳，运用会计学的理论，连续、系统、全面地对企业的税务资金运动的形成、计算、缴纳进行核算与监督的信息管理活动。其主要目的有二：一是要保证国家及时、足额地取得税收收入，从而保证国家财政收入稳定地增长；二是正确引导纳税人在不违反国家税法的前提下，经济、合理地缴纳税款，以真正提高企业的经济效益。

二、对会计要素确认要求不同

作为对企业财务会计工作的规范指导，财务会计强调企业在反映和监督经济业务时，要严格遵循权责发生制进行会计确认。因为它作为会计确认基础，被认为清楚地反映了企业的损益。税务会计则不同。由于税务会计和财务会计的目的不同，税务会计可能弱化基本会计准则。其中最典型的例子，就是允许采用收付实现制进行会计处理。尽管这种方法不能对收入与费用进行较为合理的配比，但这种做法从征税的角度是可以接受的。因为从管理的角度而言，收付实现制简便、客观，能确保在纳税人有现金时支付税款。

三、在会计计量方面的要求不同

财务会计对会计计量基本采用历史成本计量属性，但同时允许在市场价值波动的情况下，局部或全面地采用公允价值或可变现净值进行价值变动的会计计量。在进行企业理财时，则充分考虑货币的时间价值，采用现值进行会计计量。而作为税务会计，考虑到税收特有的属性，一般不允许考虑货币时间价值及币值变动的影响，它坚持按纳税人业务发生时的实际成本进行核算，较客观、及时地反映税务资金的运动。

四、对损益确认的程序不同

税务会计与财务会计对损益计算的处理依据不同，导致会计所得和计税所得差异的存在。会计所得必须依据税法的要求进行适当的调整，才能成为符合规定的应税所得，这是税务会计的主要内容。

财务会计与税务会计的差异是客观存在的，两者的差异不可能完全消失。我们应该辩证地理解和分析，应该遵循各自本身的内在规律，在理论和实践上不断发展完善。

总之，为了适应纳税人的需要，或者纳税人为了适应纳税的需要，税务会计如同企业纳税，越来越凸显其特有的重要性；税务会计也如同国家的税法、税制一样，越来越完善、健全，也越来越复杂。现代税务会计、财务会计与管理会计已经构成会计学科的三大分支，税务会计知识已经成为财务会计领域所有专业人士必须通晓的专业知识。

第三节　税务会计的内容

一、税务会计的对象

科学研究的区分在于矛盾的特殊性；某一学科的研究对象是由被定义为对象的研究所产生的知识系统所构成的。税务会计的主要研究对象应是税务会计反映和监督的内容，即税务会计的客体。具体表述为：在企业生产经营活动中，纳税人因纳税活动引起的应纳税款的确认、计量和缴纳，纳税申报及纳税结果的会计处理等资金运动。概言之，税务会计的对象就是纳税人在其生产经营过程中可用货币表示的税务资金运动。

众所周知，企业的生产经营活动按照供应过程、生产过程、销售过程的循环而周转，货币资金形态从投入货币资金开始，依次表现为储备资金、生产资金、成品资金，又回到增值的货币资金形态。在每一货币资金运动形态中都包含着相应的税务资金运动。企业为了取得经济效益，在生产经营中消耗各种资金，构成企业的生产经营成本、费用。这些耗费既是生产经营的前提，又是企业资金的补偿尺度。

首先，企业的收入是企业生产经营活动中所产生的收益，是企业销售商品、提供劳务及提供他人使用本企业的资产所发生的或即将发生的现金或其他等价物的流入，或债务的清偿，它是企业持续经营下去的依据。由于我国是实行商品劳务税和所得税并重的双主体国家，企业收入不仅是商品劳务税的计税依据，也是计算所得税的重要依据。企业主体的收入越多，产生的税收收入也就越多，所以，正确地核算和监督企业主体的经营收入，是税务会计的重要内容。

其次，企业的费用是企业生产经营过程中发生的各种耗费。企业要进行生产经营活动，必然相应发生一定的费用，如制造业在生产过程中要耗费原材料、燃料和动力；要发生机器设备的折旧费用和修理费用；要支付职工的工薪报酬和其他各项生产费用。费用中能予以对象化的部分就是成本，即制造成本；不能予以对象化的部分，就是期间费用。费用作为计税的影响因素，既要负担生产耗费的税款支出，也是经营成果的扣除要素，收入扣除相应费用后形成一定期间的利润。

再次，经营利润是企业在一定期间内生产经营活动的最终财务成果，是收入与费用配比、相抵后的差额。它是反映经营成果的最终要素，能正确地核算企业经营利润关系到的所得税额的数量多少。因此，当税务会计核算与企业会计核算不一致时，需要以税法为依据作适当调整。只有这样，才能保证国家税收收入的稳定增长。所以，经营利润是税务资金运动的重要内容，也是税务会计的主要内容。

税务资金运动经历经营收入、经营费用、经营利润等过程，分别形成了各种税，反映了税务资金进入企业，并在企业的经营过程中进行循环和周转。而作为税款的计缴结果，纳税人必须依法申报与解缴税款，以便及时、足额地上缴国库，形成国家财政收入。税款的申报和解缴属于税务资金退出企业，构成税务会计核算内容。另外，国家根据市场经济发展的需要，对某些纳税人或征税对象给予减免税的鼓励和照顾措施也属于税务会计的内容。减税是从应征税额中减征部分税款，而免税则是免征全部税款，减免税从税务资金运动角度考察属于税务资金总额的减少，表示税务资金退出企业。

企业税务资金的运动见图 1－1。

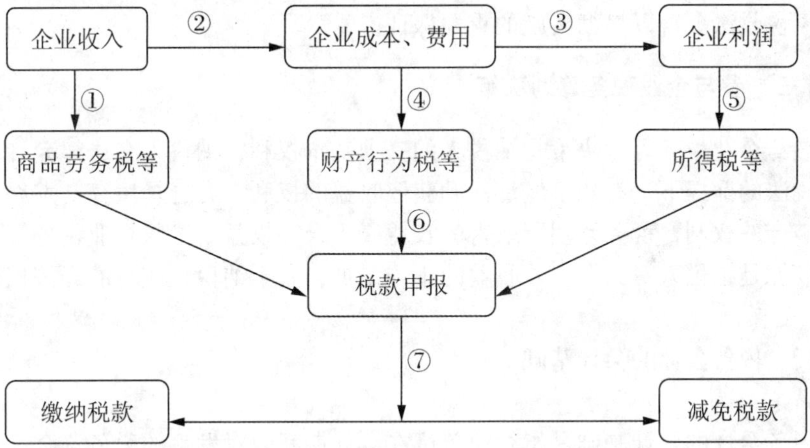

图 1－1

说明：①、④、⑤代表税务资金进入企业；②、③代表各种应纳税款的核算，即税务资金的循环与周转；⑥、⑦表示税务资金退出企业。

二、税务会计的职能

税务会计的职能是指税务会计在税务管理中所具有的最基本的职能。税务会计的性质决定了税务会计的职能，马克思关于簿记是对生产“过程的控制和观念的总结”的论述同样适用于税务会计。所以，税务会计的主要职能是对企业税务资金运动的反映和监督，并参与企业税务筹划决策。

（一）反映税务资金活动职能

反映税务资金活动职能是税务会计最基本的职能。税务会计的反映职能是指按照税收法规和会计核算的程序的要求，对应纳税额的确认、计量、记录和全面报告等全过程提供详细资料。

（二）监督税务资金活动职能

监督税务资金活动职能是指控制企业税款的确认、计量、记录和申报等全过程，并使之符合税收法规和会计准则制度的要求。税务会计的这种监督职能是国家税收法令得以贯彻实施的重要保证。

（三）参与企业税务筹划决策

参与企业税务筹划决策是纳税人的一项基本权利，纳税人在法律允许或不违反税法的前提下，有从事经济活动获取收益的权利，有选择生存与发展、兼并与破产的权利，税务筹划所取得的收益属于合法权益。参与企业税务筹划决策的职能是纳税人对其资产、收益的正当维护，属于纳税人应有的经济权利。

三、税务会计的会计基础

税务会计的会计基础是指企业单位在会计期间内对发生的税务资金运动按一定的标准作为确定会计账务处理的基础。

（一）税务会计准则

为了适应我国改革开放和发展社会主义市场经济的需要，财政部适时地对我国会计法规体系进行了重大改革。1992 年 11 月 28 日，颁布了《企业会计准则》，并于 1993 年 7 月 1 日起在全国范围内所有企业执行。随后，中国加入了 WTO，为了更好地实现与国际会计惯例的接轨，截至 2001 年 11 月，财政部陆续出台了16项具体会计准则。2006年2月，为了进一步规范我国企业会计的确认、计量和报告行为，保证会计信息质量，加快与国际会计趋同的步伐，财政部又适时推出了我国会计准则的新体系，共计39项，要求自2007年1月1日起，在我国上市公司正式实施，并在随后的实施中在其他企业逐步推行。2014年1月至7月，为了适应社会主义市场经济的深化发展，完善我国企业会计准则体系，提高会计信息质量，财政部陆续发布了新增或修订的合共8项企业会计准则，自2014年7月1日起施行。至此，我国会计准则体系共计构建41项会计准则。同时，为了规范小企业会计确认、计量和报告行为，促进小企业可持续发展，发挥小企业在国民经济和社会发展中的重要作用，根据《中华人民共和国会计法》及其他有关法律和法规，2013年1月1日财政部颁布实施了小企业会计准则。实施会计准则体系，是实现我国会计准则国际趋同、有效提高会计信息质量、进一步提升我国会计整体水平所迈出的重要步伐，是推进企业改革、促进资本市场发展、提高对外开放水平的一项基础性工程，是完善我国市场经济体制，推动企业实施"请进来""走出去"战略的重要举措。该举措对促进、提高和规范会计管理、会计核算，推动会计的健全和发展起着积极的作用，是企业进行会计工作所必须遵循的基本规范准则。税务会计是会计学科的一个分支，所以，会计准则也是税务会计必须遵循的会计规范与指南。

（二）税务会计年度

会计年度是会计反映和监督企业经济活动、财务收支及其成果的起止日期。对企业来说，企业是以持续经营为假定前提的，为了定期将企业的经营成果、财务状况反映给有关各方，必须将连续不断、循环往复的企业再生产过程人为地划分为会计年度报告期，简称"会计年度"。如何界定会计年度才合适呢？从世界范围而言，会计年度有以下3种划分：以每5年为1年度；以每2年为1年度；以每12个月为1年度。年度的起讫日期亦有不同，通常有4种：每年1月1日至12月31日止，称为历年制，又称一月制；自开始年的4月1日至第二年的3月31日止，称为四月制；自开始年的7月1日至第二年的6月30日止，称为七月制；自开始年的10月1日至第二年的9月30日止，称为十月制。由此可见，会计年度起止日期与时间长短并无一定标准，各国根据自己的情况而定。关于我国会计年度界定，在我国会计法规中明确规定：会计年度采用公历日期，即我国是以历年制为会计年度，从每年1月1日起至12月31日止。因此税务会计年度实际与我国的纳税年度及会计年度基本保持一致。我国税法规定：企业的纳税年度，自公历1月1日起至12月31日止。企业在一个纳税年度中间开业，或者终止经营活动，使该纳税年度的实际经营期不足

12 个月的，应当以其实际经营期为一个纳税年度。企业依法清算时，应当以清算期间作为一个纳税年度。

（三）税务会计基础

会计基础，又称记账基础，是会计确认经济业务是否成立并计算企业损益数额的依据。它通常分为三种：

（1）收付实现制（现金基础）。对一切收入和费用支出，以是否实际收到货币资金或实际付出的货币资金作为确定收入与费用是否发生的标准。也就是说，本期实际收到的货款不论其属于哪一个会计报告期，均作为本期收入；本期实际付出的货款，不论该项费用应归属哪个时期，均作为本期的费用入账。收付实现制计算手续简便，但欠公平合理。目前在行政、事业单位的会计及一般税务监缴机关会计有采用收付实现制的。

（2）权责发生制（应计基础）。对一切收入和费用，不管其是否已经实际收到或已经实际付出，都以经济权益和经济责任的发生作为确定本期收入和费用的标准。也就是说，凡是当期已经实现的收入与当期已经发生和应负担的费用，不论款项是否收付，都应作为当期的收入和费用处理；凡是不属于当期的收入和费用，即使款项已在当期收付，都不应作为当期的收入和费用。权责发生制的计算和核算手续较烦琐，但它公平合理，且由于其贯穿整个企业会计准则体系的总过程，属于财务会计的基本问题，层次较高，统驭能力强，在工商企业中广泛应用。

（3）联合基础。这是税务会计的确认基础。即平时会计记录允许以现金收付基础记录；年终结算时，再以权责发生制加以调整。联合基础实际上是权责发生制和收付实现制的联合运用。其优点是可以减少平时的记账工作量，年度终了，可收到权责发生制的效果。我国税法中显示的税务会计基础实际上采用的是联合基础。例如，企业所得税法规定：缴纳企业所得税，按年计算，分月或者分季预缴。企业应当自月份或者季度终了之日起 15 日内，向税务机关报送预缴企业所得税纳税申报表，预缴税款。企业应当自年度终了之日起 5 个月内，向税务机关报送年度企业所得税纳税申报表，并汇算清缴，结清应缴应退税款。

（四）税务会计信息质量的原则要求

税务会计信息质量要求是对企业税务报告中所提供税务会计信息质量的基本原则要求，是使税务报告中所提供的信息对投资者、政府等决策有用而应具备的基本特征，是会计信息质量要求与税务会计原则（课税原则）的综合体现，详见表 1－1“会计信息质量要求与课税原则对比表”。

表 1－1 会计信息质量要求与课税原则对比表

序号	会计信息质量要求	课税原则
1	**可靠性** 企业应当以实际发生的交易或者事项为依据进行会计确认、计量和报告，如实反映符合确认和计量要求的各项会计要素及其相关信息，保证会计信息真实可靠、内容完整。	**真实合理（真实性）** 要求企业应纳税额的计算必须以真实的交易为基础，各项会计记录必须完整、准确，有合法凭证作为依据。 受法定性原则修正的影响，真实性原则在税收中未能完全贯彻，如企业财产发生非常损失未经税务机关审批不得扣除；企业实际发生的捐赠支出，要区分是否为公益救济性质，并有扣除比例的限制。
2	**相关性** 企业提供的会计信息应当与财务会计报告使用者的决策需要相关，有助于财务会计报告使用者对企业过去、现在或者未来的情况作出评价或者预测。	**相关性** 要求纳税人申报扣除的费用从性质和根源上必须与取得应税收入相关，与免税收入直接相关的费用不得申报扣除。同时与生产经营无关的支出和属于个人消费性质的支出不允许在税前扣除。 所以，虽然都被称为“相关性”，但税法的相关性原则与会计的相关性要求的内容是不同的。
3	**可理解性** 企业提供的会计信息应当清晰明了，便于财务会计报告使用者理解和使用。	**可理解性** 税法条款对纳税人和税务机关来说都应是可理解的。
4	**可比性** 企业提供的会计信息应当具有可比性。 同一企业不同时期发生的相同或者相似的交易或事项，应当采用一致的会计政策，不得随意变更。确需变更的，应当在附注中说明。 不同企业发生的相同或者相似的交易或事项，应当采用规定的会计政策，确保会计信息口径一致、相互可比。	**稳定性（可比性）** 要求企业采用的税收政策前后一致，包括不同企业发生的相同或相似业务的税收政策、同一企业不同时期适用的税收政策都应当前后一致并保持不变，以便于管理，特别是纳税评估。 但根据社会经济情况的变化以及征管过程中出现的问题，对税收政策进行修订，会影响税收政策的稳定性。同样，出于税收调节社会经济的需要，税法可能对特定地区、特定企业、特定事项给予税收优惠而与公平性原则相背离。

（续上表）

序　号	会计信息质量要求	课税原则
5	**实质重于形式** 企业应当按照交易或者事项的交易实质进行会计确认、计量和报告，不应仅以交易或者事项的法律形式为依据。	**实质重于形式** 在法定性前提下，税法适当运用了实质重于形式的原则，特别是反避税条款和企业改组等业务都很好地体现实质至上原则，以体现公平性。比如，税法规定，以货币资金投资入股取得税后利润的不征营业税，但以货币资金投资收取固定利润或保底利润的行为，视同贷款业务，并征收营业税。 会计应用实质重于形式，主要靠财务人员依据职业判断，但税法主要是依据此原则制定出非常明确的具体规定，对体现立法精神的经济实质明确界定清楚，而绝不能由税务人员根据此原则对经济业务进行判断，以防止滥用。 此外，如果税法不能强调法律形式，而给纳税人和税务人员更多的余地进行职业判断，会导致无数的纳税争议。
6	**重要性** 企业提供的会计信息应当反映与企业财务状况、经营成果和现金流量有关的所有重要交易或事项。	**法定性** 税法没有重要性要求，纳税人在记录、计算和缴纳税款时，必须以法律为准绳，税款计算正确与否、纳税期限正确与否、纳税人行为正确与否，均应以税法为判断标准，即不区分项目的性质和金额的大小，税法规定征税的一律征税，税法规定不征税或者免税的一律不征税或免税。
7	**谨慎性** 企业对交易或者事项进行会计确认、计量和报告应当保持应有的谨慎，不应高估资产或者收益、低估负债或者费用。	**确定性** 税法通常情况下不承认谨慎性，要求纳税人申报的各项扣除必须是真实发生的，且其全额必须能够准确确定。纳税人按谨慎性要求计提的各项资产减值准备和预计负债，除税法另有规定外，在计提当期进行纳税调整，在实际发生当期进行纳税处理并予以扣除。

（续上表）

序　号	会计信息质量要求	课税原则
8	**及时性** 企业对于已经发生的交易或事项，应当及时进行会计确认、计量和报告，不得提前或者延后。	**及时性** 税法中的及时性原则表现在两个方面：一是对企业发生的涉税事项必须及时确认（即收入必须及时确认，成本、费用和损失必须及时扣除），不得提前或滞后；二是应纳税额必须及时申报、缴纳，逾期会加收滞纳金，并处以罚款。 及时性原则的作用主要是强化征管和反避税。
9		**配比原则** 税法强调配比原则：一是时间配比，即一定时期的收入与同期为取得收入而发生的支出相配比；二是因果配比，即收入应和与其对应的直接相关支出相配比，与取得收入无关的支出不得税前扣除，与不征税收入对应的支出也不能税前扣除。 税法严格遵循配比原则，与收入无关的支出不能税前扣除，公允价值变动损益不计入应纳税所得额。
10		**划分收益性支出与资本性支出** 《中华人民共和国企业所得税法实施条例》第二十八条规定："企业发生的支出应当区分收益性支出和资本性支出。收益性支出在发生当期直接扣除；资本性支出应当分期扣除或者计入有关资产成本，不得在发生当期直接扣除。"
11		**权责发生制** 《中华人民共和国企业所得税法实施条例》第九条规定："企业应纳税所得额的计算，以权责发生制为原则，属于当期的收入和费用，不论款项是否收付，均作为当期的收入和费用；不属于当期的收入和费用，即使款项已经在当期收付，均不作为当期的收入和费用。本条例和国务院财政、税务主管部门另有规定的除外。"

（续上表）

序号	会计信息质量要求	课税原则
12		**历史成本** 《中华人民共和国企业所得税法实施条例》第五十六条规定："企业的各项资产，包括固定资产、生物资产、无形资产、长期待摊费用、投资资产、存货等，以历史成本为计税基础。 前款所称历史成本，是指企业取得该项资产时实际发生的支出。 企业持有各项资产期间资产增值或者减值，除国务院财政、税务主管部门规定可以确认损益外，不得调整该资产的计税基础。"

（五）税务会计凭证、账簿和报表

作为反映经营业务书面证明的会计凭证、账簿，在税务会计中同样重要。税法规定，除国家另有规定，企业应设置能够正确计算应纳税款的会计凭证、会计账簿等；企业的发票和收款凭证，须经当地税务机关批准，方可印制、使用。另外，税法还规定，企业所得申报表和纳税凭证，由国家统一印制。作为税务会计核算的综合反映，纳税申报表是对企业一定期间税务活动综合情况的反映。通过纳税申报表可以考核企业税务活动的状况和税款缴纳的完成情况。因此，纳税申报表必须严格按照税务部门规定的项目在有关表式内填列齐全，并附上文字说明，按期向税务部门报送。逾期不报者，税务机关可按照税法的规定给予经济处罚。

（六）计量单位和使用文字

我国财税法规规定会计核算以人民币为记账本位币。有外币收支业务的企业，也可以采用外币作为记账本位币，但在汇总编制报表时，必须折算为人民币反映。对使用的文字，税法规定，企业的会计凭证、账簿和报表应当使用中国文字填写，也可使用中外两种文字填写。

第四节 税务会计的基本原则

税务会计是一门具有法律效应的特种专业会计。因此，在处理因税务活动引起的资金运动时，要遵循以下基本原则：

一、税收法定原则

税务会计在处理税务资金运动的有关会计事项时，必须遵守税收法定原则。这是税务会计的首要原则。党的十八届三中全会审议通过的《中共中央关于全面深化改革若干重大问题的决定》中明确了落实税收法定原则的具体要求。这是我国在党的文件中首次明确税法原则中最根本原则的要求。税收法定原则是指税法主体的权利义务必须由法律加以规定，税法的各类构成要素皆必须且只能由法律予以明确。其内容包括税收要件法定原则和税务合法性原则。

二、效率原则

税务会计的反映和监督要有利于资源的有效配置和经济体制的有效运行，有效提高税收征收管理效率，降低税收征管成本。

三、收入原则

企业实现的经营收入是计税的重要基础，是增加国家财政收入的重要支柱。因此，税务会计必须注重收入原则，正确确认纳税收入及以此为基础计量的有关税务项目，以合法增加税收收入，保证国家财政来源。

四、公平原则

税务会计是调整国家、企业、个人三者利益关系的工具，一般认为公平原则包括横向公平和纵向公平，即税收负担必须根据纳税人的负担能力分配，负担能力相等，税负相同；负担能力不等，税负不同。因此，税务会计必须认真地核算企业的成本与收益，坚持合理、公平负担税收的原则。

五、客观原则

税务会计必须如实反映企业税务活动的本来面貌，应根据客观事实确定是否符合课税要件，并根据纳税人的真实负担能力决定纳税人的税负，而不是仅考虑相关外观和形式，即必须反映和监督税务活动中会计事项的真实性和可靠性。这是税务会计必须遵循的带有普遍意义的原则。

第五节　税制概述

一、税法与税收的概念

税法是国家法律的重要组成部分，它以宪法为依据，是调整国家与社会成员在征纳税上的权利与义务关系、维护社会经济秩序、保障国家利益和纳税人合法权益的法律规范总称，是国家税务机关及一切纳税单位和个人依法征税、依法纳税的行为规则。

税收是国家为实现其职能，凭借政治权力，按照税法的规定，参与社会产品和国民收入分配，以取得财政收入的形式。税收具有三个特征：一是强制性，二是无偿性，三是固定性。

税法是税收的法律表现形式及其所确定的具体内容。

二、税制要素

各国的税法一般比较复杂，但都由若干要素构成。税法要素是指各种单行税法具有的共同的基本要素的总称。了解这些要素，有助于全面掌握和执行税法规定。税法的构成要素包括总则、纳税义务人、征税对象、税目、税率、纳税环节、纳税期限、纳税地点、减税免税、罚则、附则等项目。具体说明如下：

1．总则

总则主要包括立法目的、立法依据、适用原则等。

2．纳税义务人

纳税义务人又称纳税主体。我国税收法律关系的主体，一方是代表国家行使税收征收管理权的各级税务机关；另一方是履行纳税义务的自然人、法人及其他组织。根据各具体税收法律关系不同，各具体税法调整对象不同，其纳税主体也有所不同。

3. 征税对象

征税对象又称课税客体，是税收法律关系中征纳双方权利、义务所指向的客体或标的物，即税法要对什么进行征税。与课税对象紧密相关的一个基本概念是税基，也称计税依据，它决定对征税对象课税的计算问题，主要包括从价计征和从量计征。

4. 税目

税目是各个税种所规定的具体征税项目，反映具体的征税范围。

5. 税率

税率是对征税对象的征收比例或征收额度，是计算税额的尺度，也是衡量税负轻重的重要标志。我国现行的税率形式主要有：

(1) 比例税率。即对同一征税对象或同一税目不分大小，都按规定的同一比例征税。比例税率具体又分为单一比例税率、差别比例税率和幅度比例税率。

(2) 超额累进税率。即把计税金额按数额多少分成若干级距，对每个级距分别规定相应的差别税率，应税所得额每超过一个规定的级距，对超过的部分按高一级的税率计算征收。

(3) 超率累进税率。即以征税对象数额的相对率划分为若干级距，分别规定相应的差别税率，相对率每超过一个级距，对超过的部分按高一级的税率计算征税。

(4) 定额税率。即按征税对象的计算单位，直接规定一个固定的税额。

6. 纳税环节

纳税环节是指税法规定的征税对象在从生产到消费的流转过程中应当缴纳税款的环节。

7. 纳税期限

纳税期限是指纳税人按照税法规定缴纳税款时间方面的限定，包括纳税义务发生时间、纳税期限和缴库期限。

8. 纳税地点

纳税地点是指根据各个税种纳税对象的纳税环节和有利于对税款的源泉进行控制而规定的纳税人（包括代征、代扣、代缴义务人）的具体纳税地点。

9. 减税免税

减税免税是指对某些纳税人和征税对象采取减少征税或免予征税的特殊规定。

10. 罚则

罚则又称法律责任，是对纳税人违反税法的行为采取的处罚措施。

11. 附则

附则主要规定与该法紧密相关的内容，如某项税法的解释权和生效时间等。

三、税法的分类

税法体系中按各税法的立法目的、征税对象、权限划分、适用范围、职能作用的不同，可分为不同类型的税法。

（1）按照税法的基本内容和效力的不同，可分为税收基本法和税收普通法。

税收基本法是税法体系主体的核心，在税法体系中起着母法的作用。其基本内容一般包括税收制度的性质、税务管理机构、税收立法与管理权限、纳税人的基本权利与义务、税收征收范围等。税收普通法是根据税收基本法的原则，对税收基本法规定的事项分别立法实施的法律。

（2）按照税法的职能作用的不同，可分为税收实体法和税收程序法。

税收实体法主要是指确定税种立法，具体规定各税种的征税对象、征收范围、税目、税率、纳税地点等。税收程序法是指税务管理方面的法律，主要包括税收管理法、纳税程序法、发票管理法、税务机关组织法、税务争议处理法等。

（3）按照税法征收对象的不同，可分为以下五类：

①商品和劳务税税法。主要包括增值税、营业税、消费税、关税等税法。

②所得税税法。主要包括企业所得税、个人所得税等税法。

③财产、行为税税法。主要是对财产的价值或某种行为课税，包括房产税、印花税等税法。

④资源税税法。主要包括资源税等税法。

⑤特定目的税税法。包括城市维护建设税、烟叶税等。其目的是对某些特定对象和特点行为发挥特点调节作用。

（4）按照税收收入归属和征管权限的不同，可分为中央税法和地方税法。

中央税一般由中央统一征收管理。地方税一般由各级地方政府负责征收管理。根据我国经济和社会发展及实行分税制财政管理体制的需要，现阶段我国共有18个税种，分为中央税、地方税、中央地方共享税三类。其中，消费税为中央税；增值税、所得税为中央地方共享税；其他一般为地方税。

（5）按照主权国家行使税收管辖权的不同，可分为国内税法、国际税法、外国税法等。

国内税法一般是按照属人或属地原则，规定一个国家的内部税收制度。国际税法是指国家间形成的税收制度，主要包括双边或多边国家间的税收协定、条约和惯例等。外国税法是指外国各个国家的税收制度。

【案例分析】A 企业于 2×15 年 5 月 2 日以托收承付方式向 B 企业销售一批商品，成本为 40 000 元，增值税专用发票上注明：售价 60 000 元，增值税 10 200 元。A 企业在销售时已知 B 企业资金周转发生暂时困难，但 A 企业为避免存货积压，同时考虑到 B 企业的资金周转困难只是暂时性的，未来尚有可能收回货款，因此，仍将商品销售给了 B 企业。由于此项收入目前收回的可能性不大，A 企业在销售该商品时不能确认收入，应将已发出商品成本转入“发出商品”科目。假设 A 企业就销售该批商品的纳税义务已经发生（办妥托收手续），A 企业的会计处理如下：

根据收入准则，A 企业作出会计分录：

借：发出商品 40 000

　贷：库存商品 40 000

根据增值税暂行条例，将增值税专用发票上注明的增值税税额转入应收账款：

借：应收账款——B 企业（应收销项税额） 10 200

　贷：应交税费——应交增值税（销项税额） 10 200

注：如果销售该商品的纳税义务尚未发生，则不作该笔分录，待纳税义务发生时再作应交增值税的分录。

假如 2×15 年 12 月 4 日 A 企业得知 B 企业经营情况逐渐好转，B 企业承诺近期付款，A 企业可以确认收入：

借：应收账款——B 企业 60 000

　贷：主营业务收入 60 000

同时，结转成本：

借：主营业务成本 40 000

　贷：发出商品 40 000

12 月 4 日收到款项时：

借：银行存款 70 200

　贷：应收账款——B 企业 60 000

　　应收账款——B 企业（应收销项税额） 10 200

请对上述状况进行分析。

无论是对纳税的会计处理还是纳税的审查处理，我们都经常面临这样的问题：在交易活动中是否发生了纳税行为；纳税行为在会计处理中如何反映才是正确的；纳税检查中重点应检查纳税行为的什么内容；审查后在会计确认、计量、记录和报告中应如何纠正等。这些问题是所有从事税务活动的征纳双方必须回答的核心问题，不论是国企还是私企，是内资还是外资。对这些问题的主要解答过程就是税务会计的反映和监督管理过程。

【本章小结】

税务会计是以税收法规为准绳，以货币为主要计量单位，运用会计学的理论和核算方法，连续地、系统地、全面地对会计主体税务资金的确认、计量、缴纳、报告进行反映和监督的一种管理活动。

税务与会计相互联系、相互影响、相互制约、相互促进，这决定了财务会计与税务会计之间密不可分的内在关系。但是，税务会计又与财务会计保持着距离。

现代税务会计、财务会计与管理会计已经构成会计学科的三大分支，税务会计知识已经成为财务会计领域所有专业人士必须通晓的专业知识。

税务会计的对象就是纳税人在其生产经营过程中可用货币表示的税务资金运动。

税务会计的确认基础是联合基础。

【关键术语和概念】

税务会计　税务会计对象　税务会计职能　税务会计基础

【学习参考：文献与法规】

1. ［美］埃尔登·S. 亨德里克森. 会计理论. 王澹如等译. 上海：上海立信会计图书用品社，1987. 78.

2. 董盈厚. 财务会计与税务会计分离理论扩展研究. 北京：经济科学出版社，2011. 13.

3. 盖地. 税务会计概念框架构想. 会计研究，2014（10）：3~12.

4. ［美］雷蒙德·J. 克拉尼斯基（Raymond J. Krasniewski）. 财务会计与税务会计的联系与区别. 会计研究，1995（3）：8~12.

5. 周仕雅，刘凌雷. 税务会计模式的国际比较及我国税务会计模式的完善. 涉外税务，2005（1）：55~58.

6. 盖地. 税务会计研究. 北京：首都经济贸易大学出版社，2004.

7. 马嘉应，杨叶承. 税务会计. 台北：五南图书出版股份有限公司，2009.

8. 吴家骥，陈昆山，饶月琴. 税务会计：含税务法令及实务. 台北：文笙书局股份有限公司，2009.

9. 卓敏枝等. 税务会计. 台北：三民书局股份有限公司，1987.

10. 吴习，吴嘉勋. 税务会计（第十三版）. 台北：五南图书出版股份有限公司，2005.

11. 王峰娟. 税务会计. 上海：复旦大学出版社，2008.

12. 肖光红，仝自力. 税务会计. 北京：中国金融出版社，2007.

13. 梁俊娇. 纳税会计. 北京：中国人民大学出版社，2004.

14. 盖地. 税务会计实务（第二版）. 北京：经济科学出版社，2014.

15. 中国注册会计师协会. 税法. 北京：经济科学出版社，2015.

16. 中国注册会计师协会. 会计. 北京：中国财政经济出版社，2015.

17. 财政部会计资格评价中心. 中级会计实务. 北京：经济科学出版社，2015.

18.《企业会计准则》（财政部于2006年2月15日发布，自2007年1月1日起施行）

19.《小企业会计准则》（财政部于2011年10月18日发布，自2013年1月1日起施行）

20. 国家税务总局的相关税收政策

21. 财政部相关会计政策

【附录】

The Relationship and Difference Between Financial Accounting and Tax Accounting

By Raymond J. Krasniewski, Ph.D, CPA

As China continues its remarkable growth and its movement toward a socialistic market economy, an issue that will certainly arise is the ability of Chinese governmental units to raise revenue from the many newly created business enterprises. By drawing on the experiences of the United States, this paper focuses on one important aspect of this issue—accounting methods that taxpayers are permitted to use. Since a taxing authority has goals that almost always differ significantly from those of the financial accounting and reporting community, it should come as no surprise that tax accounting and financial accounting may not closely resemble each other.

Please note that since this paper focuses on the U. S. tax rules regarding accounting methods, it is intended primarily as a "discussion piece" rather than a set of recommendations for the Chinese accounting and taxation authorities.

The Taxation Environment in the United States

In the U. S. , as elsewhere, there is an adversarial relationship between taxpayers and the government. No one has any patriotic duty to pay one cent more of taxes than he or she legally owes. Accordingly, taxpayers seek all sorts of ways [both legal (tax avoidance) and illegal (tax evasion)] to maximize their after-tax wealth.

For its part, the government attempts to collect taxes as efficiently and equitably as possible. When the government believes that a particular accounting method (even one that has achieved general acceptance for financial reporting) is interfering with its efforts, it takes whatever measures that are considered necessary to mitigate the accounting method's undesirable effects.

Tax Accounting Methods

The rules that determine when a particular item is reported for income tax purposes are generally referred to as accounting methods. The U. S. Internal Revenue Code [Section 446 (c)] identifies four permissible methods of accounting:

1. The cash receipts and disbursements method.
2. The accrual method.
3. Any other method permitted by the code (e. g. , a method for a specific situation such as the percentage of completion method for a long-term construction contract or the use of LIFO to value inventories).
4. Any combination of the three methods above permitted by the Income Tax Regulations.

The term "accounting method" is not limited to the overall method of accounting used by the taxpayer (e. g. , the cash or accrual method). It generally includes the treatment of any particular item if such treatment affects when the item will be reported. For example, the use of LIFO to value inventories would be considered an accounting method since the use of this method determines when the cost of a product will become part of cost of goods sold.

The taxpayer is not required to adopt one overall method of accounting. For example, a taxpayer having inventories must use the accrual method to account for inventories and the related amounts of sales revenue and cost of goods sold. However, the same taxpayer could use the cash method to report interest income or other items (e. g. , salaries of salespersons). This approach (referred to as the hybrid method) is completely acceptable as long as the taxpayer applies the same methods consistently.

Taxpayers are generally allowed to select the methods of accounting that they wish to use. In all cases, however, the IRS has the right to determine if the method used clearly reflects income, and if not, to make the necessary adjustments [Internal Revenue Code Section 446 (b)]. Fox example, assume that each year a tax payer changes the way that it computes the amount of overhead that it capitalizes as part of inventory (e. g., on the basis of direct labor hours one year, machine hours the next). In such case, the IRS might require the taxpayer to use one method consistently so that income would not be distorted from year to year but would be clearly reflected.

Comparison of Financial and Tax Accounting Methods

At first glance, many people particularly accountants—would no doubt conclude that a method of accounting that conforms with GAAP would be regarded as clearly reflecting income. Although this is ordinarily true, it is not always the case. Conflicts sometimes exist because the objectives of the income tax system differ from those of financial accounting. The primary goal of financial accounting is to provide useful information to management, shareholders, creditors, and other interested parties. In contrast, the goal of the income tax system is to ensure that revenues are fairly collected. Due to these different goals, the tax law may disregard fundamental accounting principles. Perhaps the most obvious example can be found in the tax law's allowance of the cash method of accounting. Despite its failure to properly match revenues and expenses, the cash method is normally tolerated because from an administrative view it is simple and objective. Such administrative concerns often dictate a different approach for tax purposes. For example, as illustrated in the previous example, an accrual basis taxpayer is often required to report income received in advance (sometimes referred to as prepaid income) when received rather than when earned. Although this practice violates the matching principle, it ensures that the tax is imposed when the taxpayer has the cash to pay it.

The operation of differing objectives can also be seen in the use of estimates. One of the major responsibilities of financial accountants is to ensure that financial statement users are not misled. This demand normally encourages accountants to be conservative, which in turn may cause them to understate rather than overstate income. Although the government does not want taxpayers to overstate income, it certainly does not want to endorse principles that would tend toward understatement. Thus, the tax law generally does not allow taxpayers to estimate future expenses such as bad debts or warranty costs and deduct them currently, as is the case with financial accounting. Instead, the deduction is allowed only when there is objective evidence that a cost has been incurred. The government frowns on estimates of expenses, presumably because taxpayers would tend to overstate them.

Reporting of income received in advance and the treatment of estimated expenses are just two examples of where financial accounting principles deviate from tax accounting. The key point to recognize is that a particular item may be treated one way for financial accounting purposes and another way for tax purposes. As a practical matter, this may mean that two sets of books are maintained, or what is perhaps more likely, one set based on financial accounting principles to which adjustments must be made to arrive at taxable income. Many corporations report financial accounting income that is substantially different from the amounts reported for tax purposes. The corporate Form 1120 requires a reconciliation of taxable income and financial accounting income.

The primary goal of financial accounting is to provide useful information to management, shareholders, creditors, and others properly interested; the major responsibility of the accountant is to protect these parties from being misled. The primary goal of the income tax system, in contrast, is the equitable collection of revenue consistently with its goals and responsibilities, financial accounting has at its foundation the principle of conservatism, with its corollary that possible errors in measurement [should] be in the direction of understatement rather than overstatement of net income and net assets. In view of the Treasury's markedly different goals and responsibilities understatement of income is not destined to be the guiding light. ... Financial accounting, in short, is hospitable to estimates, probabilities, and reasonable certainties; the tax law, with its mandate to preserve the revenue, can give no quarter to uncertainty.

While this compelling "oppose-estimation, give no quarter to uncertainty" argument is often the basis for the differences between financial accounting and tax accounting, the government tends to ignore it when the use of estimation works in its favor. One example of this involves accounting for the income from long-term contracts. Until recently, taxpayers could choose between two methods, percentage of completion or completed contract, to report such income for tax purposes.

The percentage of completion method requires the taxpayer to recognize a portion of the profit on the contract based on the estimated percentage of the contract completed during the taxable year. On the other hand, the completed contract method allows the taxpayer to defer income recognition until the contract is complete and acceptance by the customer has occurred. Taxpayers usually opted to use the completed contract method in order to postpone recognition of income. In some extreme cases, taxpayers were able to postpone reporting income for many years by claiming that the contract was not complete. And, given the Thor Power Tool decision, they could argue that they were using a preferred method of accounting. After all, unlike percentage of completion, completed contract requires no estimations and gives no quarter to uncertainty!

Concerned about the opportunities for deferral as well as the potential for abuse, Congress took various steps, slowly but surely limiting the use of the completed contract method. Finally in 1989, the method was virtually repealed. Thus, long-term contracts currently entered into normally must be accounted for using the percentage of completion method. However, there are two situations where the completed contract method can still be used:

1. Home construction contracts in which 80 percent of the costs are related to buildings containing four or fewer dwelling units.

2. Contracts of small businesses—construction contracts that are completed with two years commencement and are performed by a contractor whose average annual gross receipts for the three preceding years do not exceed $10 million.

In some instances, the tax law specifically permits rapid write offs (e.g., limited expensing of the cost of business tangible personal property in the year that it is placed in service) and deferral of income that are not available in financial accounting. In some of these cases, however, the tax law has a backup provision in the form of the alternative minimum tax to prevent abuse of the use of the tax benefits derived from exclusions, deductions, and credits.

Cash Method of Accounting

Virtually all individuals—as well as many corporations, partnerships, trusts, and estates—use the cash method of accounting. Its prevalence is no doubt attributable to the fact that it is easy to use. Under the cash method, taxpayers simply report items of income and deduction in the year in which they are received or paid [Income Tax Regulation Section 1.446-1 (c) (1) (i)]. In effect, the cash method allows taxpayers merely to refer to their checkbooks to determine taxable income.

In using the cash method, items of income need not be in the form of cash but need only be capable of valuation in terms of money. Under this rule, sometimes termed the cash equivalent doctrine, the taxpayer reports income when the equivalent of cash is received [Income Tax Regulation Section 1.446 – 1 (a) (3)]. Thus, where property or services are received, the fair market value of these items serves as the measure of income.

Due to the cash equivalent doctrine, reporting of income arising from the receipt of notes and accounts receivable differs. A note received by a cash basis taxpayer is usually considered property and hence constitutes income equal to the value of the note. When a promise to pay is not evidenced by a note (e. g., an account receivable arising from a credit sale), no income is recognized by a cash basis taxpayer until payment is received. This treatment results because unsupported promises to pay normally are not considered as having a fair market value.

Constructive Receipt Doctrine. Taxpayers using the cash method of accounting have substantial control over income recognition since they may control the timing of the actual receipt of cash. If the requirements calling for actual receipt were strictly adhered to, the cash basis taxpayer could easily frustrate the purpose of progressive taxation. For example, taxpayers could select the year with the lowest tax rate and simply cash their salary or dividend checks or redeem their interest coupons in that year. To curtail this practice, the doctrine of constructive receipt was developed. Under this principle, a taxpayer is deemed to have received income even though such income has not actually been received. Note that there is no corresponding doctrine for deductions (i. e., there is no constructive payment doctrine).

The constructive receipt doctrine is expressed in Regulation Section 1.451 – 2 (a) as follows:

Income, although not actually reduced to the taxpayer's possession, is constructively received by him in the taxable year in which it is credited to his account, set apart for him or otherwise made available so that he could have drawn upon it during the taxable year if notice of intention to withdraw had been given. However, income is not constructively received if the taxpayer's control of its receipt is subject to substantial limitations or restrictions.

As the Regulation suggests, the taxpayer is treated as having received income when the following three conditions are satisfied:

1. The taxpayer has control over the amount without substantial limitations and restrictions.
2. The amount has been set aside or credited to the taxpayer's account.
3. The funds are available for payment by the payer (i. e., the payer's abili-

ty to make payment must be considered).

The tax treatment of many deferred compensation arrangements between employers and employees is tied to the constructive receipt doctrine. IRS has ruled that where the taxpayer has entered into a deferral arrangement before the services are performed, such income is not considered received (Revenue Ruling 60 – 31). This is true even though the taxpayer has controlled over whether the payments are to be made currently or are to be deferred. The Service's conclusion rests on the principle that once the employee has made the agreement, he or she does not have the right to receive currently the deferred amounts. This presumes, however, that the taxpayer has not received cash equivalents such as notes and that the payments are not secured in any fashion. Similarly, the taxpayer cannot be protected through some type of escrow or trust account since such amounts may be treated as having been set aside for withdrawal by the taxpayer.

Limitations on the Use of the Cash Method. As a method of accounting, the cash method's principal advantage lies in its simplicity. On other counts, the cash method scores poorly, ranking a distant score to the accrual method. From an accounting perspective, the cash method is entirely inappropriate since income and expense are recognized without regard to the taxable year in which the economic events responsible for the income or expense actually occur. Similarly, when the individuals involved in a transaction use different methods of accounting, there may be a mismatching of income and deductions. For example, an accrual basis corporation could accrue expenses payable to a cash basis individual. In such case, the corporation could obtain deductions without ever having to make a cash disbursement, and moreover, without the individual taxpayer recognizing any offsetting income.

While the above are clearly shortcomings, the major flaw found in the cash method is that it is easily abused. Taxpayers have often secured benefits by merely timing their transactions appropriately: recognizing income in one year, deductions in the next, or what is more likely, deductions in years in which the taxpayer is in a high tax bracket and income in years in which the taxpayer is in a low tax bracket.

To attack these problems, Congress has limited the use of the cash method of accounting. By Internal Revenue Code Section 448 (a). The following entities are normally prohibited from using the cash method:

1. Regular C corporations.

2. Partnerships having regular C corporations as partners (other than certain personal service corporations described below).

3. Tax shelters, generally defined as any enterprise (other than a regular C corporation) in which interests have been offered for sale in any offering required to be registered under Federal or State security agencies.

Despite these general restrictions, Congress believes that the simplicity of the cash method justifies its continued use in certain instances. For example, Congress feels that it would be costly for small businesses to switch to the accrual method. Similarly, it recognizes that the accrual method would create undue complexity for farming businesses if such a method were required to account for growing crops and livestock. In addition, Congress believes that personal service corporations, which have traditionally used the cash method, should be allowed to continue using it. Accordingly, Internal Revenue Code Section 448 (b) allows the following entities to use the cash method:

1. Any corporation or partnership whose annual gross receipts for all preceding years do not exceed $5 million. This test is satisfied any prior year only if the average annual gross receipts for the three-year period ending with such year does not exceed $5 million. Once this average exceeds $5 million, the taxpayer cannot use the cash method for the following year.

2. Certain farming businesses.

3. Qualified personal service corporations. A regular C corporation is qualified if substantially all of the activities consist of performing services in the fields of health, law, engineering, architecture, accounting, actuarial science, performing arts, or consulting, and at least 95 percent of its stock is held by the employees who are providing the services. The latter test is considered satisfied if the stock is owned by a retired employee or by the estate or heirs of a deceased employee.

Note that the above exceptions do not apply to tax shelters. Any enterprise considered a tax shelter must use the accrual method.

Accrual Method of Accounting

Taxpayers using the accrual method of accounting report income in the year in which it is considered earned under the so-called all events test. Under this test, income is earned when: ① all the events have occurred that fix the right to receive such income and ② the amount can be determined with reasonable accuracy [Income Tax Regulation Section 1.451 – 1 (a)]. As all events test indicates, income generally accrues only if the taxpayer has an unconditional right to receive the income. This right normally arises when the title to the property sold passes to the buyer.

With sales of inventory, however, taxpayers may accrue income when the goods are shipped, when the product is delivered or accepted, or when title passes, as long as the method is consistently used. Recall that the accrual method must be used in accounting for sales, purchases, and inventories if inventories are an income-producing factor. However, the taxpayer who must use the accrual method in this instance may still account for other items of income and deduction using the cash method.

There are several special tax rules relating to the accrual method of accounting that cause variations in the normal pattern of income recognition. For example, dividends would normally accrued under the all events test on the date of record. An exception exists [Regulation Section 1.451 - 2 (b)], however, so that dividends are reported when received.

For an accrual basis taxpayer to deduct an expense, the all events test must be satisfied and economic performance must have occurred. For deductions, the two requirements for the all events test are: ① all events establishing the existence of a liability must have occurred (i. e., the liability is fixed) and ② the amount of the liability can be determined with reasonable accuracy.

The all events test often operates to deny deductions for certain expenditures properly accruable for financial accounting purposes. For example, the estimated cost of product guarantees, warranties, and contingent liabilities normally may not be deducted-presumably because the liability for such items has not been fixed or no reasonable estimate of the amount can be made. However, the courts have authorized deductions for estimates where the obligation was certain and there was a reasonable basis (e. g., industry experience) for determining the amount of the liability.

The condition requiring economic performance was introduced in 1984 due to Congressional fear that all events test did not prohibit so-called premature accruals. Prior to 1984, the courts—with increasing frequency—had permitted taxpayers to accrue and deduct the cost of estimated expenditures prior to the period when the activities were actually performed. For example, in one case, a strip-mining operator deducted the estimated cost of backfilling land which he had mined for coal. The court allowed the deduction for the estimated expenses in the current year even though the backfilling was not started and completed until the following year. According to the court, the liability satisfied all events test since the taxpayer was required by law to backfill the land and a reasonable estimate of the cost of the work could be made. A similar decision involved a taxpayer that was a self-insurer of its liabilities arising from claims understate and Federal workers' compensation laws. Under these laws, the taxpayer was obligated to pay a claimant's medical bills, disability benefits, and death benefits. In this situation, the taxpayer was allowed to accrue and deduct the estimated expenses for its obligations even though actual payments would extend over many years. In Congress' view, allowing the deduction in these and similar cases prior to the time when the taxpayer actually performed the services, provided the goods, or paid the expenses, overstated the true cost of the expense, because the time value of money was ignored. Perhaps more importantly Congress recognized that allowing deductions for accruals in this manner had become the foundation for many tax shelter arrangements. Accordingly, the economic performance test was designed and implemented to defer the taxpayer's deduction until the activities giving rise to the liability are performed.

Conclusion

By focusing on several major differences, this paper described the relationship between financial accounting and tax accounting in the United Sates. There are many more examples of such differences that were not discussed here. Importantly, this relationship is constantly evolving. In the same way that financial accounting regulators must react to and design sound accounting methods for the ever changing business scene (e. g., how to account for equity based compensation), taxing authorities must also be prepared to counter new "tax planning" strategies that taxpayers pursue to maximize after tax wealth (e. g., the 1984 tax law changes that required imputation of interest income and expense on loans having below-market interest rates).

Chinese officials must decide whether financial accounting methods will suffice for taxation purposes in the new market economy. Since the U. S. accounting profession is generally pleased by its ability to keep primary responsibility for financial accounting standards in the private sector, the development by the government of a separate set of tax accounting rules was inevitable. In China, even if the government retains primary responsibility for both sets of rules, there is no necessary reason to suspect that the two will be identical.

第二章　增值税会计

【学习要点】

* 增值税特点
* 增值税确认
* 增值税计量
* 增值税会计的核算原理
* “营改增”会计

第一节　增值税概述

增值税是以商品（含应税劳务和应税服务）在流转过程中产生的增值额为征收对象而征收的一种商品劳务税。它具有保持税收中性、普遍征收、税收负担由最终消费者负担、实行税款抵扣制度、实行比例税率、实行价外税制度等特点。

我国从1979年起在部分城市试行生产型增值税，1993年12月13日发布《中华人民共和国增值税暂行条例》，于1994年1月1日起施行；2008年国务院决定全面实施增值税改革，将生产型增值税转为消费型增值税，修订并颁布了《中华人民共和国增值税暂行条例》（以下简称《增值税暂行条例》），于2009年1月1日起施行。2011年底，国家决定于2012年1月1日起在上海试点营业税改征增值税（“营改增”）工作，并在近几年将“营改增”试点地区扩展到全国，使“营改增”的行业不断扩大。2015年底，“营改增”试点范围计划将扩大到建筑业及房地产业、金融业和生活服务业等领域，以全面完成“营改增”。

第二节　增值税的确认

依照2009年修订实施的《增值税暂行条例》《增值税暂行条例实施细则》

（全称为《中华人民共和国增值税暂行条例实施细则》，下文均用简称）和“营改增”规定，增值税的要素确认包括以下内容。

一、增值税的纳税人

增值税的纳税人是在中华人民共和国境内销售或者进口货物，提供应税劳务和应税服务的单位和个人。

关于增值税的纳税人，自1994年税制改革后，最大的特点是对增值税纳税人作了一般纳税人和小规模纳税人的划分。根据2009年12月15日国家税务总局修订颁布的《增值税一般纳税人资格认定管理办法》和2013年发布的《关于营业税改征增值税试点增值税一般纳税人资格认定有关事项的公告》的规定，对各类纳税人的认定标准和纳税处理作了界定。

（一）小规模纳税人的界定标准

（1）从事货物生产或提供应税劳务的纳税人，以及以从事货物生产或提供应税劳务为主，并兼营货物批发或零售的纳税人，年应税销售额在50万元以下（含本数，下同）。其中，以从事货物生产或提供应税劳务为主，是指纳税人的年货物生产或者提供应税劳务的销售额占年应税销售额的比重在50%以上。

（2）对上述规定以外的纳税人，年应税销售额在80万元以下。

（3）年应税销售额超过小规模纳税人标准的其他个人按小规模纳税人纳税。

（4）非企业性单位、不经常发生应税行为的企业可选择按小规模纳税人纳税。

（5）应税服务年销售额标准为500万元，应税服务年销售额未超过500万元的纳税人为小规模纳税人。

小规模纳税人，会计核算健全能够提供准确税务资料的，可以向主管税务机关申请资格认定，作为小规模纳税人，依照条例有关规定计算应纳税额。其中会计核算健全，是指能够按照国家统一的会计制度规定设置账簿，根据合法、有效凭证核算。

（二）一般纳税人的认定标准

年应征增值税销售额，超过财政部、国家税务总局规定的小规模纳税人标准的企业和企业性单位，应认定为一般纳税人。

应税服务的年应征增值税销售额超过财政部和国家税务总局规定标准的纳税人为一般纳税人，未超过规定标准的纳税人为小规模纳税人。

兼有销售货物、提供应税劳务以及应税服务的纳税人，应税货物及劳务销售额与应税服务销售额分别计算，分别适用增值税一般纳税人资格认定标准。

除国家税务总局另有规定外，纳税人一经认定为一般纳税人后，不得转为小规模纳税人。

（三）小规模纳税人与一般纳税人在增值税纳税处理中的主要区别

小规模纳税人与一般纳税人在计税处理上的共同点主要是计税销售额的确定一致。其不同点主要有以下三个方面：

（1）小规模纳税人销售货物或者提供应税劳务和应税服务，一般情况下，只能开具普通发票，不能开具增值税专用发票，而一般纳税人除销售给消费者或免税项目使用普通发票外，一般都可以使用增值税专用发票；

（2）小规模纳税人销售货物或提供应税劳务和应税服务，实行简易办法计算应纳税额，按照换算后的不含税销售额的一定比例计算，而一般纳税人按照专用发票上规定的销售额和规定税率计算；

（3）小规模纳税人不实行抵扣办法，一般纳税人实行规范化的抵扣办法。

二、增值税的征收范围

增值税的征收范围是在中华人民共和国境内销售货物、提供应税劳务、提供应税服务以及进口的货物。其中：

（1）货物是指有形动产，包括电力、热力、气体等在内。

（2）加工是指受托加工的货物，即委托方提供原料及主要材料，受托方按照委托方的要求制造货物并收取加工费，加工后货物的所有权仍属委托者的业务；修理修配是指受托方对损伤或丧失功能的货物进行修复，使其恢复原状和功能的业务。

（3）应税服务是指运输服务、邮政电信服务、文化创意服务、有形动产租赁服务、广播影视服务等。

值得注意的是，下列五类行为应征收增值税：

（1）视同销售货物或视同提供应税服务行为。

单位或个体工商户的下列行为，视同销售货物：

①将货物交付其他单位或者个人代销；

②销售代销货物；

③设有两个以上机构并实行统一核算的纳税人，将货物从一个机构移送其他机构用于销售，但相关机构设在同一县（市）的除外；

④将自产或者委托加工的货物用于非增值税应税项目；

⑤将自产、委托加工的货物用于集体福利或个人消费；

⑥将自产、委托加工或购买的货物分配给股东或投资者；

⑦将自产、委托加工或购买的货物作为投资，提供给其他单位或个体工商户；

⑧将自产、委托加工或购买的货物无偿赠送给其他单位或者个人；

⑨单位和个体工商户向其他单位或者个人无偿提供应税服务，但以公益活动为目的或者以社会公众为对象的除外。

⑩财政部和国家税务总局规定的其他情形。

（2）混合销售行为。

一项销售行为如果既涉及增值税应税劳务，又涉及非应税劳务，则为混合销售行为。其中从事货物的生产、批发和零售的企业、企业性单位及个体工商户者以及以从事货物的生产、批发或零售为主，并兼营非应税劳务的企业、企业性单位及个体工商户的混合销售行为，视为销售货物，应当征收增值税；其他单位和个人的混合销售行为，视为销售非增值税应税劳务，不缴纳增值税。

值得注意的是，根据《增值税暂行条例实施细则》规定，纳税人的下列混合销售行为，应当分别核算货物的销售额和非增值税应税劳务的营业额，并根据其销售货物的销售额计算缴纳增值税，非增值税应税劳务的营业额不缴纳增值税；未分别核算的，由主管税务机关核定其货物的销售额：①销售自产货物并同时提供建筑业劳务的行为；②财政部、国家税务总局规定的其他情形。

（3）兼营非增值税应税项目。

兼营非增值税应税项目，是指增值税的纳税人在从事增值税应税货物或提供应税劳务的同时，还从事增值税非应税项目，且从事的非增值税应税项目与某一项销售货物或提供应税劳务并无直接联系和从属关系。按《增值税暂行条例实施细则》和“营改增”的规定：纳税人兼营非增值税应税项目的，应分别核算货物或者应税劳务、应税服务和非增值税应税劳务的销售额，对货物和应税劳务、应税服务的销售额按照各自适用的税率征收增值税，对非增值税应税劳务的销售额（即营业额）按适用的税率征收营业税。如果未分别核算的，由主管税务机关核定货物或者应税劳务的销售额，或从高征收。

对于纳税人兼营免税、减税项目的，应当分别核算免税、减税项目的销售额；未分别核算销售额的，不得免税、减税。一般纳税人因兼营免税项目或者非增值税应税劳务而无法划分不得抵扣的进项税额的，按下列公式计算不得抵扣的进项税额：

不得抵扣的进项税额＝当月无法划分的全部进项税额×当月免税项目销售额、非增值税应税劳务营业额合计÷当月全部销售额、营业额合计

（4）混业经营。

混业经营是指纳税人生产或销售不同税率的货物，或者既销售货物又提供应税劳务和应税服务。纳税人兼有不同税率或者征收率的销售货物、提供加工修理修配劳务或者应税服务的，应当分别核算适用不同税率或征收率的销售额；未分别核算销售额的，按照以下方法适用税率或征收率：

①兼有不同税率的销售货物、提供加工修理修配劳务或者应税服务的，从高适用税率。

②兼有不同征收率的销售货物、提供加工修理修配劳务或者应税服务的，从高适用征收率。

③兼有不同税率和征收率的销售货物、提供加工修理修配劳务或者应税服务的，从高适用税率。

（5）特殊销售行为。

税法中确定属于增值税征税范围的特殊销售行为主要有：

①货物期货（包括商品期货和贵金属期货），应当征收增值税，纳税人应在期货的实物交割环节纳税。

②银行销售金银的业务，应当征收增值税。

③融资性售后回租业务中，承租方出售资产的行为不属于增值税的征税范围，不征收增值税。

④电梯属于增值税应税货物的范围，但安装运行之后，则与建筑物一道形成不动产。因此，对企业销售电梯（购进的）并负责安装及保养、维修取得的收入，一并征收增值税，且该非应税劳务的销售额应视同含税销售额处理；企业销售自产的电梯并负责安装，属于纳税人在销售货物的同时提供建筑业劳务，要分别计算增值税和营业税；对不从事电梯生产、销售，只从事电梯保养和维修的专业公司对安装运行后的电梯进行保养、维修取得的收入，征收营业税。

三、增值税税率的规定

我国增值税采用比例税率形式。为了发挥增值税的中性作用，原则上增值税的税率应该对不同行业、不同企业实行单一税率，称为基本税率。实践中为了照顾一些特殊行业或产品也增设了低税率档次，对出口产品实行零税率。

（一）基本税率

增值税一般纳税人销售货物或者进口货物，提供应税劳务和提供应税服务，除其他规定适用税率外，税率一律为17%，这就是通常所说的基本税率。

（二）低税率

（1）增值税一般纳税人销售或者进口下列货物，按低税率13%计征增值税：①粮食、食用植物油；②暖气、冷气、热水、煤气、石油液化气、天然气、沼气、居民用煤炭制品；③图书、报纸、杂志；④饲料、化肥、农药、农机、农膜；⑤国务院及其有关部门规定的其他货物。

（2）提供交通运输业服务，税率为11%。

（3）提供邮政服务，税率为11%。

（4）提供基础电信服务，税率为11%。提供增值电信服务，税率为6%。

（5）提供现代服务业服务，税率为6%（有形动产租赁服务适用17%的税率）。

小提示：2015年底计划推出的“营改增”三大类改革项目，拟定税率分别是：建筑及房地产业，适用税率为11%；金融业，适用税率为6%；生活服务业，适用税率为6%。

（三）零税率

适用于纳税人出口货物和财政部、国家税务总局规定的应税服务，是税收优惠的一种体现，是为了鼓励企业出口货物及提供零税率服务采用的一种税率。但是，国务院另有规定的除外。

（四）征收率

增值税对小规模纳税人及一些特殊情况采用简易征收办法，对小规模纳税人及特殊情况适用的税率称为征收率。

1. 一般规定

2009年1月1日起，小规模纳税人增值税征收率一律采用3%。根据“营改增”的规定，交通运输业、邮政业、电信业和部分现代服务业营业税改征增值税中的小规模纳税人，适用3%的征收率。

2. 特殊规定

根据财政部、国家税务总局《关于简并增值税征收率政策的通知》（财税〔2014〕57号），为进一步规范税制、公平税负，经国务院批准，决定于2014年7月1日起简并和统一增值税征收率，将6%和4%的增值税征收率统一调整为3%，如销售旧货等。

四、增值税纳税义务的发生时间

增值税纳税义务的发生时间，基本上是按照目前我国会计准则规定的销售时间来确定的。这样规定有利于增值税的管理和征收。

纳税人销售货物或者应税劳务，增值税纳税义务的发生时间可以分为一般规定和具体规定。

（一）销售货物或者提供应税劳务的纳税义务发生时间

（1）纳税人销售货物或者提供应税劳务，其纳税义务发生时间为收讫销售款项或者取得索取销售款项凭据的当天；先开具发票的，为开具发票的当天。其中，收讫销售款项或者取得索取销售款项凭据的当天按销售结算方式的不同，具体分为：

①采取直接收款方式销售货物，不论货物是否发出，均为收到销售款项或者取得索取销售款项凭据的当天。

②采取托收承付和委托银行收款方式销售货物，为发出货物并办妥托收手续的当天。

③采取赊销和分期收款方式销售货物，为书面合同约定的收款日期的当天，无书面合同的或者书面合同没有约定收款日期的，为货物发出的当天。

④采取预收货款方式销售货物，为货物发出的当天，但生产销售生产工期超过12个月的大型机械设备、船舶、飞机等货物，为收到预收款或者书面合同约定的收款日期的当天。

⑤委托其他纳税人代销货物，为收到代销单位的代销清单或者收到全部或者部分货款的当天；未收到代销清单及货款的，为发出代销货物满180日的当天。

⑥销售应税劳务，为提供劳务同时收讫销售款项或者取得索取销售款项凭据的当天。

⑦纳税人发生视同销售行为第二项、第四项至第九项所列行为（详见本书第36~37页），为货物移送的当天。

（2）纳税人进口货物，其纳税义务发生时间为报关进口的当天。

（3）增值税扣缴义务发生时间为纳税人增值税纳税义务发生的当天。

（二）提供应税服务的纳税义务发生时间

（1）纳税人提供应税服务，其纳税义务发生时间为收讫销售款项或者取得索取销售款项凭据的当天；先开具发票的，为开具发票的当天。

（2）纳税人提供有形动产租赁服务采取预收款方式的，其纳税义务发生时间为收到预收款的当天。

（3）纳税人发生视同提供应税服务的，其纳税义务发生时间为应税服务完成的当天。

五、增值税的减免税规定

（1）我国税制改革实行对征税减免权高度集中的制度。只有国务院有权减免税，地方和部门无权减免税。财政、税务部门无权减免税，只应依法征税和依法减免税。因此，根据国家的有关政策规定，对缴纳增值税的纳税人，只有在条例规定的范围内免征增值税。具体包括：

①农业生产者销售的自产农业产品；

②避孕药品和用具；

③古旧图书（指向社会收购的古书和旧书）；

④直接用于科学研究、科学实验和教学的进口仪器、设备；

⑤外国政府、国际组织无偿援助的进口物资和设备；

⑥由残疾人的组织直接进口供残疾人专用的物品；

⑦销售自己使用过的物品。

（2）财政部、国家税务总局规定的其他免征税项目。具体有免征、即征即退、先征后退等优惠方式。

（3）营业税改征增值税试点过渡优惠政策规定。具体有免征、减征等优惠方式。

（4）增值税起征点的规定。纳税人（仅限于个人）销售额未达到国务院财政、税务主管部门规定的增值税起征点的免征增值税。

(5) 纳税人销售货物或者应税劳务适用免税规定的，可以放弃免税，依照条例的规定缴纳增值税。放弃免税后，36 个月内不得再申请免税。

第三节 增值税的计量

一、一般纳税人的应纳税额计量

根据《增值税暂行条例》规定：一般纳税人的应纳增值税税额，是指纳税人销售货物或者提供应税劳务和应税服务计算的当期销项税额抵扣当期购进货物或应税劳务已缴纳的当期进项税额后的余额。其中，销项税额是指纳税人销售货物或者提供应税劳务，按照销售额和规定的税率计算并向购买方收取的增值税税额；进项税额是指纳税人购进货物或者接受应税劳务支付或者负担的增值税税额。用公式表示：

应纳税额 = 当期销项税额 − 当期进项税额 = 销售额 × 适用税率 − 当期进项税额

（一）销售额的界定

销售额是指纳税人销售货物或者提供应税劳务和应税服务向购买方收取的全部价款和价外费用，但不包括收取的销项税额。

价外费用，包括价外向购买方收取的手续费、补贴、基金、集资费、返还利润、奖励费、违约金、滞纳金、延期付款利息、赔偿金、代收款项、代垫款项、包装费、储备费、优质费、运输装卸费以及其他各种性质的价外收费。但下列项目不包括在内：

(1) 受托加工应征消费税的消费品所代收代缴的消费税。

(2) 同时符合以下条件的代垫运输费用：①承运部门的运输费用发票开具给购买方的；②纳税人将该项发票转交给购买方的。

(3) 同时符合以下条件代为收取的政府性基金或者行政事业性收费：①由国务院或者财政部批准设立的政府性基金，由国务院或者省级人民政府及其财政、价格主管部门批准设立的行政事业性收费；②收取时开具省级以上财政部门印制的财政票据；③所收款项全额上缴财政。

(4) 销售货物的同时代办保险等而向购买方收取的保险费，以及向购买方收取的代购买方缴纳的车辆购置税、车辆牌照费。

凡随同销售货物或提供应税劳务向购买方收取的价外费用，无论其会计制度如何核算，均应视为含税价，在征税时换算成不含税收入并入销售额计算应纳税额。

在实际销售活动中，为了促销，有多种销售方式。采用不同销售方式，销售者所取得的销售额会有所不同。对不同销售方式如何确定其计征增值税的销售额，既是纳税人关心的问题，也是税法必须分别予以明确规定的事情。税法对以下几种销售方式分别确定了其销售额：

（1）折扣方式（商业折扣）销售。折扣销售是指销货方在销售货物或应税劳务时，因购货方购货数量较大等，而给予购货方的价格优惠。由于折扣是在实现销售的同时发生的，因此，税法规定：如果销售额和折扣额在同一张发票的金额栏上分别注明的，可按折扣后的余额作为销售额计算增值税；如果将折扣额另开发票或折扣写在备注栏，不论其在财务上如何处理，均不得从销售额中减除折扣额。对于纳税人销售货物并向购买方开具增值税专用发票后，由于购买方在一定时期内购买货物达到一定数量，或者由于市场价格下降等原因，销货方给予购货方相应的价格优惠或补偿等折扣、折让行为，销货方可按现行《增值税专用发票使用规定》的有关规定开具红字增值税专用发票。值得注意的是，折扣销售不同于销售折扣。销售折扣（现金折扣）是指销货方在销售货物或应税劳务后，为了鼓励购货方及早偿还货款而协议许诺给予购货方的一种折扣优待（如：10 天内付款，货款折扣 2%；20 天内付款，折扣 1%；30 天内全价付款）。销售折扣发生在销售之后，是一种融资性质的理财费用，因此，销售折扣不得从销售额中减除。同时，企业在确定销售额时还应把折扣销售与销售折扣及销售折让严格区分开来。销售折让是指货物销售后，由于其品种、质量等原因购货方未予退货，但销货方需给予购货方的一种价格折让。销售折让与销售折扣相比，虽然都是在货物销售后发生的，但销售折让是由于货物的品种和质量引起销售额的减少，因此，对销售折让可用折让后的货款作为销售额。

（2）以旧换新方式销售。以旧换新销售是指纳税人在销售自己的货物时，有偿收回旧货物的行为。税法规定：采取以旧换新方式销售货物的，应按新货物的同期销售价格确定销售额，不得扣减旧货物的收购价格。

（3）以物易物方式销售。以物易物是一种较为特殊的购销活动，是指购销双方不是以货币结算，而是以同等价款的货物相互结算，实现货物购销的一种方式。税法规定：以物易物双方应作为购销处理，以各自发出的货物核算销售额并计算销项税额，以各自收到的货物核算购货额计算进项税额。需注意的是，在以物易物活动中，应分别开具合法的票据，如收到的货物不能得到相应的增值税专用发票或其他合法票据的，不能抵扣进项税额。

(4) 包装物押金是否计入销售额。包装物是指纳税人包装本单位货物的各种包装物品。税法规定：纳税人为销售货物而出租、出借包装物收取的押金，单独记账核算的，时间在1年以内，又未过期的，不并入销售额征税。但对因逾期未收回包装物的押金，无论是否退回均应以不含税价格并入销售额，按包装货物的适用税率计算销项税额。

(5) 销售已使用过的固定资产的税务处理。纳税人销售自己使用过的物品，按下列政策执行：

① 2009年1月1日起，纳税人销售自己使用过的固定资产（以下简称为"已使用过的固定资产"），应区分不同情形征收增值税，同时应根据《关于简并增值税征收率政策的通知》（财税〔2014〕57号），对2014年7月1日后的有关行为进行征收率的处理：

第一，销售自己使用过的2009年1月1日以后购进或者自制的固定资产，按照适用税率征收增值税。

第二，2008年12月31日以前未纳入扩大增值税抵扣范围试点的纳税人，销售自己使用过的2008年12月31日以前购进或者自制的固定资产，按照4%征收率减半征收增值税；2014年7月1日以后按照3%的征收率减按2%征收增值税。具体按下列公式确定销售额和应纳税额：

$$销售额=含税销售额\div(1+3\%)$$

$$应纳税额=销售额\times 2\%$$

② 小规模纳税人（除其他个人外，下同）销售自己使用过的固定资产，减按2%征税率征收增值税。小规模纳税人销售自己使用过的除固定资产以外的物品，应按3%的征税率征收增值税。

(6) 对视同销售货物和视同提供应税服务行为的销售额的确定。税法规定：视同销售征税而无销售额的，按下列顺序确定销售额：

①按纳税人最近时期同类货物的平均销售价格确定。

②按其他纳税人最近时期同类货物的平均销售价格确定。

③按组成计税价格确定。组成计税价格的公式为：

$$组成计税价格=成本\times(1+成本利润率)$$

属于应征消费税的货物，其组成计税价格中应加计消费税额。其组成计税价格的公式为：

组成计税价格 = 成本 ×（1 + 成本利润率）+ 消费税税额

组成计税价格 = 成本 ×（1 + 成本利润率）÷（1 – 消费税税率）

公式中的成本，销售自产货物的为实际生产成本，销售外购货物的为实际采购成本。公式中的成本利润率由国家税务总局确定。但属于应从价定率征收消费税的货物，其组成计税价格公式中的成本利润率为国家税务总局中规定的成本利润率。

纳税人销售货物或者应税劳务的价格明显偏低且无正当理由的，主管税务机关也可按照上述顺序核定其销售额。

而混合销售行为的销售额则为货物的销售额与非增值税应税劳务营业额合计。其所涉及的非增值税应税劳务所用购进货物的进项税额，符合条例规定的，准予从销项税额中抵扣。

（7）一般纳税人销售货物或者应税劳务和应税服务采用销售额和销项税额合并定价方法的，按下列公式计算销售额：

销售额 = 含税销售额 ÷（1 + 增值税税率）

例如：某企业销售货物，其含税销售额为100元。假如该企业适用增值税税率为17%，则计税销售额计算如下：

销售额 = 100 ÷（1 + 17%）≈85.47（元）

（8）对进口货物的计税依据规定为组成计税价格。其组成计税价格的公式为：

组成计税价格 = 关税完税价格 + 关税 + 消费税

（二）进项税额的界定

（1）准予从销项税额中抵扣的进项税额。根据税法规定，准予从销项税额中抵扣的进项税额，限于下列增值税扣税凭证上注明的增值税税额：

①从销售方或者提供方取得增值税专用发票上注明的增值税税额；

②从海关取得的海关进口增值税专用缴款书上注明的增值税税额。

另外，针对纳税人实际经营和计税中的特殊问题，税法还规定了准予计算进项税额并从销项税额中抵扣的政策。

购进农业产品，除取得增值税专用发票或者海关进口增值税专用缴款书外，按照农产品收购发票或者销售发票上注明的农产品买价和13%的扣除率计算进项税额，其中，买价包括纳税人购进农产品收购发票或者销售发票上注明的价款和按规定缴纳的烟叶税。进项税额计算公式如下：

$$进项税额 = 买价 \times 扣除率$$

总之，纳税人购进货物或者应税劳务，取得的增值税扣税凭证不符合法律、行政法规或者国务院税务主管部门有关规定的，其进项税额不得从销项税额中抵扣。

（2）不得从销项税额中抵扣的进项税额。下列项目的进项税额不得从销项税额中抵扣：

①用于简易计税办法计税项目、非增值税应税项目、免征增值税项目、集体福利或者个人消费的购进货物或者应税劳务；

②非正常损失的购进货物及相关的应税劳务，其中，非正常损失，是指因管理不善造成被盗、丢失、霉烂变质等损失；

③非正常损失的在产品、产成品所耗用的购进货物或者应税劳务。

（3）原增值税一般纳税人接受试点纳税人提供的应税服务，下列项目的进项税额不得从销项税额中抵扣：

①用于简易计税办法计税项目、非增值税应税项目、免征增值税项目、集体福利或者个人消费；

②接受的旅客运输服务；

③与非正常损失的购进货物相关的交通运输业服务；

④非正常损失的在产品、产成品所耗用的购进货物相关的交通运输业服务。

适用一般计税方法的纳税人，兼营简易计税办法计税项目、非增值税应税劳务、免征增值税项目而无法划分不得抵扣的进项税额，按照下列公式计算不得抵扣的进项税额：

$$不得抵扣的进项税额 = 当期无法划分的全部进项税额 \times （当期简易计税办法计税项目销售额 + 非增值税应税劳务营业额 + 免征增值税项目销售额）\div（当期全部销售额 + 当期全部营业额）$$

（4）有下列情形之一者，应当按照销售额和增值税税率计算应纳税额，不得抵扣进项税额，也不得使用增值税专用发票：

①一般纳税人会计核算不健全，或者不能够提供准确税务资料的；

②应当申请办理一般纳税人资格认定而未申请的。

（三）应纳税额的确认

计算出销项税额和进项税额后，就可以得出实际应纳税额。纳税人销售货物或提供应税劳务和应税服务，其应纳税额为当期销项税额抵扣当期进项税额后的余额。应纳税额计算公式是：

应纳税额 = 当期销项税额 − 当期进项税额

其中，要掌握以下几个重要规定：

（1）计算应纳税额的时间限定。

为了保证计算应纳税额的合理性、准确性，纳税人必须严格把握当期进项税额从当期销项税额中抵扣的这个要点。"当期"是个重要的时间限定，具体是指税务机关依照税法规定对纳税人确定的纳税期限；只有在纳税期限内实际发生的销项税额、进项税额，才是法定的当期销项税额或当期进项税额。

①计算销项税额的时间限定。

销项税额是增值税一般纳税人销售货物或提供应税劳务按照实现的销售额计算的金额。对于纳税人什么时间计算销项税额，《增值税暂行条例》以及《增值税暂行条例实施细则》都作了严格的规定。具体参见纳税义务发生时间。

②防伪税控专用发票进项税额抵扣的时间限定。

依据国家税务总局《关于调整增值税扣税凭证抵扣期限有关问题的通知》（国税函〔2009〕617号），增值税一般纳税人取得2010年1月1日以后开具的增值税专用发票，应在开具之日起180日内到税务机关办理认证，并在认证通过的次月申报期内，向主管税务机关申报抵扣进项税额。

（2）由于企业实行购进扣税法，有时企业当期购进的货物很多，在计算应纳税额时会出现当期销项税额小于当期进项税额而不足抵扣的情况。根据税法规定，当期进项税额不足抵扣的部分可以结转下期继续抵扣。

（3）纳税人在货物购销活动中，由于货物质量、规格等原因常会发生销货退回或销售折让的情况。由于销货退回或销售折让不仅涉及销货价款或折让价款的退回，还涉及增值税的退回，因此，销货方和购货方应相应对当期的销项税额或进项税额进行调整。对此，税法规定，增值税一般纳税人因销售货物退回或者折让而退还给购买方的增值税税额，应从发生销售货物退回或者折让当期的销项税额中扣减；因购进货物退出或者折让而收回的增值税税额，应从发生购进货物退出或者折让当期的进项税额中扣减。

一般纳税人销售货物或者应税劳务，开具增值税专用发票后，发生销售货物退回或者折让、开票有误等情形，应按国家税务总局的规定开具红字增值税专用发票。未按规定开具红字增值税专用发票的，增值税税额不得从销项税额中扣减。

二、简易计税办法应纳税额的计算

纳税人销售货物或者应税劳务和应税服务适用按简易计税办法的，按照销售额和征收率计算应纳税额，并不得抵扣进项税额。其应纳税额的计算公式是：

应纳税额 = 销售额 × 征收率

销售额 = 含税销售额 ÷（1 + 征收率3%）

三、增值税计算举例

【例1】A企业为一般纳税人，2×15年2月销售货物给一般纳税人，开具增值税专用发票的销售额7 354 891元，同时向购买方收取运输装卸费6 300元，延期付款利息15 000元，包装费2 000元，为销售货物收取包装物押金50 000元，单独记账核算。另据资料，这笔包装物押金将不再退还。2月购进货物，增值税专用发票上注明并按规定可以抵扣的税款为1 573 240.20元，增值税税率为17%。计算该企业2月应纳增值税税额。

（1）将各种价外费用换算为不含税销售额：

不含税销售额 =（6 300 + 15 000 + 2 000 + 50 000）÷（1 + 17%）

≈62 649.57（元）

（2）计算销项税额：

销项税额 =（7 354 891 + 62 649.57）× 17% ≈1 260 981.90（元）

（3）计算应纳增值税税额：

应纳增值税税额 = 1 260 981.90 − 1 573 240.20 = −312 258.30（元）

【例2】A企业为一般纳税人，2×15年4月销售货物给一般纳税人，开具增值税专用发票的销售额 5 645 007 元。其中，经营粮食、食用植物油 2 534 068 元，经营糖食品 2 709 537 元，还有 401 402 元为企业经营粮食、食用植物油和糖食品收入，但账面上收入划分不清。购进货物增值税专用发票上注明并按规定可以抵扣的税额为 507 341.20 元。粮食、食用植物油适用税率 13%，糖食品适用税率 17%。计算该企业应纳增值税税额。

应纳增值税税额 =（2 534 068 ×13% +2 709 537 ×17% + 401 402 ×17%）－507 341.20
=350 947.27（元）

【例 3】A 企业为一般纳税人，2×15 年 9 月销售货物给一般纳税人，共计销售额 538 000 元。其中，免税药品销售额为 69 000 元，已按规定开具增值税专用发票；另本月购进免税农产品 102 830 元，购进其他货物的增值税专用发票上注明的税额 27 385 元，其中含购进免税药品的增值税税额。计算该企业 9 月应纳增值税税额。

（1）计算销项税额：

销项税额 =（538 000 －69 000）×17% =79 730（元）

（2）计算购进免税农产品允许抵扣的进项税额：

购进免税农产品允许抵扣的进项税额 =102 830 ×13% =13 367.9（元）

（3）计算不得抵扣的进项税额：

不得抵扣的进项税额 =27 385 ×69 000 ÷538 000≈3 512.2（元）

（4）计算可以抵扣的进项税额：

可以抵扣的进项税额 =27 385 +13 367.9 －3 512.2 =37 240.7（元）

（5）计算应纳增值税税额：

应纳增值税税额 =79 730 －37 240.7 =42 489.3（元）

第四节 增值税的会计处理

一、账户设置

为了反映和监督增值税的计算和缴纳情况，根据企业会计准则和相关会计规定，企业在账务处理上应设置“应交税费”一级会计科目，它是企业在一定时期内取得的营业收入和实现的利润或发生的特定经营行为，要按照规定向国家交纳各种税金，这些应交的税金，应按照权责发生制的原则确认。这些应交的税金在尚未交纳之前，形成企业的一项负债。在应交税费下设“应交增值税”和“未交增值税”两个二级会计科目，并在“应交税费——应交增值税”科目下，设置“已交税金”“进项税额”“销项税额”“出口退税”“进项税额转出”“转出多交增值税”“转出未交增值税”“减免税款”“出口抵减内销产品应纳税额”九个专栏，其账户格式设置如表2－1所示。

表2－1 应交税费——应交增值税

略	借方					
	合计	进项税额	已交税金	减免税款	出口抵减内销产品应纳税额	转出未交增值税

贷方					借或贷	余额
合计	销项税额	出口退税	进项税额转出	转出多交增值税		

表中的“应交税费——应交增值税”下“进项税额”专栏，记录企业购入货物或接受应税劳务而支付的、准予从销项税额中抵扣的增值税税额。企业购入货物或接受应税劳务支付的进项税额，用蓝字登记；退回所购货物应冲销的进项税额，用红字登记。

“已交税金”专栏，记录企业已交纳的增值税。企业已交纳的增值税税额用蓝字登记；退回多交的增值税，用红字登记。

“出口退税”专栏，是企业出口货物，向海关办理报送出口手续，凭出口报关单等有关凭证向税务机关申报办理出口退税而收到退回的税款。出口货物退回的增值税税额，用蓝字登记；出口货物办理退税后发生退货或退关而补交已退的税款，用红字登记。

“进项税额转出”专栏，记录企业购入货物，在产品、库存商品等发生非正常损失以及其他原因而不应从销项税额中抵扣，按规定转出的进项税额。

“转出多交增值税”专栏，记录企业月末多交增值税的转出数。

“转出未交增值税”专栏，记录企业月末少交增值税的转出数。

“减免税款”专栏，记录企业符合规定享受的减免税款。

“出口抵减内销产品应纳税额”专栏，记录出口退税企业用出口抵减内销产品税额。

“应交税费——未交增值税”科目是为了反映企业欠交增值税税款和待抵扣增值税情况，它核算一般纳税企业月终转入的应交未交增值税税额或多交增值税税额，是一个双重性质的科目。

“应交税费——应交增值税”科目的期末借方余额，反映企业尚未抵扣的增值税。

“应交税费——未交增值税”科目的期末借方余额，反映多交的增值税；贷方余额，反映欠交的增值税。

小规模纳税企业应设置“应交税费——应交增值税”科目，二级明细账不设专栏，采用三栏式账户。

二、增值税的一般会计核算规定

根据《财政部关于增值税会计处理的规定》和相关税收政策，以及2006年以来财政部出台的最新企业会计准则和小企业会计准则，一般纳税企业和小规模纳税企业增值税核算规定如下：

（一）购进货物的增值税核算

（1）企业国内采购的货物，按照专用发票上注明的增值税税额，借记“应交税费——应交增值税（进项税额）”科目；按照专用发票上记载的应计入采购成本的金额，分别借记“材料采购（计划成本，下同）”“在途物资（实际成本，下同）”“原材料”“制造费用”“管理费用”“销售费用”“其他业务成本”等科目；按照应付或实际支付金额，贷记“应付账款”“应付票据”“银行存款”等科目。购入货物发生退货，作相反的会计分录。

（2）企业接受投资转入的货物，按照取得的专用发票上注明的增值税税额，借记“应交税费——应交增值税（进项税额）”科目。按照确认的投资货物价值（已扣增值税，下同），借记“原材料”等科目；按照增值税税额与货物价值的合计数，贷记“实收资本”等科目。

一般来说，企业接受捐赠转入的货物视接受货物的来源的不同，处理方法有所不同：企业接受国内捐赠转入的物资，按照确认的捐赠物资的价值，借记“原材料”等科目，贷记“资本公积”科目。由于接受捐赠不能取得增值税专用发票，故一般不存在进项税额抵扣的问题。但如果接受的捐赠，能取得符合规定的扣税凭证，则其进项税额可以抵扣销项税额，而接受投资方可以按照专用发票上注明的增值税税额，借记“应交税费——应交增值税（进项税额）”

科目；按照确认的捐赠货物的价值，借记“原材料”等科目；按照增值税税额与货物价值的合计数，贷记“资本公积”科目。

根据财政部2008年颁布的《企业会计准则解释第2号》的第九项规定：企业自投资者取得的货币或非货币性资产捐赠，应当按照接受捐赠资产的公允价值确认相关资产和资本公积（资本溢价）；从其他方面取得的货币或非货币性资产捐赠，应于取得时确认为当期损益。

（3）企业接受应税劳务和应税服务，按照专用发票上注明的增值税税额，借记“应交税费——应交增值税（进项税额）”科目；按照专用发票上记载的应计入应税劳务和应税服务成本的金额，借记“其他业务成本”“制造费用”“委托加工物资”“销售费用”“管理费用”等科目，按应付或实际支付的金额，贷记“应付账款”“银行存款”等科目。

（4）企业进口货物，按照海关提供的完税凭证上注明的增值税税额，借记“应交税费——应交增值税（进项税额）”科目；按照进口货物应计入采购成本的金额，借记“材料采购”“在途物资”“原材料”等科目；按应付或实际支付的金额，贷记“应付账款”“银行存款”等科目。

（5）企业购进免税农业产品，按购入农产品的买价和规定的扣除率计算的进项税额，借记“应交税费——应交增值税（进项税额）”科目；按买价扣除按规定计算的进项税额后的数额，借记“材料采购”“在途物资”等科目；按应付或实际支付的金额，贷记“应付账款”“银行存款”等科目。

（6）企业购入货物及接受应税劳务直接用于非应税项目，或直接用于免税项目以及直接用于集体福利和个人消费的，其专用发票上注明的增值税税额计入购进货物及接受应税劳务的成本，其会计处理方法按照现行有关会计准则或制度规定办理。

（7）实行简易征收办法计算应交增值税的小规模纳税企业，购入货物、应税劳务及应税服务，无论是否具有增值税专用发票，其支付的增值税税额均不计入进项税额，不得由销项税额抵扣，应直接计入购入货物及劳务和服务的成本。相应地，其他企业从小规模纳税企业购入货物、接受劳务及服务支付的增值税税额，如果不能取得增值税专用发票，也不能作为进项税额抵扣，应计入购入货物或应税劳务的成本，其会计处理方法按照税法及现行有关会计准则的相关规定办理。

（8）企业购入货物取得普通发票，其会计处理方法按照现行有关会计准则规定办理。

（二）销售货物或者提供应税劳务和应税服务的增值税核算

（1）企业销售货物或提供应税劳务和应税服务（包括自产、委托加工或购买的货物分配给股东或投资者），按照实现的销售收入和按规定收取的增值税税额，借记“应收账款”“应收票据”“银行存款”“应付股利”等科目；按照按规定收取的增值税税额，贷记“应交税费——应交增值税（销项税额）”科目；按实现的销售收入，贷记“主营业务收入”“其他业务收入”等科目。发生的销售退回，作相反的会计分录。

（2）小规模纳税企业销售货物或提供应税劳务和应税服务，按照实现的销售收入和按规定收取的增值税税额，借记“应收账款”“应收票据”“银行存款”等科目；按照按规定收取的增值税税额，贷记“应交税费——应交增值税”科目；按实现的销售收入，贷记“主营业务收入”“其他业务收入”等科目。

（3）企业出口适用零税率的货物，不计算销售收入应交增值税。企业向海关申报办理出口手续后，凭出口报关单等有关凭证，向税务机关申报办理该项出口货物的进项税额的退税。企业在收到出口货物退回的税款时，借记“银行存款”科目，贷记“应交税费——应交增值税（出口退税）”科目。出口货物办理退税后发生的退货或者退关补交已退回税款的，作相反的会计分录。

（4）企业将自产或委托加工的货物用于非应税项目，视同销售货物计算应交增值税，借记“在建工程”等科目，贷记“应交税费——应交增值税（销项税额）”科目。

企业将自产或委托加工或购买的货物作为投资，提供给其他单位或个体工商户，应视同销售货物计算应交增值税，借记“长期股权投资”科目，贷记“应交税费——应交增值税（销项税额）”科目。

企业将自产或委托加工的货物用于集体福利消费等，应视同销售货物计算应交增值税，借记“应付职工薪酬”等科目，贷记“应交税费——应交增值税（销项税额）”科目。

企业将自产或委托加工或购买的货物无偿赠送他人，应视同销售货物计算应交增值税，借记“营业外支出”等科目，贷记“应交税费——应交增值税（销项税额）”科目。

（5）随同产品出售单独计价的包装物，按规定应交纳的增值税，借记“应收账款”等科目，贷记“应交税费——应交增值税（销项税额）”科目。企业逾期未退还的包装物押金，按规定应交纳的增值税，借记“其他应付款”

等科目，贷记“应交税费——应交增值税（销项税额）”科目。

（三）不得抵扣增值税的核算与交纳增值税的核算

（1）由于企业购进的货物、在产品、库存商品发生损失，以及购进货物改变用途等原因，其进项税额，应相应转入有关科目，借记“待处理财产损溢”“在建工程”“应付职工薪酬”等科目，贷记“应交税费——应交增值税（进项税额转出）”科目。属于转作待处理财产损失的部分，应与遭受非正常损失的购进货物、在产品、库存商品成本一并处理。

（2）企业上交增值税时，借记“应交税费——应交增值税（已交税金）”（小规模纳税企业记入“应交税费——应交增值税”科目），贷记“银行存款”科目。收到退回多交的增值税，作相反的会计分录。

（3）“应交税费——应交增值税”科目的借方发生额，反映企业购进货物或接受应税劳务支付的进项税额和实际已交纳的增值税；贷方发生额，反映销售货物或提供应税劳务应交纳的增值税税额、出口货物退税、转出已支付或应分担的增值税；期末余额，反映企业尚未抵扣的增值税。

值得注意的是，企业交纳当月的增值税，应该通过“应交税费——应交增值税（已交税金）”科目；当月交纳以前各期未交的增值税，应通过“应交税费——未交增值税”科目，而不通过“应交税费——应交增值税（已交税金）”科目。

（4）企业的“应交税费”科目所属“应交增值税”明细科目可按上述规定设置有关的专栏进行明细核算；也可以将有关专栏的内容在“应交税费”科目下分别单独设置明细科目进行核算，在这种情况下，企业可沿用三栏式账户，在月份终了时，再将有关明细账的余额结转“应交税费——应交增值税”科目。

（5）小规模纳税企业的销售收入按照不含税价格计算，沿用三栏式账户核算企业预交、已交及多交或欠交的增值税。

三、增值税的特殊会计核算规定

（一）营业税改征增值税试点有关企业会计处理

根据《财政部、国家税务总局关于印发〈营业税改征增值税试点方案〉的通知》（财税〔2011〕110号）等相关规定，现就营业税改征增值税试点有关企业会计处理规定如下：

1. 试点纳税企业的差额征税的会计处理

（1）一般纳税企业会计处理。

一般纳税人提供应税服务，试点期间按照营业税改征增值税有关规定允许从销售额中扣除其支付给非试点纳税人价款的，应在“应交税费——应交增值税”科目下增设“营改增抵减的销项税额”专栏，用于记录该企业因按规定扣减销售额而减少的销项税额；同时，“主营业务收入”“主营业务成本”等相关科目应按经营业务的种类进行明细核算。企业接受应税服务时，按规定允许扣减销售额而减少的销项税额，借记“应交税费——应交增值税（营改增抵减的销项税额）”科目，按实际支付或应付的金额与上述增值税税额的差额，借记“主营业务成本”等科目，按实际支付或应付的金额，贷记“银行存款”“应付账款”等科目。

对于期末一次性进行账务处理的企业，期末按规定当期允许扣减销售额而减少的销项税额，借记“应交税费——应交增值税（营改增抵减的销项税额）”科目，贷记“主营业务成本”等科目。

（2）小规模纳税企业的会计处理。

小规模纳税人提供应税服务，试点期间按照营业税改征增值税有关规定允许从销售额中扣除其支付给非试点纳税人价款的，按规定扣减销售额而减少的应交增值税应直接冲减“应交税费——应交增值税”科目。企业接受应税服务时，按规定允许扣减销售额而减少的应交增值税，借记“应交税费——应交增值税”科目，按实际支付或应付的金额与上述增值税税额的差额，借记“主营业务成本”等科目，按实际支付或应付的金额，贷记“银行存款”“应付账款”等科目。对于期末一次性进行账务处理的企业，期末按规定当期允许扣减销售额而减少的应交增值税，借记“应交税费——应交增值税”科目，贷记“主营业务成本”等科目。

2. 增值税期末留抵税额的会计处理

试点地区兼有应税服务的原增值税一般纳税人，截至开始试点当月月初的增值税留抵税额按照营业税改征增值税有关规定不得从应税服务的销项税额中抵扣的，应在“应交税费”科目下增设“增值税留抵税额”明细科目。开始试点当月月初，企业应按不得从应税服务的销项税额中抵扣的增值税留抵税额，借记“应交税费——增值税留抵税额”科目，贷记“应交税费——应交增值税（进项税额转出）”科目。待以后期间允许抵扣时，按允许抵扣的金额，借记“应交税费——应交增值税（进项税额）”科目，贷记“应交税费——增值税留抵税额”科目。“应交税费——增值税留抵税额”科目期末余额应根据其流动性在资产负债表中的“其他流动资产”项目或“其他非流动资产”项目列示。

3. 取得过渡性财政扶持资金的会计处理

试点纳税人在新老税制转换期间因实际税负增加而向财税部门申请取得财政扶持资金的，期末有确凿证据表明企业能够符合财政扶持政策规定的相关条件且预计能够收到财政扶持资金时，按应收的金额，借记“其他应收款”等科目，贷记“营业外收入”科目。待实际收到财政扶持资金时，按实际收到的金额，借记“银行存款”等科目，贷记“其他应收款”等科目。

（二）增值税税控系统专用设备和技术维护费用抵减增值税税额的会计处理

1. 增值税一般纳税企业的会计处理

按税法有关规定，增值税一般纳税人初次购买增值税税控系统专用设备支付的费用以及缴纳的技术维护费允许在增值税应纳税额中全额抵减的，应在“应交税费——应交增值税”科目下增设“减免税款”专栏，用于记录该企业按规定抵减的增值税应纳税额。企业购入增值税税控系统专用设备，按实际支付或应付的金额，借记“固定资产”科目，贷记“银行存款”“应付账款”等科目。按规定抵减的增值税应纳税额，借记“应交税费——应交增值税（减免税款）”科目，贷记“递延收益”科目。按期计提折旧，借记“管理费用”等科目，贷记“累计折旧”科目；同时，借记“递延收益”科目，贷记“管理费用”等科目。企业发生技术维护费，按实际支付或应付的金额，借记“管理费用”等科目，贷记“银行存款”等科目。按规定抵减的增值税应纳税额，借记“应交税费——应交增值税（减免税款）”科目，贷记“管理费用”等科目。

2. 小规模纳税企业的会计处理

按税法有关规定，小规模纳税人初次购买增值税税控系统专用设备支付的费用以及缴纳的技术维护费允许在增值税应纳税额中全额抵减的，按规定抵减的增值税应纳税额应直接冲减“应交税费——应交增值税”科目。企业购入增值税税控系统专用设备，按实际支付或应付的金额，借记“固定资产”科目，贷记“银行存款”“应付账款”等科目。按规定抵减的增值税应纳税额，借记“应交税费——应交增值税”科目，贷记“递延收益”科目。按期计提折旧，借记“管理费用”等科目，贷记“累计折旧”科目；同时，借记“递延收益”科目，贷记“管理费用”等科目。企业发生技术维护费，按实际支付或应付的金额，借记“管理费用”等科目，贷记“银行存款”等科目。按规定抵减的增值税应纳税额，借记“应交税费——应交增值税”科目，贷记“管理费用”等科目。“应交税费——应交增值税”科目期末如为借方余额，应根据其流动性在资产负债表中的“其他流动资产”项目或“其他非流动资产”项目列示；如为贷方余额，应在资产负债表中的“应交税费”项目列示。

（三）关于实行海关进口增值税专用缴款书“先比对后抵扣”管理的会计处理

为了进一步加强海关进口增值税专用缴款书（以下简称海关缴款书）的增值税抵扣管理，国家税务总局、海关总署2013年6月13日颁发了《关于实行海关进口增值税专用缴款书“先比对后抵扣”管理办法有关问题的公告》（国家税务总局、海关总署公告2013年第31号），其中规定：

（1）自2013年7月1日起，增值税一般纳税人（以下简称纳税人）进口货物取得的属于增值税扣税范围的海关缴款书，需经税务机关稽核比对相符后，其增值税税额方能作为进项税额在销项税额中抵扣。

（2）对稽核比对结果为相符的海关缴款书，纳税人应在税务机关提供稽核比对结果的当月纳税申报期内申报抵扣，逾期的其进项税额不予抵扣。

（3）纳税人应在“应交税费”科目下设“待抵扣进项税额”明细科目，用于核算已申请稽核但尚未取得稽核相符结果的海关缴款书进项税额。纳税人取得海关缴款书后，应借记“应交税费——待抵扣进项税额”明细科目，贷记相关科目；稽核比对相符以及核查后允许抵扣的，应借记“应交税费——应交增值税（进项税额）”专栏，贷记“应交税费——待抵扣进项税额”科目。经核查不得抵扣的进项税额，红字借记“应交税费——待抵扣进项税额”，红字贷记相关科目。

（四）增值税一般纳税人用进项留抵税额抵减增值税欠税会计处理

为了加强增值税管理，及时追缴欠税，解决增值税一般纳税人（以下简称纳税人）既欠缴增值税，又有增值税留抵税额的问题，国家税务总局2004年8月30日颁发的《国家税务总局关于增值税一般纳税人用进项留抵税额抵减增值税欠税问题的通知》（国税发〔2004〕112号）中规定：

（1）对纳税人因销项税额小于进项税额而产生期末留抵税额的，应以期末留抵税额抵减增值税欠税。

（2）纳税人发生用进项留抵税额抵减增值税欠税时，按以下方法进行会计处理：

①增值税欠税税额大于期末留抵税额，按期末留抵税额红字借记“应交税费——应交增值税（进项税额）”科目，贷记“应交税费——未交增值税”科目。

②若增值税欠税税额小于期末留抵税额，按增值税欠税税额红字借记

"应交税费——应交增值税（进项税额）"科目，贷记"应交税费——未交增值税"科目。

（五）税务机关对增值税一般纳税人实施日常稽查的会计处理

为了规范增值税日常稽查的内容和程序，加强增值税日常稽查管理，防范和查处偷骗增值税行为，提高纳税人依法纳税的自觉性，国家税务总局于1998年3月26日印发的《增值税日常稽查办法》（国税发〔1998〕044号）中规定：增值税日常稽查是税务机关依照税收法律、法规和规章，对纳税人履行纳税义务情况实施常规稽核和检查的总称，包括稽核、检查及一般性违法问题的处理。对稽查结果，企业应进行调账处理。按照规定增值税检查后的账务调整，应设立"应交税费——增值税检查调整"专门账户。凡检查后应调减账面进项税额或调增销项税额和进项税额转出的数额，借记有关科目，贷记本科目；凡检查后应调增账面进项税额或调减销项税额和进项税额转出的数额，借记本科目，贷记有关科目；全部调账事项入账后，应结出本账户的余额，并对该余额进行处理：

（1）若余额在借方，全部视同留抵进项税额，按借方余额数，借记"应交税费——应交增值税（进项税额）"科目，贷记本科目。

（2）若余额在贷方，且"应交税费——应交增值税"账户无余额，按贷方余额数，借记本科目，贷记"应交税费——未交增值税"科目。

（3）若本账户余额在贷方，"应交税费——应交增值税"账户有借方余额且等于或大于这个贷方余额，按贷方余额数，借记本科目，贷记"应交税费——应交增值税"科目。

（4）若本账户余额在贷方，"应交税费——应交增值税"账户有借方余额但小于这个贷方余额，应将这两个账户的余额冲出，其差额贷记"应交税费——未交增值税"科目。

上述账务调整应按纳税期逐期进行。

四、增值税账务处理示例

（一）一般纳税企业购销业务的账务处理示例

（注：没有特别说明，增值税税率为17%，增值税发票均符合抵扣要求）

【例1】甲企业购入一批原材料，增值税专用发票上注明的原材料价款为600万元，增值税税额为102万元。货款已经支付，材料已经到达并验收入库。甲企业当期销售收入为1 200万元（不含应向购买者收取的增值税），货款尚未收到。假如该产品不交消费税。根据上述经济业务，企业应作如下会计处理（甲企业采用实际成本进行日常材料核算，原材料入库分录略）：

（1）借：在途物资　　6 000 000

　　应交税费——应交增值税（进项税额）　　1 020 000

　贷：银行存款　　7 020 000

（2）销项税额＝1 200×17%＝204（万元）

借：应收账款　　14 040 000

　贷：主营业务收入　　12 000 000

　　应交税费——应交增值税（销项税额）　　2 040 000

【例2】甲生产企业在销售包装产品时，不含税销售单价为450元/吨，同时要代市某管理部门向购买方收取1.5元/吨××产品发展基金，假设该企业2×15年9月销售产品2 000吨，收取价款903 000元，含代收××产品发展基金3 000元。计算甲企业销项税额并作出账务处理。

价款部分的销项税额＝900 000×17%＝153 000（元）

××产品发展基金销项税额＝3 000÷（1＋17%）×17%≈435.90（元）

以上两项合计，销项税额＝153 000＋435.90＝153 435.90（元）

作如下分录：

借：银行存款（库存现金或其他应收款）　　1 056 000

　贷：主营业务收入　　900 000

　　其他应付款　　2 564.10

　　应交税费——应交增值税（销项税额）　　153 435.90

【例3】甲公司在2×15年10月1日向乙公司销售一批商品，开出的增值税专用发票上注明的销售价款为100 000元，增值税税额为3 400元。为及早收回货款，甲公司和乙公司约定的现金折扣条件为“2/10，N/30”，代垫符合增值税条例规定的运输费3 000元。分别用总价法和净价法作出会计分录。

（1）总价法。

①销售时：

借：应收账款　　120 000

　贷：主营业务收入　　100 000

　　应交税费——应交增值税（销项税额）　　17 000

　　银行存款　　3 000

②假如客户在 10 天内付款：

借：银行存款 118 000

　财务费用 2 000

　贷：应收账款 120 000

③假如客户超过 10 天付款：

借：银行存款 120 000

　贷：应收账款 120 000

（2）净价法。

借：应收账款 118 000

　贷：主营业务收入 98 000

　　应交税费——应交增值税（销项税额） 17 000

　　银行存款 3 000

①在 10 天内收款：

借：银行存款 118 000

　贷：应收账款 118 000

②超过 10 天收款：

借：银行存款 120 000

　贷：应收账款 118 000

　　财务费用 2 000

小思考：上述例题中若收到不符合增值税条例及其实施细则规定的代垫运费规定，会计处理将发生什么变化？

【例 4】甲企业赊销商品一批，按价目表的价格计算，货款金额总计 100 000元，给买方的商品折扣为 10%，支付符合增值税规定的代垫运费 5 000 元，作出会计分录：

（1）假设商品折扣开在同一张发票的金额栏：

借：应收账款 110 300

　贷：主营业务收入 90 000

　　应交税费——应交增值税（销项税额） 15 300

　　银行存款 5 000

收到货款后，则会计分录如下：

借：银行存款 110 300

　贷：应收账款 110 300

（2）假设商品折扣开在另一张发票上，则：

借：应收账款	112 000
贷：主营业务收入	90 000
应交税费——应交增值税（销项税额）	17 000
银行存款	5 000

对进货退回和进货折让及销货退回和销货折让的账务处理，增值税暂行条例及其实施细则规定：

（1）增值税一般纳税人开具增值税专用发票后，发生销货退回、销售折让以及开票有误等情况需要开具红字专用发票的，视不同情况分别按照以下办法处理：

①因专用发票抵扣联、发票联均无法认证的，由购买方填报“开具红字增值税专用发票申请单”，并在申请单上填写具体原因以及相对应蓝字专用发票信息，主管税务机关审核后出具“开具红字增值税专用发票通知单”。购买方不作进项税额转出处理。

②购买方所购货物不属于增值税扣税项目范围，取得的专用发票未经认证的，由购买方填报“开具红字增值税专用发票申请单”，并在申请单上填写具体原因以及相对应蓝字专用发票信息，主管税务机关审核后出具“开具红字增值税专用发票通知单”。购买方不作进项税额转出处理。

③因开票有误购买方拒收专用发票的，销售方须在专用发票认证期限内向主管税务机关填报申请单，并在申请单上填写具体原因以及相对应蓝字专用发票信息，同时提供由购买方出具的写明拒收理由、错误具体项目以及正确内容的书面材料，主管税务机关审核确认后出具“开具红字增值税专用发票通知单”。销售方凭通知单开具红字专用发票。

④因开票有误等尚未将专用发票交付购买方的，销售方须在开具有误专用发票的次月内向主管税务机关填报申请单，并在申请单上填写具体原因以及相对应蓝字专用发票信息，同时提供由销售方出具的写明具体理由、错误具体项目以及正确内容的书面材料，主管税务机关审核确认后出具通知单。销售方凭通知单开具红字专用发票。

（2）税务机关为小规模纳税人代开专用发票需要开具红字专用发票的，比照一般纳税人开具红字专用发票的处理办法，开具红字专用发票通知单的第二联交给代开税务机关。

（3）提供货物运输服务，开具货运专票后，如发生应税服务终止、折让、开票有误以及发票抵扣联、发票联均无法认证等情形，且不符合发票作废条件，需要开具红字货运专票的，实际受票方或承运人可向主管税务机关填报

"开具红字货物运输业增值税专用发票申请单"，经主管税务机关核对并出具"开具红字货物运输业增值税专用发票通知单"。

【例5】甲公司向乙企业销售一批商品，开出的增值税专用发票上注明的销售价款为800 000元，增值税税额为136 000元。乙公司在验收过程中发现商品质量不合格，要求在价格上给予5%的折让。假定甲公司已确认销售收入，款项尚未收到，已经取得税务机关开具的红字增值税发票。甲公司的会计处理如下：

（1）销售实现时：

借：应收账款	936 000	
贷：主营业务收入		800 000
应交税费——应交增值税（销项税额）		136 000

（2）发生销售折让时：

借：主营业务收入	40 000	
应交税费——应交增值税（销项税额）	6 800	
贷：应收账款		46 800

（3）实际收到款项时：

借：银行存款	889 200	
贷：应收账款		889 200

【例6】甲公司在2×15年12月18日向乙企业销售一批商品，开出的增值税专用发票上注明的销售价款为50 000元，增值税税额为8 500元。该批商品成本为26 000元。为及早收回货款，甲公司和乙公司约定的现金折扣条件为"2/10，1/20，N/30"。乙公司在2×15年12月27日支付货款。2×16年4月5日，该批商品因质量问题被乙公司退回，甲公司已经取得税务机关开具的红字增值税发票并支付了有关款项。假定销售退回不属于资产负债表日后事项。甲公司的账务处理如下：

（1）2×15年12月18日销售实现，按照销售总价确认收入时：

借：应收账款	58 500	
贷：主营业务收入		50 000
应交税费——应交增值税（销项税额）		8 500
借：主营业务成本	26 000	
贷：库存商品		26 000

（2）在2×15年12月27日收到货款，享受现金折扣时：

借：银行存款	57 500	
财务费用	1 000	
贷：应收账款		58 500

（3）在2×16年4月5日发生销售退回时：

借：主营业务收入　　50 000
　　应交税费——应交增值税（销项税额）　　8 500
　贷：银行存款　　57 500
　　　财务费用　　1 000
借：库存商品　　26 000
　贷：主营业务成本　　26 000

【例7】甲公司是一家健身器材销售公司。2×15年1月1日，甲公司向乙公司销售5 000件健身器材，单位销售价格为500元，单位成本为400元，开出的增值税专用发票上注明的销售价款为2 500 000元，增值税税额为425 000元。协议约定，乙公司应于2月1日之前支付货款。在6月30日之前有权退回健身器材。健身器材已经发出，款项尚未收到。假定甲公司根据过去的经验，估计该批健身器材退货率为20%；健身器材发出时纳税义务已经发出；实际发生销售退回时取得税务机关开具的红字增值税专用发票。甲公司的账务处理如下：

（1）1月1日发出健身器材时：

借：应收账款　　2 925 000
　贷：主营业务收入　　2 500 000
　　　应交税费——应交增值税（销项税额）　　425 000
借：主营业务成本　　2 000 000
　贷：库存商品　　2 000 000

（2）1月31日确认估计的销售退回时：

借：主营业务收入　　500 000
　贷：主营业务成本　　400 000
　　　预计负债　　100 000

（3）2月1日前收到货款时：

借：银行存款　　2 925 000
　贷：应收账款　　2 925 000

（4）6月30日发生销售退回，实际退货量为1 000件，款项已经支付：

借：库存商品　　400 000
　　应交税费——应交增值税（销项税额）　　85 000
　　预计负债　　100 000
　贷：银行存款　　585 000

如果实际退货量为800件时：

借：库存商品 320 000

　　应交税费——应交增值税（销项税额） 68 000

　　主营业务成本 80 000

　　预计负债 100 000

　贷：银行存款 468 000

　　　主营业务收入 100 000

小思考：如果实际退货量大于估计退货量或没有发生退货，应如何进行会计处理？

【例8】沿用上例的资料。假定甲公司无法根据过去的经验估计该批健身器材的退货率，健身器材发出时纳税义务已经发生。甲公司的账务处理如下：

（1）1月1日发出健身器材时：

借：应收账款 425 000

　贷：应交税费——应交增值税（销项税额） 425 000

借：发出商品 2 000 000

　贷：库存商品 2 000 000

（2）2月1日前收到货款时：

借：银行存款 2 925 000

　贷：预收账款 2 500 000

　　　银行存款 425 000

（3）6月30日退货期满如果没有发生退货：

借：预收账款 2 500 000

　贷：主营业务收入 2 500 000

借：主营业务成本 2 000 000

　贷：库存商品 2 000 000

小思考：如果6月30日发生退货，应如何进行会计处理？增值税会计有什么特点？

【例9】2×15年9月，甲公司以2010年购入的生产经营用设备交换乙公司生产的一批钢材，甲公司换入的钢材作为原材料用于生产，乙公司换入的设备继续用于生产钢材。甲公司设备的账面原价为1 500 000元，在交换日的累计折旧为525 000元，公允价值为1 404 000元，甲公司此前没有为该设备计提资产减值准备。此外，甲公司以银行存款支付清理费1 500元，计税价格等于市场价格，乙公司此前也没有为该批钢材计提存货跌价准备，假设双方都开具了增值税专用发票。

这是一项不涉及补价的以物易物交换业务，甲公司账务处理如下：

借：固定资产清理　975 000
　　累计折旧　525 000
　贷：固定资产　1 500 000

借：固定资产清理　1 500
　贷：银行存款　1 500

借：固定资产清理　238 680
　贷：应交税费——应交增值税（销项税额）　238 680

借：原材料　1 404 000
　　应交税费——应交增值税（进项税额）　238 680
　贷：固定资产清理　1 642 680

借：固定资产清理　427 500
　贷：营业外收入　427 500

乙公司的账务处理如下：

借：固定资产　1 404 000
　　应交税费——应交增值税（进项税额）　238 680
　贷：主营业务收入　1 404 000
　　　应交税费——应交增值税（销项税额）　238 680

借：主营业务成本　1 200 000
　贷：库存商品　1 200 000

小思考：如果用于交换的设备是2009年1月1日以前从非试点企业购买的，增值税会计有什么特点？如果用于交换的设备是2009年1月1日以前从试点企业购买的，增值税会计又如何处理？

【例10】甲企业3月份共发生不含税电费50 000元，其中生产动力用电40 000元，管理部门用电10 000元，电费尚未支付。

借：制造费用　40 000
　　管理费用　11 700
　　应交税费——应交增值税（进项税额）　6 800
　贷：应付账款　58 500

【例11】甲企业本月外购工具、器具一批，专用发票上注明的价款为6 000元，增值税税额为1 020元，另外，销货方代垫运费200元（转来铁路承运部门开具给甲企业的货运专用发票1张）。甲企业开出商业汇票1张，材料已验收入库。账务处理：

借：周转材料——低值易耗品 6 178

应交税费——应交增值税（进项税额） 1 042

贷：应付票据 7 220

【例12】甲企业有关包装物收发业务如下，作会计分录：

（1）生产领用包装物一批，计划成本为2 000元。

借：生产成本 2 000

贷：周转材料——包装物 2 000

（2）企业销售商品时，随同销售不单独计价的包装物，其计划成本为1 000元。

借：销售费用 1 000

贷：周转材料——包装物 1 000

（3）企业销售产品时，随同销售单独计价的包装物，其收入为600元。款项已收，存入银行。另该批包装物的计划成本为500元。

借：银行存款 600

贷：其他业务收入 512.82

应交税费——应交增值税（销项税额） 87.18

借：其他业务成本 500

贷：周转材料——包装物 500

（4）仓库发出新包装物一批，出租给购货单位，计划成本为5 000元，收到租金500元，存入银行。

借：其他业务成本 5 000

贷：周转材料——包装物 5 000

同时，收到租金：

借：银行存款 500

贷：其他业务收入 427.35

应交税费——应交增值税（销项税额） 72.65

（5）出借新包装物一批，计划成本为3 000元，收到押金1 000元，存入银行。

借：销售费用 3 000

贷：周转材料——包装物 3 000

同时，收到押金：

借：银行存款 1 000

贷：其他应付款 1 000

（6）出借包装物逾期未退，按规定没收其押金1 000元。

借：其他应付款　　1 000
　贷：其他业务收入　　854.70
　　　应交税费——应交增值税（销项税额）　　145.30

（7）出租包装物收回后，不能继续使用而报废，收回残料入库，价值600元。

借：原材料　　600
　贷：其他业务成本　　600

（8）月末，按－5%的材料成本差异计算结转本月生产领用、出售以及出租、出借包装物分摊的成本差异。

借：生产成本　　－100
　　其他业务成本　　－275
　　销售费用　　－200
　贷：材料成本差异　　－575

值得注意的是，在实际工作中，为了促使购货人能尽快将包装物及时退回而加收的押金，如果发生没收业务，则应将没收业务加收的押金收入转入“营业外收入”，作如下分录：

借：其他应付款
　贷：营业外收入
　　　应交税费——应交增值税（销项税额）

【例13】甲企业为一般纳税人（不属于试点纳税人），2×15年2月5日销售2×08年底以前购入的机器设备一台，原价13 800元，已提折旧5 000元，该设备含税售价10 300元，货款已收到。作如下分录：

（1）借：固定资产清理　　8 800
　　　　累计折旧　　5 000
　　　贷：固定资产　　13 800

借：银行存款　　10 300
　贷：固定资产清理　　10 000
　　　应交税费——应交增值税（销项税额）　　300

借：固定资产清理　　1 200
　贷：营业外收入　　1 200

（2）月份终了，计算该企业应交和减免的增值税：

借：应交税费——应交增值税（减免税款）　　100
　贷：营业外收入　　100

（3）上缴本月该业务的增值税：

借：应交税费——应交增值税（已交税金） 200

　贷：银行存款 200

【例14】2×15年1月1日，甲公司采用分期收款方式向乙公司销售一套大型设备，合同约定的销售价格为2 000万元，分五次于每年底12月31日等额收取。该大型设备成本为1 560万元。在现销方式下，该大型设备的销售价格为1 600万元。

根据本例的资料，甲公司应当确认的销售商品收入金额为1 600万元，则甲公司采用插值法计算得出公司在未来五年的财务费用和已收本金金额如表2-2所示。

表2-2　财务费用和已收本金计算表

单位：万元

日　期	未收本金	财务费用	收现总额	已收本金
2×15年1月1日	1 600			
2×15年12月31日	1 600	126.88	400	273.12
2×16年12月31日	1 326.88	105.22	400	294.78
2×17年12月31日	1 032.10	81.85	400	318.15
2×18年12月31日	713.95	56.62	400	343.38
2×19年12月31日	370.57	29.43	400	370.57
总　额	6 643.5	400	2 000	1 600

甲企业各期的会计账务处理如下：

（1）2×15年1月1日销售实现时：

借：长期应收款 20 000 000

　贷：主营业务收入 16 000 000

　　　未实现融资收益 4 000 000

借：主营业务成本 15 600 000

　贷：库存商品 15 600 000

（2）2×15年12月31日收取货款和增值税税额时：

借：银行存款 4 680 000

　贷：长期应收款 4 000 000

　　　应交税费——应交增值税（销项税额） 680 000

借：未实现融资收益 1 268 800
　贷：财务费用 1 268 800

（3）2×16 年 12 月 31 日收取货款和增值税税额时：

借：银行存款 4 680 000
　贷：长期应收款 4 000 000
　　应交税费——应交增值税（销项税额） 680 000
借：未实现融资收益 1 052 200
　贷：财务费用 1 052 200

（4）2×17 年 12 月 31 日收取货款和增值税税额时：

借：银行存款 4 680 000
　贷：长期应收款 4 000 000
　　应交税费——应交增值税（销项税额） 680 000
借：未实现融资收益 818 500
　贷：财务费用 818 500

（5）2×18 年 12 月 31 日收取货款和增值税税额时：

借：银行存款 4 680 000
　贷：长期应收款 4 000 000
　　应交税费——应交增值税（销项税额） 680 000
借：未实现融资收益 566 200
　贷：财务费用 566 200

（6）2×19 年 12 月 31 日收取货款和增值税税额时：

借：银行存款 4 680 000
　贷：长期应收款 4 000 000
　　应交税费——应交增值税（销项税额） 680 000
借：未实现融资收益 294 300
　贷：财务费用 294 300

小思考：如果没有书面合同或者书面合同没有约定收款日期的，增值税会计应如何处理？

【例 15】 甲企业生产一种先进的模具产品，按照国家相关规定，该企业的这种产品适用增值税先征后返还政策，按照实际缴纳增值税税额返还 70%。2×16年1月，该企业实际缴纳增值税税额 150 万元。2×16 年2 月，该企业实际收到返还的增值税税额 105 万元。

甲企业实际收到返还的增值税税额时，作分录：

借：银行存款 1 050 000
　贷：营业外收入 1 050 000

（二）一般纳税企业购入免税农产品的账务处理

【例 16】甲企业收购免税农产品，实际支付的价款为 200 万元，收购的农产品已验收入库。企业应作如下会计处理（该企业采用实际成本进行日常材料核算。原材料入库分录略）：

进项税额 = 200 × 13% = 26（万元）

借：在途物资　1 740 000

　　应交税费——应交增值税（进项税额）　260 000

　贷：银行存款　2 000 000

（三）小规模纳税企业的账务处理

【例 17】甲企业核定为小规模纳税企业，本期购入原材料，按照增值税专用发票上记载的原材料成本为 100 万元，支付的增值税税额为 17 万元，企业开出银行汇票，材料尚未到达（材料按实际成本核算）。该企业本期销售产品，含税价格为 90 万元，假定符合收入确认条件，货款尚未收到。根据上述业务，甲企业应作如下会计处理：

（1）购进货物时：

借：在途物资　1 170 000

　贷：其他货币资金　1 170 000

（2）销售货物时：

不含税价格 = 90 ÷（1 + 3%）≈87.38（万元）

应交增值税 = 87.38 × 3% ≈2.62（万元）

借：应收账款　900 000

　贷：主营业务收入　873 800

　　　应交税费——应交增值税　26 200

（四）进出口物资的账务处理

企业进口货物，按照组成计税价格和规定的增值税税率计算应纳税额。在会计核算时，进口货物交纳的增值税，以从海关取得的完税凭证作为依据，记入“应交税费——应交增值税（进项税额）”科目，其具体会计处理方法与国内购进货物的处理方法相同，只是扣税依据不同。

对于出口企业的会计处理，按照财政部、国家税务总局 2002 年发布的《关于进一步推进出口货物实行免抵退税办法的通知》和 2012 年发布的《关于出口货物劳务增值税和消费税政策的通知》等规定，结合 2013 年 12 月

"营改增"规定：生产企业出口自产货物和视同自产货物及对外提供加工修理修配劳务，以及列名的74家生产企业出口非自产货物，免征增值税，相应的进项税额抵减应纳增值税税额（不包括适用增值税即征即退、先征后退政策的应纳增值税税额），未抵减完的部分予以退还。

零税率应税服务提供者提供零税率应税服务，如果属于适用增值税一般计税办法的，免征增值税，相应的进项税额抵减应纳增值税税额（不包括适用增值税即征即退、先征后退政策的应纳增值税税额），未抵减完的部分予以退还。

生产企业出口货物劳务增值税"免、抵、退"税，具体计算方法与计算公式如下：

（1）当期应纳税额的计算：

当期应纳税额＝当期销项税额－（当期进项税额－当期不得免征和抵扣税额）

（2）当期不得免征和抵扣税额的计算：

当期不得免征和抵扣税额＝当期出口货物离岸价×外汇人民币折合率×（出口货物适用税率－出口货物退税率）－当期不得免征和抵扣税额抵减额

其中：

当期不得免征和抵扣税额抵减额＝当期免税购进原材料价格×（出口货物适用税率－出口货物退税率）

（3）当期"免、抵、退"税额的计算：

当期"免、抵、退"税额＝当期出口货物离岸价×外汇人民币折汇率×出口货物退税率－当期"免、抵、退"税额抵减额

当期"免、抵、退"税额抵减额＝当期免税购进原材料价格×出口货物退税率

（4）当期应退税额和免抵税额的计算：

①当期期末留抵税额≤当期“免、抵、退”税额，则：

当期应退税额 = 当期期末留抵税额

当期免抵税额 = 当期“免、抵、退”税额 – 当期应退税额

②当期期末留抵税额 > 当期“免、抵、退”税额，则：

当期应退税额 = 当期“免、抵、退”税额

③当期免抵税额 = 0，则：

当期期末留抵税额根据当期“增值税纳税申报表”中“期末留抵税额”确定。

在会计核算时，出口货物在购进环节支付的增值税税额，仍然记入“应交税费——应交增值税（进项税额）”科目；出口货物时，实行“免、抵、退”税管理办法有进出口经营权的生产企业，按规定计算，有当期出口货物不予免征、抵扣和退税的税额，计入出口货物成本，借记“主营业务成本”等科目，贷记“应交税费——应交增值税（进项税额转出）”科目。按规定计算的当期应予抵扣内销货物的应纳税款的税额，在“应交税费——应交增值税”科目设置“出口抵减内销产品应纳税额”专栏，反映企业出口货物应抵扣内销货物应纳税款的税额，企业按规定计算出当期应予抵扣的税额，借记“应交税费——应交增值税（出口抵减内销产品应纳税额）”科目，贷记“应交税费——应交增值税（出口退税）”科目。因应抵扣的税额大于应纳税额而未抵扣完时，按规定应予退回的税款，借记“其他应收款——应收补贴款”科目，贷记“应交税费——应交增值税（出口退税）”科目。收到退回的税款，借记“银行存款”科目，贷记“其他应收款——应收补贴款”科目。

【例 18】甲自营出口的生产企业为增值税一般纳税人，出口货物的征税率为 17%，退税率为 15%。2×15 年 11 月的有关经营业务为：购进原材料一批，取得的增值税专用发票注明的价款为 200 万元，外购货物准予抵扣的进项税额为 34 万元，货已验收入库，计划成本为 210 万元。上月末留抵税款 3 万元；本月内销货物不含税销售额 100 万元；收款 117 万元存入银行；本月出口货物的销售额折合人民币 200 万元。试计算该企业当期的“免、抵、退”税额并根据上述业务作出会计处理。

（1）当期不得免征和抵扣税额：

当期不得免征和抵扣税额 = 200 ×（17% - 15%）= 4（万元）

（2）当期应纳税额：

当期应纳税额 = 100 × 17% -（34 - 4）- 3 = 17 - 30 - 3 = - 16（万元）

（3）出口货物"免、抵、退"税额：

出口货物"免、抵、退"税额 = 200 × 15% = 30（万元）

（4）按规定，如当期期末留抵税额≤当期"免、抵、退"税额时，则：

该企业当期应退税额 = 16（万元）

（5）按规定：

当期免抵税额 = 当期"免、抵、退"税额 - 当期应退税额

= 30 - 16 = 14（万元）

根据上述业务，甲企业作如下处理：

（1）购入货物：

借：材料采购	2 000 000	
应交税费——应交增值税（进项税额）	340 000	
贷：银行存款		2 340 000

（2）材料入库：

借：原材料	2 100 000	
贷：材料采购		2 100 000
借：材料采购	100 000	
贷：材料成本差异		100 000

（3）内销货物：

借：银行存款	1 170 000	
贷：主营业务收入		1 000 000
应交税费——应交增值税（销项税额）		170 000

（4）出口销售：

借：应收账款	2 000 000	
贷：主营业务收入		2 000 000

（5）不可抵扣税额的处理：

借：主营业务成本	40 000	
贷：应交税费——应交增值税（进项税额转出）		40 000

（6）当期免抵税额的处理：

借：应交税费——应交增值税（出口抵减内销产品应纳税额）	140 000	
贷：应交税费——应交增值税（出口退税）		140 000

(7) 应收出口实际应退税额的处理：

借：其他应收款——应收补贴款 160 000

贷：应交税费——应交增值税（出口退税） 160 000

这笔分录才是真正的退税。根据当期实际应退税额的计算过程可知，退的是期末未抵完的留抵进项税额。由此可见，“出口退税”贷方专栏核算的是“当期免抵税额”与“当期实际应退税额”之和。而出口货物实际执行的“超低税率”计算的“销项税额”被计入了“进项税额转出”贷方专栏。如果将该部分数额与“出口退税”贷方专栏数额相加，也就是在内销情况下应当缴纳的销项税额。所以，“出口退税”贷方专栏反映的并非真正的退税，而是出口货物较内销货物执行税率的不同而少缴的增值税销项税额。

（五）视同销售的账务处理

按照增值税暂行条例及其实施细则的规定，对于企业将货物交付他人代销、销售代销货物的行为等十项业务视同销售行为，应计算缴纳增值税。对于税法上某些视同销售的行为，如以自产产品对外投资，从会计角度看属于非货币性资产交换。因此，会计核算应遵循非货币性资产交换准则进行会计处理。但是，无论会计上如何处理，只要税法规定需要缴纳增值税的，企业应开出增值税专用发票，并将计算缴纳的增值税作为销项税额计入“应交税费——应交增值税”科目中的“销项税额”专栏。

(1) 代销商品。

a. 视同买断方式。视同买断方式代销商品，是指委托方和受托方签订合同或协议，委托方按合同或协议收取代销的货款，实际售价由受托方自定，实际售价与合同或协议价之间的差额归受托方所有。如果委托方和受托方之间的协议明确标明，受托方在取得代销商品后，无论是否能够卖出、是否获利，均与委托方无关，那么，委托方和受托方之间的代销商品交易，与委托方直接销售商品给受托方没有实质区别，在符合销售商品收入确认条件时，委托方应确认相关销售商品收入。如果委托方和受托方之间的协议明确标明，将来受托方没有将商品售出可以将商品退回给委托方，或受托方因代销商品出现亏损时可以要求委托方补偿，那么，委托方在交付商品时通常不确认收入，受托方也不作购进商品处理。受托方将商品销售后，按照实际售价确认收入，并向委托方开具代销清单；委托方收到代销清单时，再确认本企业的销售收入。

【例 19】甲企业委托乙企业销售 A 商品 100 件，协议价为 100 元/件，该商品成本是 60 元/件，甲企业收到乙企业开来的代销清单时开具增值税发票，发票上注明：售价 10 000 元，增值税 1 700 元。乙企业实际销售时开具的增值税发票注明：售价 12 000 元，增值税为 2 040 元。

甲企业作分录如下：

①交付商品：

借：发出商品　　6 000
　贷：库存商品　　6 000

②收到代销清单

借：应收账款　　11 700
　贷：主营业务收入　　10 000
　　　应交税费——应交增值税（销项税额）　　1 700

借：主营业务成本　　6 000
　贷：发出商品　　6 000

③收到乙企业汇来的货款 11 700 元：

借：银行存款　　11 700
　贷：应收账款　　11 700

乙企业作分录如下：

①收到甲商品：

借：受托代销商品　　10 000
　贷：受托代销商品款　　10 000

②实际销售商品：

借：银行存款　　14 040
　贷：主营业务收入　　12 000
　　　应交税费——应交增值税（销项税额）　　2 040

借：主营业务成本　　10 000
　贷：受托代销商品　　10 000

借：受托代销商品款　　10 000
　　应交税费——应交增值税（进项税额）　　1 700
　贷：应付账款　　11 700

③按合同协议价将款项付给甲企业：

借：应付账款　　11 700
　贷：银行存款　　11 700

b. 收取手续费。在这种方式下，委托方在发出商品时通常不应确认销售商品收入，而应在收到受托方开出的代销清单时确认销售商品收入；受托方应在商品销售后，按合同或协议约定的方法计算确定的手续费确认收入。

假设上例中，乙企业将商品按每件 100 元的价格出售给顾客，甲企业按售价支付给乙企业手续费。乙企业实际销售时，即向买方开出一张增值税专用发票，发票上注明商品售价为10 000元，增值税税额为1 700元。甲企业在收到乙企业交来的代销清单时，向乙企业开出一张相同金额的增值税发票。假定甲公司发出商品时纳税义务尚未发生，不考虑其他因素。

甲企业作分录如下：

①把商品发给乙企业时：

借：委托代销商品　　6 000

　贷：库存商品　　6 000

②收到代销清单时：

借：应收账款　　11 700

　贷：主营业务收入　　10 000

　　　应交税费——应交增值税（销项税额）　　1 700

借：主营业务成本　　6 000

　贷：委托代销商品　　6 000

借：销售费用　　1 000

　贷：应收账款　　1 000

③收到乙企业汇来的货款净额时：

借：银行存款　　10 700

　贷：应收账款　　10 700

乙企业作分录如下：

①收到商品时：

借：受托代销商品　　10 000

　贷：受托代销商品款　　10 000

②实际销售商品时：

借：银行存款　　11 700

　贷：应付账款　　10 000

　　　应交税费——应交增值税（销项税额）　　1 700

借：应交税费——应交增值税（进项税额）　　1 700

　贷：应付账款　　1 700

借：受托代销商品款　　10 000

　贷：受托代销商品　　10 000

③支付货款并计算代销手续费时：

借：应付账款　　11 700

　贷：银行存款　　10 700

其他业务收入 1 000

借：其他业务成本 50

贷：应交税费——应交营业税 50

（2）按照增值税暂行条例及其实施细则的规定，企业将自产、委托加工的货物用于非增值税集体福利或者个人消费等，视同销售行为。

【例20】甲公司为一家生产笔记本电脑的企业，共有职工200名，2×15年2月，公司以其生产的成本为10 000元的高级笔记本电脑和外购的每部不含税价格为1 000元的手机作为福利发放给公司每名职工。该型号笔记本电脑的售价为每台14 000元，甲公司适用的增值税税率为17%，已开具了增值税专用发票；甲公司以银行存款支付了购买手机的价款和增值税进项税额，已取得了增值税专用发票，假定200名职工中170名为直接参加生产的职工，30名为总部管理人员。

①甲公司决定发放非货币性福利电脑时，应作如下账务处理：

借：生产成本 2 784 600

管理费用 491 400

贷：应付职工薪酬——非货币性福利 3 276 000

实际发放笔记本电脑时，应作如下账务处理：

借：应付职工薪酬——非货币性福利 3 276 000

贷：主营业务收入 2 800 000

应交税费——应交增值税（销项税额） 476 000

借：主营业务成本 2 000 000

贷：库存商品 2 000 000

②甲公司决定发放非货币性福利手机时，应作如下账务处理：

借：生产成本 198 900

管理费用 35 100

贷：应付职工薪酬——非货币性福利 234 000

购买手机时，甲公司作如下账务处理：

借：库存商品——手机 200 000

应交税费——应交增值税（进项税额） 34 000

贷：银行存款 234 000

实际发放手机时，应作如下账务处理：

借：应付职工薪酬——非货币性福利 234 000

贷：库存商品 200 000

应交税费——应交增值税（进项税额转出） 34 000

【例 21】甲企业将自己生产的产品用于工程。产品的成本为 100 万元，计税价格为 120 万元。由于该业务属于企业内部处置，商品所有权上的主要风险和报酬尚未转移，因此，不确认产品销售收入，但按照增值税条例和实施细则规定该行为属于视同销售行为。企业应作如下会计处理：

用于工程的产品的销项税额 = 120 × 17% = 20.4（万元）

借：在建工程　　1 204 000
　贷：库存商品　　1 000 000
　　应交税费——应交增值税（销项税额）　　204 000

【例 22】甲企业将自产的成本为 520 万元的货物赠予乙企业，假设该批商品的公允价值可以可靠计量，计量金额为 540 万元，则作会计分录如下：

①捐出方甲企业：

借：营业外支出　　6 318 000
　贷：主营业务收入　　5 400 000
　　应交税费——应交增值税（销项税额）　　918 000
借：主营业务成本　　5 200 000
　贷：库存商品　　5 200 000

②受赠方乙企业：

借：原材料　　6 318 000
　贷：资本公积或营业外收入——接受捐赠非现金资产　　6 318 000

③假设乙企业从国外接受捐赠取得完税凭证，则：

借：原材料　　5 400 000
　应交税费——应交增值税（进项税额）　　918 000
　贷：资本公积或营业外收入——接受捐赠非现金资产　　6 318 000

根据 2008 年财政部颁布的《企业会计准则解释第 2 号》规定：企业自投资者取得的货币或非货币性资产捐赠，应当按照接受捐赠资产的公允价值确认相关资产和资本公积（资本溢价）；从其他方面取得的货币或非货币性资产捐赠，应于取得时确认为当期损益。

【例 23】甲企业以自己生产的产品分配利润，产品的成本为 50 万元，销售价格为 80 万元（增值税税率 17%）。分录如下：

借：利润分配——应付利润　　936 000
　贷：应付股利　　936 000
借：应付股利　　936 000
　贷：主营业务收入　　800 000
　　应交税费——应交增值税（销项税额）　　136 000

借：主营业务成本 500 000

　贷：库存商品 500 000

对于企业将自产、委托加工或者购进的货物作为投资的视同销售行为。投资业务会计处理应遵循投资准则，区分是同一控制下企业合并或非同一控制下企业合并。

对于同一控制下企业合并形成的长期股权投资，合并方以支付现金、转让非现金资产或承担债务方式作为合并对价的，应当在合并日按照取得被合并方所有者权益在最终控制方合并财务报表中的账面价值的份额作为长期股权投资的初始投资成本。长期股权投资的初始投资成本与支付的现金、转让的非现金资产及所承担债务账面价值之间的差额，应当调整资本公积（资本溢价或股本溢价）；资本公积（资本溢价或股本溢价）的余额不足冲减的，调整留存收益。

而对于非同一控制下企业合并形成的长期股权投资，购买方应当按照确定的企业合并成本作为长期股权投资的初始投资成本。企业合并成本包括购买方付出的资产、发生或承担的负债、发行的权益性证券的公允价值，为进行企业合并发生的审计、法律服务、评估咨询等中介费用以及其他相关管理费用，应当于发生时计入本期损益。非同一控制下企业合并涉及以库存商品等作为合并对价的，应按库存商品的公允价值，贷记“主营业务收入”科目，并同时结转相关的成本。

除企业合并形成的长期股权投资应遵循特定的会计处理原则外，其他方式取得的长期股权投资，取得时初始投资成本包括与取得长期股权投资直接相关的费用、税金及其他必要支出。若属于以债务重组、非货币性资产交换等方式取得的长期股权投资，其初始投资成本应按照《企业会计准则第 12 号——债务重组》和《企业会计准则第 7 号——非货币性资产交换》的规定确定。

（六）混合销售行为和兼营行为的账务处理

企业与其他企业签订的合同或协议，有时既包括销售商品又包括提供劳务，如销售电梯的同时负责安装工作，企业应严格按照税法规定进行会计处理。

【例 24】甲电梯生产企业与乙公司签订合同，向乙公司销售一部购入的电梯并负责安装。甲企业共收取货款 1 000 000 元，其中开出的增值税专用发票上注明的电梯销售价格为 980 000 元，增值税税额为 166 600 元。另收取安装费 20 000 元，电梯的成本为 560 000 元；电梯安装过程中发生安装费 12 000 元，均为安装人员薪酬。假定电梯已经安装完成并验收合格，款项尚未收到；

安装工作是销售合同的重要组成部分。按照税法和会计准则规定甲企业的账务处理如下：

（1）电梯发出结转成本560 000元：

借：发出商品　　560 000
　贷：库存商品　　560 000

（2）实际发生安装费用12 000元：

借：劳务成本　　12 000
　贷：应付职工薪酬　　12 000

（3）确认销售电梯和提供劳务收入1 000 000元：

借：应收账款　　1 166 600
　贷：主营业务收入——销售商品　　980 000
　　　　　　　　　——提供劳务　　17 094
　　应交税费——应交增值税（销项税额）　　169 506

（4）结转销售商品成本560 000元和安装成本12 000元：

借：主营业务成本　　560 000
　贷：发出商品　　560 000
借：主营业务成本　　12 000
　贷：劳务成本　　12 000

承上例，假定甲电梯生产企业销售的是自产电梯并负责安装，则按照规定甲企业的会计处理如下：

（1）电梯发出结转成本560 000元：

借：发出商品　　560 000
　贷：库存商品　　560 000

（2）发生安装费用12 000元：

借：劳务成本　　12 000
　贷：应付职工薪酬　　12 000

（3）销售实现，分别确认收入980 000元和20 000元，并结转成本572 000元：

借：应收账款　　1 146 600
　贷：主营业务收入——销售商品　　980 000
　　应交税费——应交增值税（销项税额）　　166 600
借：应收账款　　20 000
　贷：主营业务收入——劳务收入　　20 000
借：营业税金及附加　　600
　贷：应交税费——应交营业税　　600

借：主营业务成本　　572 000
　贷：发出商品　　560 000
　　劳务成本　　12 000

（七）不予抵扣项目的会计处理

按照增值税暂行条例及其实施细则的规定，企业购进用于集体福利或个人消费的货物等的不予抵扣增值税进项税额项目，账务处理时采用不同的方法：

属于购入货物时即能认定其进项税额的，如购入的货物直接用于免税项目，或者直接用于非应税项目，或者直接用于集体福利和个人消费的，其增值税专用发票上注明的增值税税额，计入购进货物及接受劳务、服务的成本。

【例25】甲企业购入货物一批，增值税专用发票上注明的增值税税额为51万元，货物价款300万元，该批货物已经到达并直接交付免税项目使用，款项已经支付。根据这项业务，企业应作如下会计处理：

借：库存商品　　3 510 000
　贷：银行存款　　3 510 000

属于购入货物时不能直接认定其进项税额能否抵扣的，其增值税专用发票上注明的增值税税额，按照增值税会计处理方法记入"应交税费——应交增值税（进项税额）"科目。如果这部分购入货物以后用于按规定不得抵扣进项税额项目的，应将原已计入进项税额并已支付的增值税转入有关的承担者予以承担，通过"应交税费——应交增值税（进项税额转出）"科目转入有关的"在建工程""应付职工薪酬""待处理财产损溢"等科目。

【例26】甲企业购入一批材料，增值税专用发票上注明的增值税税额为20.4万元，材料价款120万元。材料已入库，货款已经支付（假设该企业材料采用实际成本进行核算）。材料入库后，该企业又将该批材料全部用于集体福利。根据该经济业务，企业可作如下会计处理：

（1）材料入库：

借：原材料　　1 200 000
　　应交税费——应交增值税（进项税额）　　204 000
　贷：银行存款　　1 404 000

（2）集体福利领用材料：

借：应付职工薪酬——非货币性福利　　1 404 000
　贷：原材料　　1 200 000
　　应交税费——应交增值税（进项税额转出）　　204 000

【例27】甲企业2×15年9月从外地购入原材料一批，价款100 000元，增值税税款17 000元，款项已付，取得1张专用发票，但专用发票中纳税人识别号认证不符。账务处理如下：

借：原材料 117 000
　贷：银行存款 117 000

（八）缴纳增值税的账务处理

【例28】甲企业1月份购入商品等支付的增值税进项税额为34 000元，本月销售商品等发生的销项税额为51 000元。假定1月份月初没有未抵扣以及欠交或多交的增值税，也没有其他涉及增值税的业务，1月份上交增值税为10 000元。甲企业2月份购进商品等支付进项税额25 000元，销售商品等发生的销项税额为20 000元，除此之外，2月份甲企业没有发生其他涉及增值税的业务。企业应作如下会计记录：

1月份上交本月应交增值税：

1月份应交增值税 = 51 000 - 34 000 = 17 000（元）

借：应交税费——应交增值税（已交税金） 10 000
　贷：银行存款 10 000

转出1月份未交的增值税7 000元：

借：应交税费——应交增值税（转出未交增值税） 7 000
　贷：应交税费——未交增值税 7 000

2月份未抵扣的增值税为5 000元，留待以后月份抵扣，即“应交税费——应交增值税”科目借方余额为5 000元。

如果2月份该企业缴纳了1月份欠缴的增值税7 000元，企业应作如下会计分录：

借：应交税费——未交增值税 7 000
　贷：银行存款 7 000

（九）营业税改增值税的账务处理

【例29】丙公司属于“营改增”试点地区的一般纳税人，主要从事货物运输业务。2×12年10月，丙公司为甲公司提供汽车运输劳务，开出的货物运输业增值税专用发票上注明的销售额为20 000 000元，增值税征收率为11%，增值税税额为2 200 000元，款项尚未收到；当月，丙公司将承揽的部分运输业务，以5 550 000元的价格转分给不属于“营改增”试点地区的一般纳税人乙公司，收到乙公司开出的货物运输业营业税发票，款项尚未支付。丙公司账务处理如下：

（1）丙公司为甲公司提供汽车运输服务

借：应收账款——甲公司　22 200 000

　贷：主营业务收入——提供运输劳务　20 000 000

　　应交税费——应交增值税（销项税额）　2 200 000

（2）丙公司接受乙公司提供的运输劳务

借：主营业务成本——接受运输劳务　5 000 000

　应交税费——应交增值税——“营改增”抵减的销项税额　550 000

　贷：应付账款——乙公司　5 550 000

第五节　增值税专用发票及报表编制

一、增值税专用发票

现行的增值税制是国家印发的增值税专用发票注明的税款进行抵扣的制度。专用发票不仅是纳税人经济活动中的重要商业凭证，而且是兼记销货方销项税额和购货方进项税额进行税款抵扣的凭证，对增值税的计算和管理起着决定性作用。因此，正确使用增值税专用发票是十分重要的。国家税务总局于1993年底制定的《增值税专用发票使用规定》，自1994年1月1日起执行。随后，为了适应增值税专用发票管理需要，规范增值税专用发票的使用，进一步加强增值税征收管理，在广泛征求意见的基础上，国家税务总局对原《增值税专用发票使用规定》进行了修订，并自2007年1月1日起实行。新修订的规定强调：一般纳税人应通过增值税防伪税控系统使用专用发票。使用包括领购、开具、缴销、认证纸质专用发票及其相应的数据电文。其中，防伪税控系统是指经国务院同意推行的，使用专用设备和通用设备、运用数字密码和电子存储技术管理专用发票的计算机管理系统。“专用设备”是指金税卡、IC卡、读卡器和其他设备。“通用设备”是指计算机、打印机、扫描器具和其他设备。

防伪税控系统下，专用发票是由基本联次或者基本联次附加其他联次构成，基本联次为三联：发票联、抵扣联和记账联。发票联作为购买方核算采购成本和增值税进项税额的记账凭证；抵扣联作为购买方报送主管税务机关认证和留存备查的凭证；记账联作为销售方核算销售收入和增值税销项税额的记账凭证。其他联次用途，由一般纳税人自行确定。

2012 年 1 月 1 日起，我国在部分地区和行业开展深化增值税制度改革试点，逐步将营业税改征增值税。为保障改革试点的顺利实施，国家税务总局决定启用货物运输业增值税专用发票。货物运输业增值税专用发票，是增值税一般纳税人提供货物运输服务开具的专用发票，其法律效力、基本用途、基本使用规定及安全管理要求等与现有增值税专用发票一致，自企业实行“营改增”后使用，原运费结算单据不再作为扣税凭证。货物运输业增值税专用发票分为三联票和六联票，第一联：记账联，承运人记账凭证；第二联：抵扣联，受票方扣税凭证；第三联：发票联，受票方记账凭证；第四联至第六联由发票使用单位自行安排使用。

以下图示为国家税务总局监制的增值税专用发票机开样票（图 2 - 1）和货物运输业增值税专用发票机开样票（图 2 - 2）。

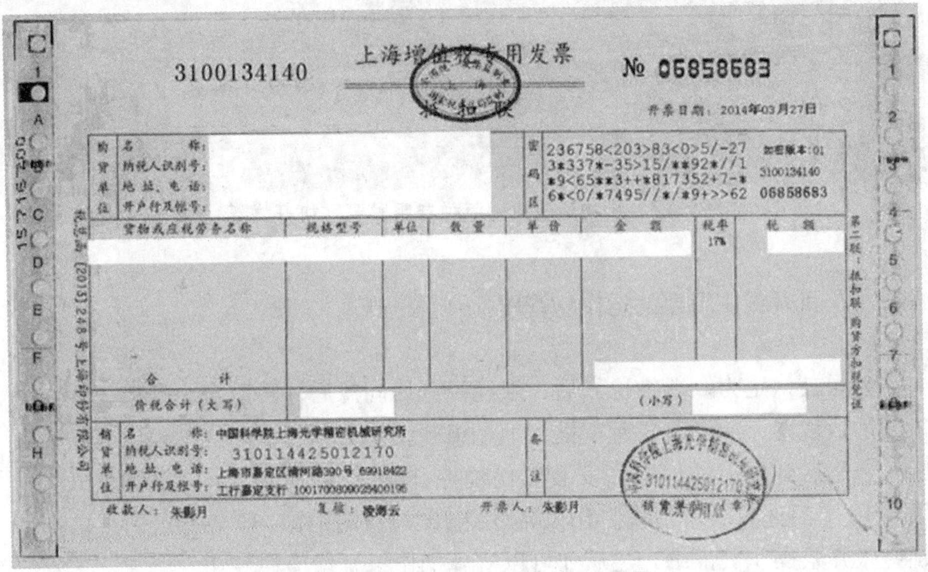
3100134140 上海增值税专用发票 № 06858683

抵扣联

开票日期：2014年03月27日

购货单位 名称：
纳税人识别号：
地址、电话：
开户行及账号：

密码区 236758<203>83<0>5/-27
3*337*-35>15/**92*//1
*9<65**3++*817352+7-*
6*<0/*7495//*/*9+>>62

加密版本：01 3100134140 06858683

货物或应税劳务名称	规格型号	单位	数量	单价	金额	税率	税额
						17%	
合计							

价税合计（大写） （小写）

销货单位 名称：中国科学院上海光学精密机械研究所
纳税人识别号：310114425012170
地址、电话：上海市嘉定区清河路390号 69918422
开户行及账号：工行嘉定支行 10017008090029400196

备注

收款人：朱彩月 复核：凌海云 开票人：朱彩月 销货单位（章）

第二联：抵扣联 购货方扣税凭证

税总函〔2013〕248号上海印钞有限公司

图 2 - 1 增值税专用发票（机开样票）

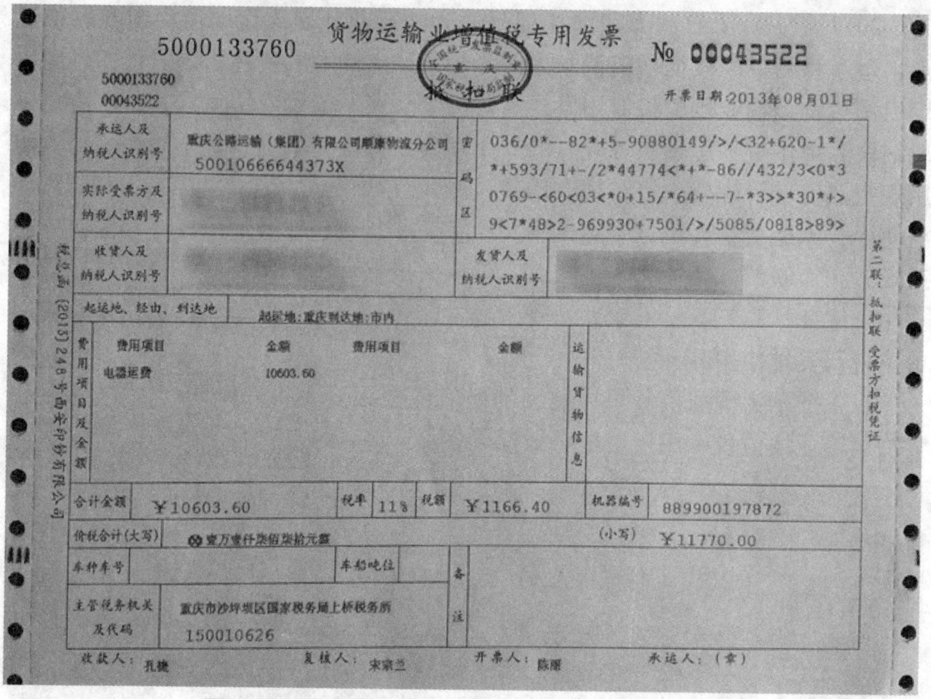
5000133760　货物运输业增值税专用发票　№ 00043522

5000133760
00043522
抵扣联　开票日期：2013年08月01日

承运人及纳税人识别号	重庆公路运输（集团）有限公司顺康物流分公司 5001066664373X	密码区	036/0*--82*+5-90880149/>/<32+620-1*/ *+593/71+-/2*44774<*+*-86//432/3<0*3 0769-<60<03<*0+15/*64+--7-*3>>*30*+> 9<7*48>2-969930+7501/>/5085/0818>89>
实际受票方及纳税人识别号			
收货人及纳税人识别号		发货人及纳税人识别号	
起运地、经由、到达地	起运地：重庆到达地：市内		
费用项目及金额	费用项目 电器运费　金额 10603.60	运输货物信息	
合计金额	￥10603.60　税率 11%　税额 ￥1166.40	机器编号	889900197872
价税合计（大写）	⊗壹万壹仟柒佰柒拾元整	（小写）	￥11770.00
车种车号		车船吨位	
主管税务机关及代码	重庆市沙坪坝区国家税务局上桥税务所 150010626	备注	

收款人：孔搪　复核人：宋宗兰　开票人：陈丽　承运人：（章）

第二联：抵扣联　受票方扣税凭证

税总函〔2013〕248号西安印钞有限公司

图 2-2　货物运输业增值税专用发票（机开样票）

二、机开专用发票的运作与管理

公司被认定为一般纳税人后，须经税务局同意后才可以自主开票。现在是机开增值税票，须经事务所审批，不是想开就能买到的。一般纳税人需在税务所核定之后到指定的地点去安装防伪税控开票软件（金税卡）并领取 IC 卡，领到 IC 卡后还要买增值税专用发票才能开，具体操作一般会有培训，培训后领一张开票操作员证书，之后才可以实施操作机开增值税专用发票。

【前沿新闻导读】

部分地区纳税人 8 月 1 日起
开始使用增值税发票系统升级版电子发票

国家税务总局决定，8 月 1 日起在北京、上海、浙江和深圳四省市试行增值税发票系统升级版电子发票，试点成功后，将尽快全面推行增值税发票系统升级版电子发票。届时，全国电子增值税普通发票将实现统一系统开具，统一票样，统一技术、业务标准，便于纳税人使用，有利于税务管理和大数据应用，也有助于全面促进电子商务、内贸流通健康快速发展。7月31日，增值税发票系统升级版电子发票试运行启动仪式在北京举行，京东商城顺利开出了全国第一张电子增值税普通发票，标志着互联网与税务领域深度融合和创新发展迈上新台阶。

为适应税收现代化建设需要，满足增值税一体化管理要求，切实减轻纳税人负担，税务总局充分应用互联网等现代信息技术，对增值税发票管理系统进行了技术改造和全面升级，形成了全新的系统。今年1月起，增值税发票系统升级版在全国范围分步全面推行，目前推行工作进展顺利，全国已有600多万户纳税人使用新系统开具增值税发票。新系统的推行为构建现代税收征管体系奠定了坚实的基础，将为基本实现税收现代化提供有力的支撑，主要体现在以下几个方面：系统推行到位后将使假发票难以立足；实施“营改增”扩围更为顺利；基层税务机关和纳税人两个减负明显；有利于净化社会风气和反腐败工作开展；税务部门可以更好地服务宏观决策和经济社会发展。

为落实国务院积极推进“互联网+”发展，促进电子商务、内贸流通健康快速发展有关工作要求，进一步适应经济社会发展和税收现代化建设需要，税务总局在增值税发票系统升级版基础上开发了增值税电子发票系统，同时制定了与各地已推行的电子发票系统衔接改造方案。

增值税发票系统升级版电子发票的推行使用有利于为纳税人营造健康公平的税收环境，是税务机关推进税收现代化建设，实现“互联网+税务”的重要举措。为做好本次试运行工作及下一步的全面推行，近日税务总局已发布了增值税发票系统升级版与电子发票系统数据接口规范。

电子发票是现代信息社会的产物，是在购销商品、提供或接受服务，以及从事其他经营活动中，开具或收取的数据电文形式的收付款凭证。与传统纸质发票相比，纳税人申领、开具、流转、查验电子发票等都可以通过税务机关统一的电子发票管理系统在互联网上进行，发票开具更快捷、查询更方便。具体来看，主要体现在以下三方面：

一是有利于企业节约经营成本。电子发票不需要纸质载体，没有印制、打印、存储和邮寄等成本，企业可以节约相关费用。据统计，京东商城在全国一年约使用3.6亿份发票，一年发票综合成本达1.08亿元。电子发票的应用，分流了部分纸质发票的使用，大大降低了企业的经营成本。

二是有利于消费者保存使用发票。消费者可以在发生交易的同时收取电子发票，并可以在税务机关网站查询验证发票信息。在凭电子发票进行相关售后维修服务时，可以对电子发票进行下载或打印，解决了纸质发票查询和保存不便的缺陷。

三是有利于税务部门规范管理和数据应用。企业通过增值税发票系统升级版开具增值税电子发票后，数据实时连接税务部门，税务人员可以及时对纳税人开票数据进行查询、统计、分析，及时发现涉税违法违规问题，有利于提高工作效率，降低管理成本。税务机关还可利用及时完整的发票数据，更好地服务宏观决策和经济社会发展。

（资料来源：http：//www. chinatax. gov. cn/n810219/n810724/n811741/c1748942/content. html）

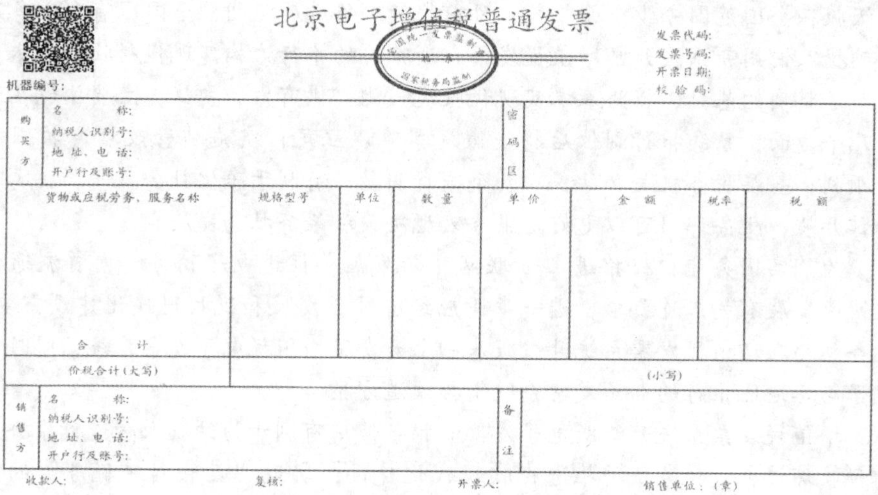

北京电子增值税普通发票

发票代码：
发票号码：
开票日期：
校 验 码：

机器编号：

购买方	名　　称： 纳税人识别号： 地 址、电 话： 开户行及账号：	密码区	

货物或应税劳务、服务名称	规格型号	单位	数 量	单 价	金　额	税率	税　额
合　　计							
价税合计（大写）						（小写）	

销售方	名　　称： 纳税人识别号： 地 址、电 话： 开户行及账号：	备注	

收款人：　　复核：　　开票人：　　销售单位：（章）

图 2－3　北京电子增值税普通发票（样式）

三、增值税会计列报

根据 2007 年实施的新《企业会计准则》的规定，增值税会计业务结果主要反映在“资产负债表”负债方列入“应交税费”项目中，分别以“期末余额”和“年初余额”列示，同时在报表附注中的“报表重要项目说明”的项目中对增值税作较详尽的信息披露。下面以我国上市公司五粮液（股票代码：000858）为例，截取其 2015 年公布的 2014 年公司年报的增值税部分进行展示，具体如表 2－3、表 2－4 所示。

表 2-3 五粮液 2014 年公司年报（流动负债部分）

单位：元

流动负债：		
短期借款		
以公允价值计量且其变动计入当期损益的金融负债		
衍生金融负债		
应付票据		
应付账款	4 165 200.00	1 693 200.00
预收款项		
应付职工薪酬	8 284 870.86	4 295 150.33
应交税费	16 733 985.00	19 841 827.86
应付利息		
应付股利		
其他应付款	181 146 491.67	98 837 137.53
划分为持有待售的负债		
一年内到期的非流动负债		
其他流动负债		
流动负债合计	210 330 547.53	124 667 315.72

表 2-4 五粮液 2014 年公司年报（应交税费部分）

单位：元

项目	期末余额	期初余额
增值税	637 335 685.97	970 732 496.39
消费税	173 358 883.77	293 185 084.19
营业税	2 628.39	39 977.49
企业所得税	223 018 138.74	839 339 103.42
个人所得税	1 489 921.82	6 374 111.30
城市维护建设税	27 050 421.87	49 075 049.41
房产税	491 455.02	295 550.41
印花税	44 217.17	6 226.33
土地使用税	724 011.88	30 940.89
教育费附加	14 657 163.57	21 044 514.85

四、增值税纳税申报表（见表2-5、表2-6）

表2-5 增值税纳税申报表（适用于增值税一般纳税人）

根据《中华人民共和国增值税暂行条例》第二十二条和第二十三条的规定制定本表。纳税人不论有无销售额，均应按主管税务机关核定的纳税期限按期填报本表，并于次月1日起10日内，向当地税务机关申报。

税款所属时间：自 年 月 日至 年 月 日 填表日期： 年 月 日 金额单位： 元(列至角分)

纳税人识别号				所属行业：		
纳税人名称	（公章）	法定代表人姓名		注册地址		营业地址
开户银行及账号		企业登记注册类型			电话号码	

项目		栏次	一般货物、劳务和应税服务		即征即退货物、劳务和应税服务	
			本月数	本年累计	本月数	本年累计
销售额	（一）按适用税率征税货物及劳务销售额	1				
	其中：应税货物销售额	2				
	应税劳务销售额	3				
	纳税检查调整的销售额	4				
	（二）按简易征收办法征税货物销售额	5				
	其中：纳税检查调整的销售额	6				
	（三）免、抵、退办法出口货物销售额	7				
	（四）免税货物及劳务销售额	8				
	其中：免税货物销售额	9				
	免税劳务销售额	10				

（续上表）

税款计算	销项税额	11				
	进项税额	12				
	上期留抵税额	13				
	进项税额转出	14				
	免抵退货物应退税额	15				
	按适用税率计算的纳税检查应补缴税额	16				
	应抵扣税额合计	17（17 = 12 + 13 − 14 − 15 + 16）				
	实际抵扣税额	18（如17 < 11，则为17，否则为11）				
	应纳税额	19（19 = 11 − 18）				
	期末留抵税额	20（20 = 17 − 18）				
	简易征收办法计算的应纳税额	21				
	按简易征收办法计算的纳税检查应补缴税额	22				
	应纳税额减征额	23				
	应纳税额合计	24（24 = 19 + 21 − 23）				
税款缴纳	期初未缴税额（多缴为负数）	25				
	实收出口开具专用缴款书退税额	26				
	本期已缴税额	27（27 = 28 + 29 + 30 + 31）				
	①分次预缴税额	28				
	②出口开具专用缴款书预缴税额	29				
	③本期缴纳上期应纳税额	30				
	④本期缴纳欠缴税额	31				
	期末未缴税额（多缴为负数）	32（32 = 24 + 25 + 26 − 27）				
	其中：欠缴税额（≥0）	33（33 = 25 + 26 − 27）				

（续上表）

税款缴纳	本期应补（退）税额	34（34 = 24 − 28 − 29）				
	即征即退实际退税额	35				
	期初未缴查补税额	36				
	本期入库查补税额	37				
	期末未缴查补税额	38（38 = 16 + 22 + 36 − 37）				
授权声明	如果你已委托代理人申报，请填写下列资料：为代理一切税务事宜，现授权（地址）为本纳税人的代理申报人，任何与本申报表有关的往来文件，都可寄予此人。 授权人签字：	申报人声明	此纳税申报表是根据《中华人民共和国增值税暂行条例》的规定填报的，我相信它是真实的、可靠的、完整的。			

以下由税务机关填写：

主管税务机关盖章：　　　　接收人：　　　　收到日期：

表 2－6　增值税纳税申报表（小规模纳税人适用）

纳税人识别号：																				

纳税人名称（公章）：　　　　金额单位：元（列至角分）

税款所属期：　年　月　日至　年　月　日　　　　填表日期：　年　月　日

	项目	栏次	本月数		本年累计	
			应税货物及劳务	应税服务	应税货物及劳务	应税服务
一、计税依据	（一）应征增值税货物及劳务不含税销售额	1				
	其中：税务机关代开的增值税专用发票不含税销售额	2				
	税控器具开具的普通发票不含税销售额	3				
	（二）销售使用过的应税固定资产不含税销售额	4				
	其中：税控器具开具的普通发票不含税销售额	5				

（续上表）

	项目	栏次	本月数		本年累计	
			应税货物及劳务	应税服务	应税货物及劳务	应税服务
一、计税依据	（三）免税货物及劳务销售额	6				
	其中：税控器具开具的普通发票销售额	7				
	（四）出口免税货物销售额	8				
	其中：税控器具开具的普通发票销售额	9				
二、税款计算	本期应纳税额	10				
	本期应纳税额减征额	11				
	应纳税额合计	12（12 = 10 − 11）				
	本期预缴税额	13			—	
	本期应补（退）税额	14（14 = 12 − 13）			—	

纳税人或代理人声明： 此纳税申报表是根据国家税收法律的规定填报的，我确定它是真实的、可靠的、完整的。	如纳税人填报，由纳税人填写以下各栏：
	办税人员（签章）：　财务负责人（签章）： 法定代表人（签章）：　联系电话：
	如委托代理人填报，由代理人填写以下各栏：
	代理人名称（签章）：　经办人： 联系电话：

主管税务机关：　　接收人：　　接收日期：　年　月　日

本表为 A3 竖式一式三份，一份纳税人留存，一份主管税务机关留存，一份征收部门留存

【案例分析】甲企业系增值税一般纳税人（非酒类企业且没有特别说明，假设企业增值税税率为 17%，专用发票通过认证并核算申报），该企业 2×15 年 7 月份有关会计资料如下：

（1）7月5日，16号凭证：购进原材料一批，已验收入库。取得增值税专用发票1张，注明价款200 000元，税款34 000元；取得公路运输部门开具的运费结算单据1张，注明运费6 000元，装卸费3 000元，款项尚未支付。企业账务处理如下：

借：原材料　208 010
　　应交税费——应交增值税（进项税额）　34 990
　贷：应付账款　243 000

（2）7月7日，25号凭证：购进直接用于科学实验的设备1台并入库。企业账务处理为：

借：固定资产　134 150
　　应交税费——应交增值税（进项税额）　26 200
　贷：银行存款　160 350

后附原始凭证：

①增值税专用发票注明价款129 500元，税额25 850元；

②铁路运费结算单据1张，注明运费4 200元，杂费800元；

③银行解款通知单，注明金额160 350元；

④设备入库单。

（3）7月9日，42号凭证：购进材料一批，取得增值税专用发票1张，注明价款150 000元，税额25 500元。货款已付，材料尚未入库，专用发票尚未到税局办理认证手续。企业账务处理如下：

借：在途物资　150 000
　　应交税费——应交增值税（进项税额）　25 500
　贷：银行存款　175 500

（4）7月15日，82号凭证：销售产品一批，开出增值税专用发票，注明价款900 000元，税额153 000元。货已发出，款项已收到60%。企业账务处理如下：

借：银行存款　631 800
　　应收账款　421 200
　贷：主营业务收入　900 000
　　　应交税费——应交增值税（销项税额）　91 800
　　　其他应付款　61 200

（5）7月18日，95号凭证：上年6月15日收取的出租包装物押金11 700元，到期包装物未收回。企业账务处理如下：

借：其他应付款　　　　11 700
　贷：其他业务收入　　　　11 700

(6) 7月22日，108号凭证：5月12日售出的部分产品，由于质量问题，购货单位退货。销售额为50 000元，税额为8 500元。退回产品已验收入库，成本价为40 000元。企业账务处理如下：

借：银行存款　　　　-58 500
　贷：主营业务收入　　　　-50 000
　　应交税费——应交增值税（销项税额）　　　　-8 500
借：主营业务成本　　　　-40 000
　贷：库存商品　　　　-40 000

后附原始凭证：

①产品入库单；

②进货退出证明单；

③红字增值税专用发票，注明价款-50 000元，税款-8 500元。

(7) 7月30日，201号凭证：月末盘库发生原材料盘亏。企业账务处理如下：

借：待处理财产损溢　　　　20 000
　贷：原材料　　　　20 000

后附存货盘点表一张，业务内容为"盘亏原材料成本20 000元"。

(8) 其他资料：

①7月初"应交税费——应交增值税"明细账有余额14 000元；

②7月企业申报进项税额为86 690元，销项税额83 300元，当月应交增值税为-17 390元。

企业根据上述账务处理计算的增值税如下：

(1) 销项税额=91 800-8 500=83 300（元）

(2) 进项税额=34 990+26 200+25 500=86 690（元）

(3) 本月应纳增值税=83 300-86 690-14 000=-17 390（元）

要求：

(1) 计算企业应纳增值税税额，指出该企业增值税计算缴纳存在的问题，并计算本月企业少计（多计）增值税税额。

(2) 根据上述经济业务，进行"应交税费——应交增值税"等相关账务的调账处理。

案例分析如下：

（1）该企业本月应纳增值税正确计算如下：

①销项税额：

销项税额 = 900 000 × 17% + 11 700 ÷（1 + 17%）× 17% − 8 500
　　　　 = 146 200（元）

②进项税额：

进项税额 = 34 000 − 20 000 × 17% = 30 600（元）

③本月应纳增值税税额：

本月应纳增值税税额 = 146 200 − 30 600 − 14 000
　　　　　　　　　 = 115 600 − 14 000 = 101 600（元）

④本月实际缴纳增值税：

本月实际缴纳增值税 = 0

⑤本月未缴增值税：

本月未缴增值税 = 101 600 − 0 = 101 600（元）

（2）调账会计分录：

①7 月 5 日：

借：原材料　　990
　贷：应交税费——应交增值税（进项税额转出）　　990

②7 月 7 日：

借：固定资产　　26 200
　贷：应交税费——应交增值税（进项税额转出）　　26 200

③7 月 9 日：该批材料的增值税专用发票尚未到税局办理认证手续，企业却申报纳税，多抵扣 25 500 元，这是不对的。

正确做法是：在申报纳税时，该笔进项税额应在“应交税费——应交增值税（进项税额）”中调减出来，在备查簿上注明，待增值税专用发票开具之日起 180 日内到税务机关认证后在认证通过的当月再申报抵扣。

④7 月 15 日：

借：其他应付款　　61 2 00
　贷：应交税费——应交增值税（销项税额）　　61 200

⑤7 月 18 日：

借：其他业务收入　　1 700
　贷：应交税费——应交增值税（销项税额）　　1 700

　　［11 700 ÷（1 + 17%）× 17% = 1 700（元）］

⑥7 月 22 日：正确。

⑦7 月 30 日：

借：待处理财产损溢 3 400

  贷：应交税费——应交增值税（进项税额转出） 3 400

⑧月末调整本月应补缴增值税 94 506 元：

借：应交税费——应交增值税（转出未交增值税） 94 506

  贷：应交税费——未交增值税 94 506

假设下月实际缴纳：

借：应交税费——未交增值税 94 506

  贷：银行存款 94 506

【案例思考】

2×15 年 9 月 1 日，一般纳税企业甲公司购入一台需要安装的生产用机器设备，取得的增值税专用发票上注明的设备价款为 50 万元，增值税进项税额为 85 000 元，支付的运输费为 2 500 元，款项已通过银行支付；安装设备时，领用本公司原材料一批，价值 30 000 元，购进该批原材料时支付的增值税进项税额为 5 100 元；支付安装工人的工资为 4 900 元。假定不考虑其他相关税费。甲公司的账务处理如下：

（1）支付设备价款、增值税、运费合计为 587 500 元：

借：在建工程 502 325

  应交税费——应交增值税（进项税额） 85 175

  贷：银行存款 587 500

（2）领用本公司原材料、支付安装工人工资等费用合计为 34 900 元：

借：在建工程 34 900

  贷：原材料 30 000

    应付职工薪酬 4 900

（3）设备安装完毕达到预定可使用状态：

借：固定资产 537 225

  贷：在建工程 537 225

小思考：上述案例的会计处理正确吗？请说明理由。

【本章小结】

增值税是以在我国境内销售货物或者提供应税劳务和应税服务以及进口货物产生的增值额为征税对象而征收的一种税。

增值税的确认主要依照2009年修订实施的《增值税暂行条例》《增值税暂行条例实施细则》和2012年以来实施的“营改增”相关税收规定。

增值税的计量决定了增值税会计的信息提供的真实性和可靠性。

增值税会计记录与报告的系统，区别于一般财务会计，具有其特殊性。增值税会计的掌握，有助于提高增值税会计的运作效率。

增值税会计的学习，能使你认识到增值税会计在征纳双方税务管理领域的重要性，一旦你实习或工作后，它能帮助你在实习中或工作上获得成功，也可以促使你更加关注增值税会计的变化与发展。

掌握增值税会计可以帮助我们面对增值税领域的挑战与机遇，在本书中，增值税会计业务是税务会计领域的重要内容。

【关键术语和概念】

增值税确认　增值税计量　一般纳税人增值税会计特点

小规模纳税人增值税会计特点

【学习参考：文献与法规】

1. 盖地. 增值税会计：税法导向还是财税分离. 会计研究，2008（6）：46～53.

2. 章振东. 增值税会计核算的现状及转型对财务的影响. 财政研究，2009（5）：69～72.

3. 盖地. 税务会计研究. 北京：首都经济贸易大学出版社，2004.

4.《营业税改征增值税试点有关企业会计处理规定》（2012年7月5日财政部发布）

5.《关于印发企业执行新税收条例有关会计处理规定的通知》的“附件一：关于增值税会计处理的规定”的相关内容（1993年1月13日财政部发布）

6.《关于对增值税会计处理有关问题补充规定的通知》（1995年7月5日财政部发布）

7.《关于减免和返还流转税的会计处理规定的通知》（1995年1月24日财政部发布）

8.《增值税日常稽查办法》（1998年3月26日财政部发布）

9.《关于对增值税会计处理有关问题补充规定的通知》（1995年7月5日财政部发布）

10.《增值税一般纳税人纳税辅导期管理办法》（2010年4月7日财政部发布）

11.《关于增值税一般纳税人用进项留抵税额抵减增值税欠税问题的通知》(2004 年 8 月 30 日财政部发布)

12.《关于实行海关进口增值税专用缴款书“先比对后抵扣”管理办法有关问题的公告》(2013 年 6 月 14 日财政部发布)

13.《企业会计准则解释第 2 号》(2008 年 8 月 7 日财政部发布)

14.《企业会计准则第 2 号——长期股权投资》(2014 年 3 月 13 日财政部修订发布，自 2014 年 7 月 1 日起在所有执行企业会计准则的企业范围内施行)

15.《企业会计准则第 14 号——收入》(2006 年 2 月 15 日财政部发布，自 2007 年 1 月 1 日起施行)

16.《中华人民共和国增值税暂行条例》(2008 年 11 月 10 日国务院公布，自 2009 年 1 月 1 日起施行)

17.《中华人民共和国增值税暂行条例实施细则》(2008 年 12 月 15 日财政部、国家税务总局联合发布，自 2009 年 1 月 1 日起施行)

18.《关于在全国开展交通运输业和部分现代服务业营业税改征增值税试点税收政策通知》(2013 年 5 月 24 日财政部发布，自 2013 年 8 月 1 日起施行)

19.《企业会计准则——应用指南 (2006)》(2006 年 10 月 30 日财政部发布，自 2007 年 1 月 1 日起施行)

20. 中国注册会计师协会. 税法. 北京：经济科学出版社，2015.

21. 中国注册会计师协会. 会计. 北京：中国财政经济出版社，2015.

22. 财政部会计资格评价中心. 中级会计实务. 北京：经济科学出版社，2015.

23.《小企业会计准则》(2011 年 10 月 18 日财政部发布，自 2013 年 1 月 1 日起施行)

24. 国家税务总局的相关税收政策

第三章 消费税会计

【学习要点】

* 消费税的基本概念
* 消费税的确认要求
* 消费税的计量特点
* 消费税的会计处理特点

第一节 消费税概述

消费税是对特定的消费品或消费行为按消费流转额征收的一种商品税。它具有以下基本特点：

(1) 征收范围具有选择性。我国消费税在征收范围上根据产业政策和消费政策选择部分消费品和消费行为征收，而不是对所有消费品都征收消费税。主要包括了特殊消费品、奢侈品、高能耗消费品、不可再生的稀缺资源消费品，以及税基宽广、消费普遍、征一点儿不会影响人民生活水平，但具有一定财政意义的普遍消费品。

(2) 征收环节具有单一性。主要在生产和进口环节征收。

(3) 平均税率水平比较高且税负差异大。消费税的平均税率水平一般定得比较高，并且不同征税项目的税负差异较大，对需要限制或控制消费的消费品，通常税负较重。

(4) 在征收方法上具有灵活性。既可以采取消费品制定单位税额，以消费品的数量实行从量定额的征收办法；又可以采用对消费品制定比例税率，以消费品的价格实行从价定率的征收办法。

(5) 税负具有转嫁性。消费税无论在哪个环节征收，消费品中所包含的消费税额最终都要转嫁到消费者身上，由消费者负担。

第二节 消费税的确认

依照2009年1月1日起国家修订实施的《中华人民共和国消费税暂行条例》（下称《消费税暂行条例》）和《中华人民共和国消费税暂行条例实施细则》（下称《消费税暂行条例实施细则》）规定，消费税的确认包括以下内容：

一、消费税的纳税人

凡在中华人民共和国境内生产、委托加工和进口本条例规定的消费品的单位和个人，以及国务院确定的销售本条例规定的消费品的其他单位和个人，为消费税的纳税人，具体包括企业和行政单位、事业单位、军事单位、社会团体及其他单位、个体工商户和其他个人。

二、消费税的征收范围

消费税的征收范围主要是根据中国目前的经济发展现状和消费政策，公民的消费水平和消费结构以及财政需要，并借鉴国外的成功经验和通行做法制定的。考虑到实行规范化的增值税以后，必然有一些原高税率的产品税源下降，为确保税制改革的顺利实行且财政收入不减少，需要通过消费税、资源税收回来。因此，消费税共选择以下四大类产品进行征收。

（1）对人类健康、社会秩序、生态环境方面造成危害的特殊消费品，如烟、酒、酒精、鞭炮、焰火、木制一次性筷子、实木地板、电池、涂料。其中：

①烟：凡是以烟叶为原料加工生产的产品，不论使用何种辅料，均属于本税目的征收范围，包括卷烟（进口卷烟、白包卷烟、手工卷烟和未经国务院批准纳入计划的企业及个人生产的卷烟）、雪茄烟和烟丝。

②酒、酒精：酒是酒精度在1度以上的各种酒类饮料。酒精又名乙醇，是指用蒸馏或合成方法生产的酒精度在95度以上的无色透明液体。酒类包括粮食白酒、薯类白酒、黄酒、啤酒、果啤和其他酒。

③鞭炮、焰火：包括各种鞭炮、焰火。

④木制一次性筷子：又称卫生筷子，是指以木材为原料经过锯段、浸泡、旋切、刨切、烘干、筛选、打磨、倒角、包装等环节加工而成的各类一次性使

用的筷子。

⑤实木地板：以木材为原料，经锯割、干燥、刨光、截断、开榫、涂漆等工序加工而成的块状或条状的地面装饰材料。

⑥电池：电池是一种将化学能、光能等直接转换为电能的装置，一般由电极、电解质、容器、极端，通常还有隔离层组成的基本功能单元，以及用一个或多个基本功能单元装配成的电池组。范围包括原电池、蓄电池、燃料电池、太阳能电池和其他电池。

⑦涂料：涂料是指涂于物体表面能形成具有保护、装饰或特殊性能的固态涂膜的一类液体或固体材料之总称。

（2）奢侈品，如贵重首饰及珠宝玉石、化妆品等。贵重首饰及珠宝玉石即凡以金、银、铂金、宝石、珍珠、钻石、翡翠、珊瑚、玛瑙等高贵稀有物质以及其他金属、人造宝石等制作的各种纯金银首饰及镶嵌首饰和经采掘、打磨、加工的各种珠宝玉石。对出国人员免税商店销售的金银首饰征收消费税。而化妆品则包括各类美容、修饰类化妆品，高档护肤类化妆品和成套化妆品。

（3）高消耗及高档消费品，如小轿车、摩托车、高尔夫球及球具、高档手表、游艇等。其中，汽车是指由动力驱动，具有4个或4个以上车轮的非轨道承载的车辆。而摩托车包括轻便摩托车和摩托车两种。高尔夫球及球具包括从事高尔夫球运动所需的各种专用装备，包括高尔夫球、高尔夫球杆及高尔夫球包（袋）等。高档手表包括销售价格（不含增值税）每只在10 000元（含）以上的各类手表。游艇包括长度大于8米小于90米，船体由玻璃钢、钢、铝合金、塑料等多种材料制作，可以在水上移动的水上浮载体。按照动力划分，游艇分为无动力艇、帆艇和机动艇。

（4）不可再生和替代的石油类消费品，如成品油等，包括汽油、柴油、石脑油、溶剂油、航空煤油、润滑油、燃料油7个子目。征收范围按规定执行。

另外，根据《消费税暂行条例》规定，在中华人民共和国境内生产、委托加工、进口《消费税暂行条例》规定的消费品即为应税消费品。

结合生产环境的不同，应税消费品的征收范围也有所不同：

（1）生产应税消费品。生产应税消费品销售是消费税征收的主要环节，因为消费税具有单一环节征税的特点，在生产销售环节征税以后，货物在流通环节不论再销售多少次，都不用再缴纳消费税。生产应税消费品除了直接对外销售应征消费税外，纳税人将生产的应税消费品换取生产资料、消费资料、投资入股、偿还债务，以及用于继续生产应税消费品以外的其他方面都应缴纳消费税。

(2) 委托加工的应税消费品。委托加工的应税消费品是指由委托方提供原料及主要材料，受托方只收取加工费，以及代垫部分辅助材料加工的应税消费品。对于由受托方提供原材料生产的应税消费品，或者受托方先将原材料卖给委托方，再接受加工的应税消费品，以及由受托方以委托方名义购进原材料生产的应税消费品，无论纳税人在财务上是否作为销售处理，都不得作为委托加工应税消费品，而应当按照销售自制应税消费品缴纳消费税。根据税法规定，受托方在向委托方交货时，代收代缴消费税。对委托加工应税消费品收回后，再继续用于生产应税消费品销售且符合现行政策规定的，其加工环节缴纳的消费税可以扣除。而委托个人加工的应税消费品，由委托方收回后缴纳消费税。

(3) 进口应税消费品。单位和个人进口货物属于消费税征收范围的，在进口环节要缴纳消费税。为了减少征税成本，进口环节的消费税由海关代征。

(4) 零售应税消费品。经国务院批准，自1995年1月1日起，金银首饰消费税由生产销售环节征收改为零售环节征收。

三、消费税的税目及税率

按照《消费税暂行条例》规定，经2015年调整后，确定征收消费税的有烟、酒、化妆品等15个税目，有的税目还进一步划分为若干子目。消费税属于价内税。消费税采用差别比例税率（1% ~56%）和定额税率两种形式，以适应不同应税消费品的实际情况。消费税具体的税目、税率如表3-1所示。

表3-1 消费税税目、税率表

税目	税率
一、烟	
1. 卷烟	
(1) 甲类卷烟（生产或进口环节）	56%加0.003元/支
(2) 乙类卷烟（生产或进口环节）	36%加0.003元/支
(3) 批发环节	11%加0.005元/支
2. 雪茄烟	36%
3. 烟丝	30%

（续上表）

税　目	税　率
二、酒	
1. 白酒	20%加0.5元/500克（或者500毫升）
2. 黄酒	240元/吨
3. 啤酒	
（1）甲类啤酒	250元/吨
（2）乙类啤酒	220元/吨
4. 其他酒	10%
5. 酒精	5%
三、化妆品	30%
四、贵重首饰及珠宝玉石	
1. 金银首饰、铂金首饰和钻石及钻石饰品	5%
2. 其他贵重首饰和珠宝玉石	10%
五、鞭炮、焰火	15%
六、成品油	
1. 汽油	1.52元/升
2. 柴油	1.20元/升
3. 航空煤油	1.20元/升
4. 石脑油	1.52元/升
5. 溶剂油	1.52元/升
6. 润滑油	1.52元/升
7. 燃料油	1.20元/升
七、摩托车	
1. 气缸容量在250毫升（含250毫升）以下的	3%
2. 气缸容量在250毫升以上的	10%

（续上表）

税目	税率
八、小汽车 1. 乘用车 （1）气缸容量（排气量，下同）在1.0升（含1.0升）以下的 （2）气缸容量在1.0升以上至1.5升（含1.5升）的 （3）气缸容量在1.5升以上至2.0升（含2.0升）的 （4）气缸容量在2.0升以上至2.5升（含2.5升）的 （5）气缸容量在2.5升以上至3.0升（含3.0升）的 （6）气缸容量在3.0升以上至4.0升（含4.0升）的 （7）气缸容量在4.0升以上的 2. 中轻型商用客车	 1% 3% 5% 9% 12% 25% 40% 5%
九、高尔夫球及球具	10%
十、高档手表	20%
十一、游艇	10%
十二、木制一次性筷子	5%
十三、实木地板	5%
十四、电池	4%
十五、涂料	4%

纳税人兼营不同税率的应税消费品（即应当缴纳消费税的消费品），应当分别核算不同税率应税消费品的销售额、销售数量；未分别核算销售额、销售数量，或者将不同税率的应税消费品组成成套消费品销售的，从高适用税率。例如，某酒厂既生产税率为20%的白酒，又生产税率为10%的其他酒，如汽酒、药酒等，还生产白酒与其他小瓶装礼品套酒。按税法规定，该厂应分别核算不同税率两类酒的销售额，然后按各自适用的税率计税。但该厂没有分别核算，而是将两类及礼品套酒取得的销售额混在一起计税，这样，必须以20%

税率计算应交消费税，而不能以10%的低税率计算应纳税额。

四、纳税义务的发生时间

根据《消费税暂行条例实施细则》的规定，可将消费税的纳税义务发生时间分列如下：

（1）纳税人销售应税消费品的，纳税义务的发生时间按不同的销售结算方式分别为：

①采取赊销和分期收款结算方式的，为书面合同约定的收款日期的当天；书面合同没有约定收款日期或者无书面合同的，为发出应税消费品的当天。

②采取预收货款结算方式的，为发出应税消费品的当天。

③采取托收承付和委托银行收款方式的，为发出应税消费品并办妥托收手续的当天。

④采取其他结算方式的，为收讫销售款或者取得索取销售款凭据的当天。

（2）纳税人自产自用应税消费品的，为移送使用的当天。

（3）纳税人委托加工应税消费品的，为纳税人提货的当天。

（4）纳税人进口应税消费品的，为报关进口的当天。

第三节　消费税的计量

按照现行消费税法的基本规定，消费税应纳税额的计量，基本上以三部分作为计税依据：一是以应税消费品的销售额为计税依据，按此方式征税，称“从价计征”；二是以应税消费品的销售数量为计税依据，按此方式征税，称“从量计征”；三是两种征税方式的结合，称“复合计征”。

正确确定消费税的计税依据，既关系到纳税人负担的合理性和贯彻税收政策的正确性，又关系到国家财政收入的稳定。

一、从价计征

实行从价定率办法计算应纳税额，其基本公式为：

实行从价定率办法计算的应纳税额 = 销售额 × 比例税率

应税销售额确定：

（1）根据条例规定，销售额为纳税人销售应税消费品向购买方收取的全部价款和价外费用。其中，价外费用是指价外向购买方收取的手续费、补贴、基金、集资费、返还利润、奖励费、违约金、滞纳金、延期付款利息、赔偿金、代收款项、代垫款项、包装费、包装物租金、储备费、优质费、运输装卸费以及其他各种性质的价外收费。但下列项目不包括在内：

①同时符合以下条件的代垫运输费用：

a. 承运部门的运输费用发票开具给购买方的；

b. 纳税人将该项发票转交给购买方的。

②同时符合以下条件代为收取的政府性基金或者行政事业性收费：

a. 由国务院或者财政部批准设立的政府性基金，由国务院或者省级人民政府及其财政、价格主管部门批准设立的行政事业性收费；

b. 收取时开具省级以上财政部门印制的财政票据；

c. 所收款项全额上缴财政。

其他价外费用，无论是否属于纳税人的收入，均应并入销售额计算税额。

（2）由于应税消费品在缴纳消费税时，与一般货物一样，都要缴纳增值税，因此，《消费税暂行条例实施细则》明确规定，应税消费品的销售额，不包括应向购货方收取的增值税税额。如果纳税人应税消费品的销售额中未扣除增值税税款或者因不得开具增值税专用发票而发生价款和增值税税款合并收取的，在计算消费税时，应当换算为不含增值税税款的销售额。其换算公式为：

应税消费品的销售额 = 含增值税的销售额 ÷（1 + 增值税税率或征收率）

（3）应税消费品连同包装物销售的，无论包装物是否单独计价以及在会计上如何核算，均应并入应税消费品的销售额中缴纳消费税。如果包装物不作价随同产品销售，而是收取押金，此项押金不应并入应税消费品的销售额中征税。但对因逾期未收回的包装物不再退还的或者已收取的时间超过 12 个月的押金，应并入应税消费品的销售额，按照应税消费品的适用税率缴纳消费税。对既作价随同应税消费品销售，又另外收取押金的包装物的押金，凡纳税人在规定的期限内没有退还的，均应并入应税消费品的销售额，按照应税消费品的适用税率缴纳消费税。

值得注意的是，为了堵塞税收漏洞，财政部、国家税务总局下发了《关于酒类产品包装物押金征税问题的通知》（财税字〔1995〕53 号），规定从 1995 年 6 月 1 日起，对酒类产品，生产企业销售酒类产品而收取的包装物押金，无论押金是否返还与在会计上如何核算，均需并入酒类产品销售额中，依据酒类产品的适用税率计征消费税。

（4）对应税消费品计征消费税，由于某些应税消费品是用外购已缴纳的应税消费品连续生产出来的，在对这些连续生产出来的应税消费品计算征税时，按当期生产领用数量计算准予扣除外购的应税消费品已纳的消费税税款，扣除范围包括：

①外购已税烟丝生产的卷烟；

②外购已税化妆品生产的化妆品；

③外购已税珠宝玉石生产的贵重首饰及珠宝玉石；

④外购已税鞭炮、焰火为原料生产的鞭炮、焰火；

⑤外购已税杆头、杆身和握把为原料生产的高尔夫球杆；

⑥外购已税木制一次性筷子为原料生产的木制一次性筷子；

⑦外购已税实木地板为原料生产的实木地板；

⑧外购已税汽油、柴油、石脑油、燃料油、润滑油用于连续生产应税成品油；

⑨外购已税摩托车连续生产的应税摩托车（如用外购两轮摩托车改装三轮摩托车）。

上述当期准予扣除外购应税消费品已纳消费税税款的计算公式为：

当期准予扣除外购应税消费品已纳税款 = 当期准予扣除外购应税消费品的买价 × 外购应税消费品适用税率

当期准予扣除外购应税消费品的买价 = 期初库存的外购应税消费品的买价 + 当期购进外购应税消费品的买价 − 期末库存的外购应税消费品的买价

外购已税消费品的买价是指购货发票上注明的销售额（不包括增值税税款）。需要说明的是，纳税人用外购已税珠宝玉石生产的改在零售环节征收消费税的金银首饰，在计税时一律不得扣除外购已税珠宝玉石已纳税款。

二、从量计征

实行从量定额办法计算应纳税额，其基本计算公式为：

实行从量定额办法计算的应纳税额=销售数量×定额税率

其中，销售数量是指应税消费品的数量。具体为：

(1) 销售应税消费品的，为应税消费品的销售数量；

(2) 自产自用应税消费品的，为应税消费品的移送使用数量；

(3) 委托加工应税消费品的，为纳税人收回的应税消费品数量；

(4) 进口应税消费品的，为海关核定的应税消费品进口征税数量。

实行从量定额办法计算应纳税额的应税消费品，计量单位的换算标准如下：

(1) 黄酒：1吨=962升

(2) 啤酒：1吨=988升

(3) 汽油：1吨=1 388升

(4) 柴油：1吨=1 176升

(5) 航空煤油：1吨=1 246升

(6) 石脑油：1吨=1 385升

(7) 溶剂油：1吨=1 282升

(8) 润滑油：1吨=1 126升

(9) 燃料油：1吨=1 015升

三、复合计征

现行消费税的征税范围中，只有卷烟、白酒采用复合计征方法。其基本计算公式为：

实行复合计税办法计算的应纳税额=销售额×比例税率+销售数量×定额税率

四、计税依据的特殊规定

纳税人通过自设非独立核算门市部销售的自产应税消费品，应当按照门市部对外销售额或者销售数量征收消费税。

纳税人用于换取生产资料和消费资料、投资入股和抵偿债务等方面的应税消费品，应当以纳税人同类应税消费品的最高销售价格作为计税依据计算消费税。

五、纳税人自产自用的应税消费品的计税

纳税人生产的应税消费品，于纳税人销售时纳税。纳税人自产自用的应税消费品，用于连续生产应税消费品的，不纳税；用于其他方面的，于移送使用时纳税。纳税时按照纳税人生产的同类消费品的销售价格计算纳税；没有同类消费品的销售价格的，按照组成计税价格计算纳税。

实行从价定率办法计算纳税的组成计税价格计算公式为：

组成计税价格 =（成本 + 利润）÷（1 – 比例税率）

实行复合计税办法计算纳税的组成计税价格计算公式为：

组成计税价格 =（成本 + 利润 + 自产自用数量 × 定额税率）÷（1 – 比例税率）

其中，同类消费品的销售价格是指纳税人或者代收代缴义务人当月销售的同类消费品的销售价格，如果当月同类消费品各期销售价格高低不同，应按销售数量加权平均计算。但销售的应税消费品有下列情况之一的，不得列入加权平均计算：

（1）销售价格明显偏低并无正当理由的；

（2）无销售价格的。

如果当月无销售或者当月未完结，应按照同类消费品上月或者最近月份的销售价格计算纳税。

上述公式中的“成本”是指应税消费品的产品生产成本。

上述公式中的“利润”是指根据应税消费品的全国平均成本利润率计算的利润。应税消费品全国平均成本利润率由国家税务总局确定。

1993 年 12 月 28 日，国家税务总局颁发《消费税若干具体问题的规定》（国税发〔1993〕156 号）。根据此规定及《消费税暂行条例实施细则》，确定应税消费品全国平均成本利润率如下：

甲类卷烟	10%	乙类卷烟	5%
雪茄烟	5%	烟丝	5%
粮食白酒	10%	薯类白酒	5%
其他酒	5%	化妆品	5%

鞭炮、焰火	5%	贵重首饰及珠宝玉石	6%
摩托车	6%	高尔夫球及球具	10%
高档手表	20%	游艇	10%
木制一次性筷子	5%	实木地板	5%
乘用车	8%	中轻型商用客车	5%

六、委托加工应税消费品的计算

企业、单位或个人由于设备、技术、人力等方面的局限，常常要委托其他单位代为加工应税消费品，然后，将加工好的应税消费品收回或直接销售或自己使用。这是生产应税消费品的另一种形式，也需要纳入征收消费税的范围。例如，某企业将购来的小客车底盘和零部件提供给某汽车改装厂，加工组装成小客车供自己使用，则加工、组装成的小客车需要缴纳消费税。按照条例规定，委托加工的应税消费品，由受托方向委托方交货时代收代缴税款。委托加工的应税消费品，委托方用于连续生产应税消费品的，所纳税款准予按规定抵扣。

依条例规定，委托加工的应税消费品，按照受托方的同类消费品的销售价格计算纳税；没有同类消费品销售价格的，按照组成计税价格计算纳税。

实行从价定率办法计算纳税的组成计税价格的计算公式为：

组成计税价格 =（材料成本 + 加工费）÷（1 – 比例税率）

实行复合计税办法计算纳税的组成计税价格的计算公式为：

组成计税价格 =（材料成本 + 加工费 + 委托加工数量 × 定额税率）÷（1 – 比例税率）

其中，同类消费品的销售价格是指受托方即代收代缴义务人当月销售的同类消费品的销售价格，如果当月同类消费品各期销售价格高低不同，应按销售数量加权平均计算。但销售的应税消费品有下列情况之一的，不得列入加权平均计算：

（1）销售价格明显偏低并无正当理由的；

（2）无销售价格的。

如果当月无销售或者当月未完结，应按照同类消费品上月或者最近月份的销售价格计算纳税。

而公式中的“材料成本”是指委托方所提供加工材料的实际成本。委托加工应税消费品的纳税人，必须在委托加工合同上如实注明（或者以其他方式提供）材料成本，凡未提供材料成本的，受托方主管税务机关有权核定其材料成本。“加工费”是指受托方加工应税消费品向委托方所收取的全部费用（包括代垫辅助材料的实际成本）。

委托加工的应税消费品因为已由受托方代收代缴消费税，所以，委托方收回货物后用于连续生产应税消费品的，其已纳税款准予按照规定从连续生产的应税消费品应纳消费税额中抵扣。按照国家税务总局的规定，从 1995 年 6 月 1 日起，下列连续生产的应税消费品准予从应纳消费税额中按当期生产领用数量计算扣除委托加工收回的应税消费品已纳消费税税款：

（1）以委托加工收回的已税烟丝为原料生产的卷烟；

（2）以委托加工收回的已税化妆品为原料生产的化妆品；

（3）以委托加工收回的已税珠宝玉石为原料生产的贵重首饰及珠宝玉石；

（4）以委托加工收回的已税鞭炮、焰火为原料生产的鞭炮、焰火；

（5）以委托加工收回的已税杆头、杆身和握把为原料生产的高尔夫球杆；

（6）以委托加工收回的已税木制一次性筷子为原料生产的木制一次性筷子；

（7）以委托加工收回的已税实木地板为原料生产的实木地板；

（8）以委托加工收回的已税汽油、柴油、石脑油、燃料油、润滑油用于连续生产应税成品油；

（9）以委托加工收回的已税摩托车连续生产的应税摩托车（如用以委托加工收回的两轮摩托车改装三轮摩托车）。

上述当期准予扣除委托加工收回的应税消费品已纳消费税税额的计算公式为：

$$\text{当期准予扣除的委托加工应税消费品已纳税额} = \text{期初库存的委托加工应税消费品已纳税款} + \text{当期收回的委托加工应税消费品已纳税款} - \text{期末库存的委托加工应税消费品已纳税款}$$

值得注意的是，纳税人用委托加工收回的已税珠宝玉石生产的改在零售环节征收消费税的金银首饰，在计税时一律不得扣除委托加工收回的珠宝玉石已纳消费税税款。

七、进口应税消费品的计算

纳税人进口应税消费品，按照组成计税价格和规定的税率计算应纳税额。实行从价定率办法计算纳税的组成计税价格和应纳税额的计算公式为：

组成计税价格 =(关税完税价格 + 关税) ÷ (1 - 消费税比例税率)

应纳税额 = 组成计税价格 × 消费税比例税率

实行从量定额办法计征应纳税额的计算公式为：

应纳税额 = 应税消费品进口数量 × 消费税定额税率

实行复合计税办法计算应纳税额的计算公式为：

组成计税价格 =(关税完税价格 + 关税 + 进口数量 × 消费税定额税率) ÷ (1 - 消费税比例税率)

应纳税额 = 组成计税价格 × 消费税比例税率 + 应税消费品进口数量 × 消费税定额税率

纳税人应税消费品的计税价格明显偏低并无正当理由的，由主管税务机关核定其计税价格。公式中的“关税完税价格”是指海关核定的关税计税价格。

八、消费税出口退税的计算

对纳税人出口应税消费品，免征消费税；国务院另有规定的除外。

(1) 出口免税并退税。有出口经营权的外贸企业购进应税消费品直接出口，以及外贸企业受其他外贸企业委托代理出口应税消费品。外贸企业只有受其他外贸企业委托，代理出口应税消费品才可办理退税，外贸企业受其他企业（主要是非生产性的商贸企业）委托，代理出口应税消费品是不予退（免）税的。

属于从价定率计征消费税的，为已征且未在内销应税消费品应纳税额中抵扣的购进出口货物金额；属于从量定额计征消费税的，为已征且未在内销应税消费品应纳税额中抵扣的购进出口货物数量；属于复合计征消费税的，按从价定率和从量定额的计税依据分别确定。

消费税应退税额＝从价定率计征消费税的退税计税依据×比例税率＋从量定额计征消费税的退税计税依据×定额税率

（2）有出口经营权的生产性企业自营出口或生产企业委托外贸企业出口自产的应税消费品，依据其实际出口数量免征生产环节的消费税。不予办理退还消费税。

（3）出口不免征也不退税。除生产企业、外贸企业外的其他企业，具体是指一般商贸企业，这类企业委托外贸企业代理出口应税消费品一律不予退（免）税的。

九、消费税的计算举例

【例1】一般纳税甲企业从事白酒的生产，2×15年5月，向消费者销售白酒500斤，销售额为14 150元，随同销售酒坛265元，单独计价核算。非独立核算门市部销售白酒100斤，按照独立核算销售收入，共计2 830元，酒坛未随同销售，但本月收取押金140元。另委托代销白酒265斤，共计销售额7 499.5元，已取得代销清单。甲企业白酒适用税率为20%加0.5元/500克，则2×15年5月份甲企业应纳税额计算如下：

应纳消费税税额＝[（14 150＋265＋2 830＋140）÷（1＋17%）＋7 499.5]×20%＋865×0.5≈4 904.2（元）

【例2】甲摩托车生产企业为增值税一般纳税人，6月将生产的某汽缸容量在250毫升以上的摩托车30辆，以每辆出厂价12 000元（不含增值税）售给自设非独立核算的门市部；门市部又以每辆16 380元（含增值税）售给消费者。甲摩托车生产企业6月应缴纳消费税税额为：

（1）摩托车适用消费税税率为10%。

（2）应纳税额＝销售额×税率＝16 380÷（1＋17%）×30×10%
＝420 000×10%＝42 000（元）

【例3】甲石油化工厂2月生产销售汽油65 000吨，柴油43 000吨，计算该化工厂2月应纳消费税税额。

（1）柴油应纳消费税税额＝43 000×1 176×1.20＝60 681 600（元）

（2）汽油应纳消费税税额＝65 000×1 388×1.52＝137 134 400（元）

（3）该化工厂2月应纳消费税税额＝60 681 600＋137 134 400
＝197 816 000（元）

第四节 消费税的会计处理及报表编制

一、账户设置

为了反映和监督消费税的计算和征缴，会计核算上应设置“应交税费”一级科目，下设二级科目“应交消费税”。“应交税费”账户是负债类账户，当企业计算应交消费税时，记入“应交税费——应交消费税”账户的贷方；当企业实际缴纳时，记入“应交税费——应交消费税”账户的借方。期末贷方余额反映企业应交未交的消费税税额；期末如果出现借方余额则反映企业多交的消费税税额。

二、会计处理规定

（1）企业生产的需要缴纳消费税的消费品，在直接对外销售时应当按照应缴消费税税额：

借：营业税金及附加

　贷：应交税费——应交消费税

实际缴纳消费税时：

借：应交税费——应交消费税

　贷：银行存款

发生销货退回及退税时，作相反的会计分录。

企业出口应税消费品如按规定不予免税或退税的，应视同国内销售，按上述规定进行会计处理。

企业以生产的应税消费品换取生产资料、消费资料，或抵偿债务、支付代购手续费以及投资等，应视同销售进行会计处理。按规定应缴纳的消费税，按照以上规定记入“营业税金及附加”科目进行会计处理。

（2）企业用应税消费品用于在建工程、非生产机构等其他方面，按照规定应缴纳的消费税，应计入有关的成本。例如，企业以应税消费品用于在建工程项目，应交的消费税计入在建工程成本。

借：在建工程（固定资产、营业外支出、销售费用）

　贷：应交税费——应交消费税

随同产品出售但单独计价的包装物，按规定应缴纳的消费税：

借：其他业务成本

贷：应交税费——应交消费税

没收企业逾期未退回包装物的押金，按规定应缴纳的消费税：

借：其他业务成本

贷：应交税费——应交消费税

没收企业逾期未退回的包装物的加收押金，按规定应缴纳的消费税：

借：营业外支出

贷：应交税费——应交消费税

企业实际缴纳消费税时：

借：应交税费——应交消费税

贷：银行存款

（3）需要缴纳消费税的委托应税消费品于委托方提货时，受托方代扣代缴税款。受托方按应扣税款金额作如下分录：

借：应收账款（银行存款等）

贷：应交税费——应交消费税

委托加工应税消费品收回后，直接用于销售的，委托方应将代扣代缴的消费税计入委托加工的应税消费品成本。

借：委托加工物资（生产成本、自制半成品等）

贷：应付账款（银行存款）

委托加工的应税消费品收回后用于连续生产应税消费品规定准予抵扣的，委托方应按代扣代缴的消费税税款作如下分录：

借：应交税费——应交消费税

贷：应付账款（银行存款等）

（4）需要缴纳消费税的进口消费品，其缴纳的消费税应计入该项消费品的成本。

借：固定资产（在途物资、原材料）

贷：银行存款等

（5）免征消费税的出口应税消费品应视不同情况进行会计处理：

一是征税企业直接出口应税消费品或通过外贸企业出口应税消费品，按规定直接予以免税的，可不计算应缴消费税税额。

二是外贸企业通过外贸企业代理出口应税消费品时，如按征纳管理规定实行先税后退办法的，按下列方法进行会计处理：

①代理出口应税消费品的外贸企业应在应税消费品报关出口后申请出口退税时，作会计分录如下：

借：应收出口退税
　贷：主营业务成本

②实际收到出口应税消费品退回的税金，作如下会计分录：

借：银行存款
　贷：应收出口退税

③发生退关或退货而补缴已退的消费税时，作相反的会计分录。

三、会计处理举例

（一）产品销售的会计处理

【例1】某摩托车生产企业2×15年12月销售10辆摩托车，每辆摩托车的销售价格为1.5万元，货款尚未收到，每辆摩托车的成本为0.5万元。摩托车的增值税税率为17%，消费税税率为10%。根据这项业务，企业应作如下会计处理：

（1）应向购买方收取的增值税税额 = 15 000 × 10 × 17% = 25 500（元）

（2）应交消费税 = 15 000 × 10 × 10% = 15 000（元）

作分录如下：

借：应收账款	175 500	
贷：主营业务收入		150 000
应交税费——应交增值税（销项税额）		25 500
借：营业税金及附加	15 000	
贷：应交税费——应交消费税		15 000
借：主营业务成本	50 000	
贷：库存商品		50 000

（二）自产自用应税消费品的账务处理

【例2】甲企业为一般纳税人，以其生产的应纳消费税产品换取原材料，应纳消费税产品的不含税售价为24万元。假设应换取的原材料价格、增值税税额与应纳消费税产品的售价、增值税税额相同，不具商业实质。产品成本为15万元。该产品的增值税税率为17%，消费税税率为10%。产品已经发出，材料已经到达，材料计划成本为23万元（假设甲企业取得可抵扣的增值税专用发票）。甲企业作如下会计处理：

（1）应向购买者收取的增值税税额 = 240 000 × 17% = 40 800（元）

（2）应交消费税 = 240 000 × 10% = 24 000（元）

借：材料采购　　150 000

　　应交税费——应交增值税（进项税额）　　40 800

　贷：库存商品　　150 000

　　　应交税费——应交增值税（销项税额）　　40 800

借：营业税金及附加　　24 000

　贷：应交税费——应交消费税　　24 000

小思考：假设该业务具有商业实质，上述会计处理将发生什么变化？消费税会计处理有什么特点？

【例3】甲企业2×15年12月将应税消费品用于一般性对外投资，产品成本为550万元，假设产品售价与计税价格均为800万元。该产品的增值税税率为17%，消费税税率为10%。甲企业应作如下会计处理：

（1）应交增值税税额 = 8 000 000 × 17% = 1 360 000（元）

（2）应交消费税 = 8 000 000 × 10% = 800 000（元）

借：长期股权投资　　9 360 000

　贷：主营业务收入　　8 000 000

　　　应交税费——应交增值税（销项税额）　　1 360 000

借：营业税金及附加　　800 000

　贷：应交税费——应交消费税　　800 000

借：主营业务成本　　5 500 000

　贷：库存商品　　5 500 000

【例4】甲企业2×15年8月将应税消费品用于企业在建工程建设，产品成本为125万元，假设产品售价与计税价格均为180万元。该产品的增值税税率为17%，消费税税率为4%。甲企业应作如下会计处理：

借：在建工程　　1 628 000

　贷：库存商品　　1 250 000

　　　应交税费——应交增值税（销项税额）　　306 000

　　　　　　　——应交消费税　　72 000

（三）委托加工应税消费品的账务处理

【例5】甲企业1月委托乙企业加工鞭炮、焰火2万箱原料，发出原材料的单位成本为300元，加工费每箱原材料40元。乙企业同类鞭炮、焰火原料的销售单价为每箱400元。

（1）企业2月16日提回1.2万箱鞭炮、焰火作为原料投入应税消费品鞭炮、焰火生产，生产的鞭炮、焰火于 28 日全部出售，售价为每箱 500 元。3 月10 日缴纳鞭炮、焰火产品的消费税。鞭炮、焰火的消费税税率为 15%，全部款项已通过银行结算完毕。

(2) 企业 2 月 18 日提回 0.8 万箱鞭炮、焰火原料直接用于销售。

要求：计算企业委托加工鞭炮、焰火原料和生产销售鞭炮、焰火产品的消费税，并作出相应的会计分录（假设不考虑增值税）。

甲企业发出原材料委托加工，作分录如下：

借：委托加工物资　　　　6 000 000

　贷：原材料　　　　6 000 000

(1) 企业提回鞭炮、焰火原料 1.2 万箱投入鞭炮、焰火产品生产支付加工费并支付消费税。

企业应纳加工鞭炮、焰火原料的消费税税额 = 400 × 15% × 12 000

= 720 000（元）

作分录如下：

借：委托加工物资　　　　480 000

　　应交税费——应交消费税　　　　720 000

　贷：银行存款　　　　1 200 000

收回鞭炮、焰火原料投入生产使用，作分录如下：

借：生产成本　　　　4 080 000

　贷：委托加工材料　　　　4 080 000

企业生产鞭炮、焰火产品进行出售，作分录如下：

借：银行存款　　　　6 000 000

　贷：主营业务收入　　　　6 000 000

应纳鞭炮、焰火产品消费税税额 = 6 000 000 × 15% = 900 000（元）

作分录如下：

借：营业税金及附加　　　　900 000

　贷：应交税费——应交消费税　　　　900 000

3 月 14 日开出支票实际缴纳鞭炮、焰火产品的消费税。由于鞭炮、焰火原料是适用于连续生产应税消费品的，因此由受托方代扣代缴的鞭炮、焰火原料的消费税可以免税，原已缴纳的税款在计算缴纳鞭炮、焰火产品消费税时可予以扣减。

企业实际缴纳的消费税税额 = 900 000 − 720 000 = 180 000（元）

作分录如下：

借：应交税费——应交消费税　　180 000
　贷：银行存款　　180 000

（2）企业2月18日提回0.8万箱鞭炮、焰火原料直接用于销售，因此，受托方代扣代缴的消费税税额计入委托加工消费品成本。

0.8万箱鞭炮、焰火原料应支付加工费＝8 000×40＝320 000（元）

0.8万箱鞭炮、焰火原料应支付消费税＝8 000×400×15%＝480 000（元）

作分录如下：

借：委托加工物资　　800 000
　贷：银行存款　　800 000

四、消费税报表编制

以五粮液2014年公司年报为例，消费税在会计报表中的反映如表3－2所示：

表3－2　五粮液2014年公司年报（营业税金及附加部分）

单位：元

项　目	本期发生额	上期发生额
消费税	1 058 878 642.56	1 286 939 658.49
营业税	4 358 241.39	5 144 380.05
城市维护建设税	264 500 364.61	324 771 297.61
教育费附加	113 699 489.88	139 304 254.57
地方教育附加	75 799 659.75	92 870 444.76
合　计	1 517 236 398.19	1 849 030 035.48

为了在全国范围内统一、规范消费税纳税申报资料，加强消费税管理的基础工作，国家税务总局制定了“烟类应税消费品消费税纳税申报表”（见表3－3）、“酒及酒精消费税纳税申报表”（见表3－4）、“成品油消费税纳税申报表”（见表3－5）、“小汽车消费税纳税申报表”（见表3－6）、“其他应税消费品消费税纳税申报表”（见表3－7），自2008年4月办理税款所属期为3月的消费税纳税申报时启用。

表 3-3 烟类应税消费品消费税纳税申报表

税款所属期：　　年　月　日至　　年　月　日

纳税人名称（公章）：

纳税人识别号：

填表日期：　年　月　日　单位：卷烟万支、雪茄烟支、烟丝千克；金额单位：元（列至角分）

项目 应税消费品名称	适用税率		销售数量	销售额	应纳税额
	定额税率	比例税率			
卷　烟	30元/万支	56%			
卷　烟	30元/万支	36%			
批发环节	50元/万支	11%			
雪茄烟	—	36%			
烟　丝	—	30%			
合　计	—	—	—	—	

<table>
<tr><td>本期准予扣除税额：</td><td rowspan="3">声　明
此纳税申报表是根据国家税收法律的规定填报的，我相信它是真实的、可靠的、完整的。

经办人（签章）：
财务负责人（签章）：
联系电话：</td></tr>
<tr><td>本期减（免）税额：</td></tr>
<tr><td>期初未缴税额：</td></tr>
<tr><td>本期缴纳前期应纳税额：</td><td rowspan="4">（如果你已委托代理人申报，请填写）
授权声明
为代理一切税务事宜，现授权________（地址）________为本纳税人的代理申报人，任何与本申报表有关的往来文件，都可寄予此人。
授权人签章：</td></tr>
<tr><td>本期预缴税额：</td></tr>
<tr><td>本期应补（退）税额：</td></tr>
<tr><td>期末未缴税额：</td></tr>
</table>

以下由税务机关填写：

受理人（签章）：　　　　受理日期：　年　月　日　　　　受理税务机关（章）：

表 3-4　酒及酒精消费税纳税申报表

税款所属期：　　年　月　日至　　年　月　日

纳税人名称（公章）：

纳税人识别号：□□□□□□□□□□□□□□□□□□□□

填表日期：　年　月　日　　　　　　　　　　　　　金额单位：元（列至角分）

项目 应税消费品名称	适用税率		销售数量	销售额	应纳税额
	定额税率	比例税率			
粮食白酒	0.5 元/斤	20%			
薯类白酒	0.5 元/斤	20%			
啤　酒	250 元/吨	—			
啤　酒	220 元/吨	—			
黄　酒	240 元/吨	—			
其他酒	—	10%			
酒　精	—	5%			
合　计	—	—	—	—	

本期准予扣除税额：	声　明 此纳税申报表是根据国家税收法律的规定填报的，我相信它是真实的、可靠的、完整的。 经办人（签章）： 财务负责人（签章）： 联系电话：
本期减（免）税额：	
期初未缴税额：	
本期缴纳前期应纳税额：	（如果你已委托代理人申报，请填写） 授权声明 为代理一切税务事宜，现授权________（地址）________为本纳税人的代理申报人，任何与本申报表有关的往来文件，都可寄予此人。 授权人签章：
本期预缴税额：	
本期应补（退）税额：	
期末未缴税额：	

以下由税务机关填写：

受理人（签章）：　　　　　受理日期：　年　月　日　　　　受理税务机关（章）：

表 3－5 成品油消费税纳税申报表

税款所属期：　　年　月　日至　　年　月　日

纳税人名称（公章）：

纳税人识别号：□□□□□□□□□□□□□□□□□□□□

填表日期：　年　月　日　　　　计量单位：升；金额单位：元（列至角分）

<table>
<tr><td>项　目
应税消费品名称</td><td>适用税率（元/升）</td><td>销售数量</td><td>应纳税额</td></tr>
<tr><td>汽　油</td><td>1.52</td><td></td><td></td></tr>
<tr><td>柴　油</td><td>1.20</td><td></td><td></td></tr>
<tr><td>石脑油</td><td>1.52</td><td></td><td></td></tr>
<tr><td>溶剂油</td><td>1.52</td><td></td><td></td></tr>
<tr><td>润滑油</td><td>1.52</td><td></td><td></td></tr>
<tr><td>燃料油</td><td>1.20</td><td></td><td></td></tr>
<tr><td>航空煤油</td><td>1.20</td><td></td><td></td></tr>
<tr><td>合　计</td><td>—</td><td>—</td><td></td></tr>
<tr><td colspan="3">本期准予扣除税额：</td><td rowspan="3">声　明
此纳税申报表是根据国家税收法律的规定填报的，我相信它是真实的、可靠的、完整的。

经办人（签章）：
财务负责人（签章）：
联系电话：</td></tr>
<tr><td colspan="3">本期减（免）税额：</td></tr>
<tr><td colspan="3">期初未缴税额：</td></tr>
<tr><td colspan="3">本期缴纳前期应纳税额：</td><td rowspan="4">（如果你已委托代理人申报，请填写）
授权声明
为代理一切税务事宜，现授权＿＿＿＿（地址）＿＿＿＿为本纳税人的代理申报人，任何与本申报表有关的往来文件，都可寄予此人。
授权人签章：</td></tr>
<tr><td colspan="3">本期预缴税额：</td></tr>
<tr><td colspan="3">本期应补（退）税额：</td></tr>
<tr><td colspan="3">期末未缴税额：</td></tr>
</table>

以下由税务机关填写：

受理人（签章）：　　　　受理日期：　年　月　日　　　　受理税务机关（章）：

表 3－6　小汽车消费税纳税申报表

税款所属期：　　年　月　日至　　年　月　日

纳税人名称（公章）：

纳税人识别号：□□□□□□□□□□□□□□□□□□□□

填表日期：　年　月　日　　　　单位：辆；金额单位：元（列至角分）

<table>
<tr><td colspan="2">项　目
应税消费品名称</td><td>适用税率</td><td>销售数量</td><td>销售额</td><td>应纳税额</td></tr>
<tr><td rowspan="7">乘用车</td><td>气缸容量≤1.0 升</td><td>1%</td><td></td><td></td><td></td></tr>
<tr><td>1.0 升 <气缸容量≤1.5 升</td><td>3%</td><td></td><td></td><td></td></tr>
<tr><td>1.5 升 < 气缸容量≤2.0 升</td><td>5%</td><td></td><td></td><td></td></tr>
<tr><td>2.0 升 < 气缸容量≤2.5 升</td><td>9%</td><td></td><td></td><td></td></tr>
<tr><td>2.5 升 < 气缸容量≤3.0 升</td><td>12%</td><td></td><td></td><td></td></tr>
<tr><td>3.0 升 < 气缸容量≤4.0 升</td><td>25%</td><td></td><td></td><td></td></tr>
<tr><td>气缸容量 > 4.0 升</td><td>40%</td><td></td><td></td><td></td></tr>
<tr><td colspan="2">中轻型商用客车</td><td>5%</td><td></td><td></td><td></td></tr>
<tr><td colspan="2">合　计</td><td>—</td><td>—</td><td>—</td><td></td></tr>
<tr><td colspan="4">本期准予扣除税额：</td><td colspan="2" rowspan="3">声　明
此纳税申报表是根据国家税收法律的规定填报的，我相信它是真实的、可靠的、完整的。

经办人（签章）：
财务负责人（签章）：
联系电话：</td></tr>
<tr><td colspan="4">本期减（免）税额：</td></tr>
<tr><td colspan="4">期初未缴税额：</td></tr>
<tr><td colspan="4">本期缴纳前期应纳税额：</td><td colspan="2" rowspan="4">（如果你已委托代理人申报，请填写）
授权声明
为代理一切税务事宜，现授权________（地址）________为本纳税人的代理申报人，任何与本申报表有关的往来文件，都可寄予此人。
授权人签章：</td></tr>
<tr><td colspan="4">本期预缴税额：</td></tr>
<tr><td colspan="4">本期应补（退）税额：</td></tr>
<tr><td colspan="4">期末未缴税额：</td></tr>
</table>

以下由税务机关填写：

受理人（签章）：　　　　受理日期：　年　月　日　　　　受理税务机关（章）：

表 3-7 其他应税消费品消费税纳税申报表

税款所属期： 年 月 日至 年 月 日

纳税人名称（公章）：

纳税人识别号：

填表日期： 年 月 日 金额单位：元（列至角分）

项目 应税消费品名称	适用税率	销售数量	销售额	应纳税额
合 计	—	—		

本期准予抵减税额：	声 明 此纳税申报表是根据国家税收法律的规定填报的，我相信它是真实的、可靠的、完整的。 经办人（签章）： 财务负责人（签章）： 联系电话：
本期减（免）税额：	
期初未缴税额：	
本期缴纳前期应纳税额：	（如果你已委托代理人申报，请填写） 授权声明 为代理一切税务事宜，现授权________（地址）________为本纳税人的代理申报人，任何与本申报表有关的往来文件，都可寄予此人。 授权人签章：
本期预缴税额：	
本期应补（退）税额：	
期末未缴税额：	

以下由税务机关填写：

受理人（签章）： 受理日期： 年 月 日 受理税务机关（章）：

【案例分析】丙烟花厂为增值税一般纳税人，生产各种鞭炮、焰火，该企业外购硝酸钾、铝粉等原材料自制鞭炮、烟花产品，与以委托加工的鞭炮、焰火为原料生产组装成各种烟花产品。该厂 2×15 年 3 月增值税、消费税的纳税资料情况如下：

礼品烟花不含税售价 400 元/箱，舞台烟花不含税最高售价 350 元/箱，鞭炮、焰火的消费税税率为 15%。根据产品成本有关资料得知，各类烟花成本中的外购货物和劳务的采购成本约占 60%，外购货物和劳务的增值税税率为 17%。3 月，企业已按产品销售收入计算了消费税，并按抵减全部委托加工代扣代缴消费税后的余额缴纳了消费税。3 月末"应交税费——应交增值税"账户无余额。3 月有关账务处理如下：

（1）3 月 4 日，委托丁爆竹厂加工鞭炮、焰火原料，发出化工硝酸钾、氧化铜等材料 2 吨，价值 36 000 元。账务处理为：

借：委托加工物资——焰火原料　　36 000
　贷：原材料——化工原料　　36 000

（2）3 月 14 日，以银行存款支付委托加工费，取得增值税专用发票上注明加工费 22 500 元，税额 3 825 元，同时支付受托方代收代缴的消费税 6 500 元，共收到委托加工鞭炮、焰火原料 1 000 箱，其中 500 箱收回后，直接被生产领用，连续生产礼品烟花；另外 500 箱以含税价 80 元/箱，直接销售给戊焰火厂。丙企业账务处理为：

①支付加工费、增值税时：

借：委托加工物资　　22 500
　　应交税费——应交增值税（进项税额）　　3 825
　贷：银行存款　　26 325

②支付消费税时：

借：应交税费——应交消费税　　6 500
　贷：银行存款　　6 500

③生产领用时：

借：生产成本——烟花产品　　29 250
　贷：委托加工物资　　29 250

④让售委托加工物资时：

借：银行存款　　40 000
　贷：其他业务收入　　40 000

借：其他业务成本　　29 250
　贷：委托加工物资　　29 250

（3）3 月 18 日销售礼品烟花一批，账务处理为：

借：银行存款　　236 000
　贷：主营业务收入　　200 000
　　　应交税费——应交增值税（销项税额）　　34 000
　　　其他业务收入——代垫运费、装卸费　　2 000

借：销售费用　　　　　　　　　　　　　　　　　　　2 220

　贷：银行存款　　　　　　　　　　　　　　　　　　　2 220

后附有增值税专用发票一张，注明价款200 000元，税额34 000元；普通发票一张，注明收取代垫运费、装卸费，金额2 000元，其中运费1 800元，装卸费200元；铁路承运部门开具给丙烟花厂的货运专用发票一张，支付价款2 220元（其中运费2 000元）。

（4）3月20日丙烟花厂庆活动上作为职工福利领用礼品烟花8箱，账面成本价245元/箱，账务处理为：

借：应付职工薪酬　　　　　　　　　　　　　　　　　1 960

　贷：库存商品——礼品烟花　　　　　　　　　　　　　1 960

（5）3月25日以库存舞台烟花100箱抵顶租用出租汽车公司房屋租金40 950元，舞台烟花账面成本价为230元/箱。账务处理为：

借：管理费用——租赁费　　　　　　　　　　　　　　40 950

　贷：库存商品——舞台烟花　　　　　　　　　　　　　40 950

（6）3月31日库存商品库月末盘点，发现短缺礼品烟花10箱，账面价格共计2 450元，账务处理为：

借：待处理财产损溢　　　　　　　　　　　　　　　　2 450

　贷：库存商品——礼品烟花　　　　　　　　　　　　　2 450

要求：指出上述业务存在的问题并作出当期调整税收的账务处理。

案例分析如下：

（1）3月14日将委托加工物资用于对外销售的，其代收代缴消费税抵减了消费税且让售收入少计了增值税销项税额。

调账：

借：其他业务成本　　　　　　　　　　　　　　　　　3 250

　贷：应交税费——应交消费税　　　　　　　　　　　　3 250

让售委托加工材料少计增值税 $=40\ 000\div1.17\times17\%=5\ 811.97$（元）

调账：

借：其他业务收入　　　　　　　　　　　　　　　　5 811.97

　贷：应交税费——应交增值税（销项税额）　　　　　　5 811.97

（2）3月18日销售礼品烟花时，价外收取的运杂费，未并入应税销售额计征增值税和消费税，且为销售应税货物发生的运费少计进项税额。

应调增增值税 $=2\ 000\div1.17\times17\%=290.6$（元）

应调增消费税 $=200\ 000\times15\%+2\ 000\div1.17\times15\%=30\ 256.41$（元）

借：其他业务收入　　2 000
　贷：主营业务收入　　1 709.4
　　　应交税费——应交增值税（销项税额）　　290.6
借：营业税金及附加　　30 256.41
　贷：应交税费——应交消费税　　30 256.41

销售礼品烟花发生的运费应计提进项税，少计进项税额。

少计进项税额 $=2\ 000\times11\%=220$（元）

借：应交税费——应交增值税（进项税额）　　220
　贷：销售费用　　220

(3) 3月20日厂庆为职工福利领用礼品烟花未视同销售，少计征增值税、消费税。

应调增增值税 $=8\times400\times17\%=544$（元）

应调增消费税 $=8\times400\times15\%=480$（元）

借：应付职工薪酬　　3 744
　贷：主营业务收入　　3 200
　　　应交税费——应交增值税（销项税额）　　544
借：营业税金及附加　　480
　贷：应交税费——应交消费税　　480
借：主营业务成本　　1 960
　贷：库存商品　　1 960
借：应付职工薪酬　　-1 960
　贷：库存商品　　-1 960

(4) 3月25日以产品抵顶租金未作收入，少计增值税、消费税。

应调增增值税 $=40\ 950\div1.17\times17\%=5\ 950$（元）

应调增消费税 $=40\ 950\div1.17\times15\%=5\ 250$（元）

借：管理费用　　40 950
　贷：主营业务收入　　35 000
　　　应交税费——应交增值税（销项税额）　　5 950
借：营业税金及附加　　5 250
　贷：应交税费——应交消费税　　5 250
借：主营业务成本　　23 000
　贷：库存商品　　23 000
借：管理费用——租赁费　　-40 950
　贷：库存商品——舞台烟花　　-40 950

(5) 3 月 31 日库存商品盘亏未按规定转出应负担的增值税。

应调增增值税 =2 450 ×60% ×17% =249.9 (元)

借：待处理财产损溢　　249.9

　贷：应交税费——应交增值税（进项税额转出）　　249.9

丙烟花厂在本月共应补交增值税 =5 811.97 +290.6 −220 +544 +5 950 + 249.9 =12 626.47 (元)

共应补交消费税 =3 250 +30 256.41 +480 +5 250 =39 236.41 (元)

【本章小结】

消费税是对特定消费品或特定消费行为如奢侈品等课税。消费税主要以消费品为课税对象，在此情况下，税收随价格转嫁给消费者负担，消费者是实际的赋税人。消费税的征收具有较强的选择性，是国家贯彻消费政策、引导消费结构从而引导产业结构的重要手段，因而在保证国家财政收入，体现国家经济政策等方面具有十分重要的意义。

消费税的确认、计量主要依照 2009 年实施的《消费税暂行条例》和《消费税暂行条例实施细则》中的规定。

消费税会计核算与报告的系统区别于增值税会计，它属于价内税。

通过消费税会计的学习，你将认识到消费税会计在税务管理领域的重要性。

【关键术语和概念】

消费税　消费税确认　消费税计量　消费税会计特点

【学习参考：文献与法规】

1. 张晶．已纳消费税扣除会计处理浅见．财会月刊，2013 (6)：120.

2. 王琦．消费税会计核算之探析．财会研究，2010 (24)：44 ~46.

3.《关于印发企业执行新税收条例有关会计处理规定的通知》的“附件二：关于消费税会计处理的规定”的相关内容（1993 年 1 月 13 日财政部发布）

4.《关于出口应税消费品有关消费税会计处理问题的复函》（1994 年 3 月 2 日财政部发布，2015 年 2 月 16 日废止）

5.《关于消费税会计处理有关问题的复函》（1994 年 8 月 30 日财政部发布，2015 年 2 月 16 日废止）

6.《企业会计准则第 7 号非货币资产交换》（2006 年 2 月 15 日财政部发布，自 2007 年 1 月 1 日起施行）

7.《企业会计准则第 14 号——收入》（2006 年 2 月 15 日财政部发布，自 2007 年 1 月 1 日起施行）

8.《企业会计准则第 2 号——长期股权投资》（2014 年 3 月 13 日财政部修订发布，自 2014 年 7 月 1 日起在所有执行企业会计准则的企业范围内施行）

9.《企业会计准则第 9 号——职工薪酬》（2014 年 1 月 27 日财政部修订发布，自 2014 年 7 月 1 日起在所有执行企业会计准则的企业范围内施行）

10.《企业会计准则应用指南（2006）》（2006 年 10 月 30 日财政部发布，自 2007 年 1 月 1 日起施行）

11.《中华人民共和国消费税暂行条例》（2008 年 11 月 10 日国务院公布，自 2009 年 1 月 1 日起施行）

12.《中华人民共和国消费税暂行条例实施细则》（2008 年 12 月 15 日财政部、国家税务总局联合发布，自 2009 年 1 月 1 日起施行）

13. 中国注册会计师协会. 税法. 北京：经济科学出版社，2015.

14. 中国注册会计师协会. 会计. 北京：中国财政经济出版社，2015.

15. 财政部会计资格评价中心. 中级会计实务. 北京：经济科学出版社，2015.

16. 国家税务总局的相关税收政策

第四章　营业税会计

【学习要点】

* 营业税的概念
* 营业税的确认要求
* 营业税的计量特点
* 营业税的会计处理
* “营改增”改革

第一节　营业税概述

营业税是以在我国境内提供应税劳务，转让无形资产（不包括“营改增”中的转让商标权、专利权、著作权和转让非专利技术）或者销售不动产所取得的营业额为课税对象而征收的一种商品劳务税。营业税属于传统商品劳务税，实行普遍征收，计税依据一般为营业额全额，税额不受成本、费用高低影响，对于保证财政收入的稳定增长具有十分重要的意义。

为了完善税收制度，2012 年 1 月 1 日我国开始在上海市对交通运输业（不含铁路运输）和部分现代服务业实施“营业税改征增值税”（“营改增”）改革试点。随后，改革不断扩大到全国范围。2014 年 1 月 1 日起，“营改增”增加了铁路运输和邮政服务业；2014 年 6 月 1 日，再次增加电信业。预计在不久的将来，我国将继续推出建筑及房地产业、金融业和生活服务业的“营改增”方案，以完成我国“营改增”的全面改革。

第二节　营业税的确认

根据 2009 年实施的《中华人民共和国营业税暂行条例》（下称《营业税暂行条例》）和《中华人民共和国营业税暂行条例实施细则》（下称《营业税暂行条例实施细则》）规定，营业税包括以下的基本要素。

一、营业税的纳税人

（一）一般性规定

按照《营业税暂行条例》规定，在中华人民共和国境内提供应税劳务、转让无形资产或者销售不动产的单位和个人，为营业税的纳税义务人。

在中华人民共和国境内指实际税收行政管理区域。具体情况为：

（1）提供或者接受条例规定劳务的单位或者个人在境内；

（2）所转让的无形资产（不含土地使用权）的接受单位或者个人在境内；

（3）所转让或者出租土地使用权的土地在境内；

（4）所销售或者出租的不动产在境内。

应税劳务是指属于建筑业、部分金融保险业、部分文化体育业、娱乐业、部分服务业税目征收范围的劳务（不包括"营改增"中的劳务）。

加工和修理、修配，不属于条例规定的劳务，以下简称"非应税劳务"。

提供条例规定的劳务、转让无形资产或者销售不动产，是指有偿提供条例规定的劳务、有偿转让无形资产或者有偿转让不动产所有权的行为（以下简称"应税行为"），但单位或者个体工商户聘用的员工为本单位或者雇主提供条例规定的劳务，不包括在内；而有偿则包括取得货币、货物或者其他经济利益。

单位是指企业、行政单位、事业单位、军事单位和社会团体等。个人是指个体工商户以及其他有经营行为的个人。

值得注意的是，单位以承包、承租、挂靠方式经营的，承包人、承租人、挂靠人（以下统称"承包人"）发生应税行为，承包人以发包人、出租人、被挂靠人（以下统称"发包人"）名义对外经营并由发包人承担相关法律责任的，以发包人为纳税人；否则，以承包人为纳税人。另外，建筑安装业务实行分包的，分包者为纳税人。

（二）扣缴义务人

营业税的扣缴义务人是：①境外单位或者个人在境内发生应税行为而在境内未设有经营机构的，其应纳税款以代理人为扣缴义务人。在境内没有代理人的，以受让方或者购买方为扣缴义务人。②财政部规定的其他扣缴义务人。

二、营业税的征收范围

（1）建筑业：指建筑安装工程作业等，包括建筑、安装、修缮、装饰和其他工程作业内容。

（2）金融保险业：指经营金融、保险的业务活动。金融是指经营货币资金融通活动的业务，包括贷款、融资租赁、金融商品转让、金融经纪业和其他金融业务。

保险是指将通过契约形式集中起来的资金，用以补偿被保险人的经济利益的活动。

（3）文化体育业：指经营文化、体育活动的业务。

（4）娱乐业：指为娱乐活动提供场所的服务业务，包括经营歌厅、舞厅、音乐茶座、卡拉 OK 歌舞厅、台球、高尔夫球、保龄球场、游艺场等娱乐场所，以及娱乐场所为顾客进行娱乐活动提供服务的业务。娱乐场所为顾客提供的饮食服务及其他各种服务也按照娱乐业征税。

（5）服务业：指利用设备、工具、场所、信息或技能为社会提供的业务，包括代理业、旅店业、饮食业、旅游业和其他服务业。

（6）转让无形资产：指转让无形资产的所有权或使用权的部分行为，包括转让土地使用权、自然资源使用权（注：转让专利权、转让商标权、转让非专利技术、转让著作权和转让商誉，已纳入“营改增”）。

自 2003 年 1 月 1 日起，以无形资产投资入股，参与接受投资方的利润分配、共同承担投资风险的行为在投资过程和投资后转让不征收营业税。

（7）销售不动产：指有偿转让不动产所有权的行为，包括销售建筑物或构筑物和销售其他土地附着物。

自 2003 年 1 月 1 日起，以不动产投资入股，参与接受投资方的利润分配、共同承担投资风险的行为在投资过程和投资后转让不征收营业税。

单位或者个人将不动产或者土地使用权无偿赠送其他单位或者个人，视同发生应税行为，按照规定征收营业税；单位或者个人自建建筑物后销售，其所发生的自建行为，也视同发生应税行为，按照规定征收营业税。

三、营业税的税目、税率

2012 年 1 月 1 日实行“营改增”以来，至今营业税还有 7 个税目，分别是建筑业、金融保险业、文化体育业、娱乐业、服务业、转让无形资产、销售不动产。税率上共设计了三档比例税率，有3%、5%，另对娱乐业设计一档5%～20%的弹性比例税率。

表4-1 营业税税目、税率表

税 目	税 率
一、建筑业	3%
二、金融保险业	5%
三、文化体育业	3%
四、娱乐业	5%～20%
五、服务业	5%
六、转让无形资产	5%
七、销售不动产	5%

注：1. 从2001年5月1日起，对夜总会、歌厅、舞厅等娱乐场所，以及射击、狩猎、跑马、游戏、高尔夫球、游艺、电子游戏厅等娱乐行为，一律按20%的税率征收营业税。

2. 从2004年7月1日起，保龄球、台球减按5%的税率征收营业税，税目仍属于“娱乐业”。

四、营业税的减免税规定

根据《营业税暂行条例》和国家政策性文件的规定，下列项目免征营业税：

（1）托儿所、幼儿园、养老院、残疾人福利机构提供的育养服务、婚姻介绍、殡葬服务；

（2）残疾人员个人提供的劳务；

（3）学校和其他教育机构提供的教育劳务，学生勤工俭学提供的劳务；

（4）农业机耕、排灌、病虫害防治、植物保护、农牧保险以及相关技术培训业务，家禽、牲畜、水生动物的配种和疾病防治；

（5）纪念馆、博物馆、文化馆、文物保护单位管理机构、美术馆、展览馆、书画院、图书馆举办文化活动的门票收入，宗教场所举办文化、宗教活动的门票收入；

(6) 医院、诊所和其他医疗机构提供的医疗服务;

(7) 境内保险机构为出口货物提供的保险产品。

除前款规定外,营业税的免税、减税项目由国务院规定。任何地区、部门均不得规定免税、减税项目。

五、营业税的纳税义务发生时间

营业税纳税义务发生时间为纳税人提供非“营改增”应税劳务、转让无形资产或者销售不动产并收讫营业收入款项或者取得索取营业收入款项凭据的当天。国务院财政、税务主管部门另有规定的,从其规定。

其中,收讫营业收入款项,是指纳税人应税行为发生过程中或者完成后收取的款项。而取得索取营业收入款项凭据的当天,为书面合同确定的付款日期的当天;未签订书面合同或者书面合同未确定付款日期的,为应税行为完成的当天。对某些具体项目进一步明确如下:

(1) 纳税人转让土地使用权或者销售不动产,采取预收款方式的,其纳税义务发生时间为收到预收款的当天。

纳税人提供建筑业或者租赁业劳务,采取预收款方式的,其纳税义务发生时间为收到预收款的当天。

(2) 纳税人发生自建行为的,其纳税义务发生时间为销售自建建筑物并收讫营业额或者取得索取营业额凭据的当天。

(3) 纳税人将不动产或者土地使用权无偿赠送其他单位或者个人的,其纳税义务发生时间为不动产所有权、土地使用权转移的当天。

(4) 营业税扣缴义务发生时间为扣缴义务人代纳税人收讫营业收入或者取得索取营业收入款项凭据的当天。

【前沿新闻导读】

据路透社2015年5月29日消息,中国财政部拟于今年10月1日起正式实施金融业营业税改增值税(“营改增”)方案,采用一般计税方式,税率为6%,征税范围与营业税基本一致。

消息人士引述财政部相关文件称,借款利息暂不允许抵扣;新增不动产进项可以抵扣,试点初期分年度按5%比例抵扣,剩余部分流转下期抵扣;出口金融服务实行零税率。

“时间上我们收到的通知也是10月1日起正式实施,目前财政部也正在征求各家银行意见,最终方案内容还是以有关部门出台的正式文件为准。”其中一位消息人士称。

上述消息人士表示，增值税与营业税存在本质差别，实施“营改增”将对银行业税收负担、经营战略和业务流程等多方面产生较大影响。

他谈到，以税收负担为例，基于目前改革总体方案稿测算，税率从5%调整为6%，增加了一个百分点，但由于允许抵扣手续费及佣金支出和业务及管理费用的进项税额，能够减少部分税款，不过总体税负将会增加。

“经营战略上，银行业可以考虑把内部研发、集中运营等内设部门独立出来，设立法人机构，进行专业化经营；也需要选择适当的客户，增强定价能力，既要把增值税转嫁出去，也要留住客户。”他称。

路透（社）4月曾援引一位财税部门的官员指出，原定下半年全面推行的“营改增”这一实质性减税举措可能会延后至四季度，因财政收入增幅放缓，而刚性支出有增无减。

中国财政部长楼继伟此前曾表示，今年按计划应完成“营改增”改革，也就是把生活服务业、金融业以及建筑业、房地产业的营业税全部改成增值税，现在正在做关于不动产的方案，这是“营改增”最难的一步。

中国从2011年开始营业税改征增值税改革的试点，今年是收官之年。据国家税务（总）局此前统计，2014年营改增减税1 918亿元。

此前报道称，房地产业、金融业等领域的“营改增”方案已初步确定，或在6月初正式公布。金融业营改增后的税率确定为6%。

自2012年1月开始试点以来，“营改增”改革已历时逾三年。最后一批行业改革方案公布，意味着中国将全面告别营业税。

今年5月18日，国务院批转发改委《关于2015年深化经济体制改革重点工作的意见》，该文件称：力争全面完成营改增，将营改增范围扩大到建筑业、房地产业、金融业和生活服务业等领域。

（资料来源：《第一财经日报》，2015年5月29日）

第三节　营业税的计量

一、营业税的计量

纳税人提供应税劳务、转让无形资产或者销售不动产，按照营业额和规定的税率计算应纳税额。应纳税额计算公式为：

应纳税额=营业额×税率

纳税人的营业额计算缴纳营业税后因发生退款减除营业额的，应当退还已缴纳营业税税款或者从纳税人以后的应缴纳营业税税额中减除。

纳税人发生应税行为，如果将价款与折扣额在同一张发票上注明的，以折扣后的价款为营业额；如果将折扣额另开发票的，不论其在财务上如何处理，均不得从营业额中扣除。

作为计税依据的营业额有如下规定：纳税人的营业额为纳税人提供应税劳务、转让无形资产或者销售不动产收取的全部价款和价外费用。其中，价外费用包括收取的手续费、补贴、基金、集资费、返还利润、奖励费、违约金、滞纳金、延期付款利息、赔偿金、代收款项、代垫款项、罚息及其他各种性质的价外收费，但不包括同时符合以下条件代为收取的政府性基金或者行政事业性收费：①由国务院或者财政部批准设立的政府性基金，由国务院或者省级人民政府及其财政、价格主管部门批准设立的行政事业性收费；②收取时开具省级以上财政部门印制的财政票据；③所收款项全额上缴财政。

（一）具体营业额的确定

（1）建筑业的总承包人将工程分包给其他单位的，以其取得的工程全部承包价款和价外费用扣除其支付给分包人的价款的余额为营业额，其中，纳税人提供建筑业劳务（不含装饰劳务）的，其营业额应当包括工程所用原材料、设备及其他物资和动力价款在内，但不包括建设方提供的设备的价款。

（2）外汇、有价证券、期货等金融商品买卖业务，以卖出价减去买入价后的余额为营业额，其中，外汇、有价证券、期货等金融商品买卖业务，是指纳税人从事的外汇、有价证券、非货物期货和其他金融商品买卖业务。货物期货不缴纳营业税。

（3）娱乐业的营业额为经营娱乐业收取的全部价款和价外费用，包括门票收费、台位费、点歌费、烟酒、饮料、茶水、鲜花、小吃等收费及经营娱乐业的其他各项收费。

（4）国务院财政、税务主管部门规定的其他情形。

值得注意的是，上述的规定扣除有关项目，取得的凭证不符合法律、行政法规或者国务院税务主管部门有关规定的，该项目金额不得扣除。其中符合国务院税务主管部门有关规定的凭证（以下统称“合法有效凭证”），是指：

（1）支付给境内单位或者个人的款项，且该单位或者个人发生的行为属于营业税或者增值税征收范围的，以该单位或者个人开具的发票为合法有效凭证；

（2）支付的行政事业性收费或者政府性基金，以开具的财政票据为合法有效凭证；

（3）支付给境外单位或者个人的款项，以该单位或者个人的签收单据为合法有效凭证，税务机关对签收单据有疑义的，可以要求其提供境外公证机构的确认证明；

（4）国家税务总局规定的其他合法有效凭证。

（二）视同发生应税行为

纳税人有下列情形之一的，视同发生应税行为：

（1）单位或者个人将不动产或者土地使用权无偿赠送其他单位或者个人；

（2）单位或者个人自己新建（下称“自建”）建筑物后销售，其所发生的自建行为；

（3）财政部、国家税务总局规定的其他情形。

（三）混合销售行为和兼营行为

（1）一项销售行为如果既涉及应税劳务又涉及货物，为混合销售行为。一般来说，从事货物的生产、批发或者零售的企业、企业性单位和个体工商户的混合销售行为，视为销售货物，不缴纳营业税；其他单位和个人的混合销售行为，视为提供应税劳务，缴纳营业税。

纳税人的下列混合销售行为，应当分别核算应税劳务的营业额和货物的销售额，其应税劳务的营业额缴纳营业税，货物销售额不缴纳营业税；未分别核算的，由主管税务机关核定其应税劳务的营业额：①提供建筑业劳务的同时销售自产货物的行为；②财政部、国家税务总局规定的其他情形。

（2）纳税人兼营不同税目的应当缴纳营业税的劳务（以下简称“应税劳务”）、转让无形资产或者销售不动产，应当分别核算不同税目的营业额、转让额、销售额（以下统称“营业额”）；未分别核算营业额的，从高适用税率。

（3）纳税人兼营应税行为和货物或者非应税劳务的，应当分别核算应税行为的营业额和货物或者非应税劳务的销售额，其应税行为营业额缴纳营业税，货物或者非应税劳务销售额不缴纳营业税；未分别核算的，由主管税务机关核定其应税行为营业额。

（4）纳税人兼营免税、减税项目的，应当分别核算免税、减税项目的营业额；未分别核算营业额的，不得免税、减税。

（四）核对营业额的顺序

纳税人提供应税劳务、转让无形资产或者销售不动产的价格明显偏低并无正当理由的或发生视同应税行为而无营业额的，由主管税务机关按照下列顺序核定其营业额。

（1）按纳税人最近时期发生同类应税行为的平均价格核定；

（2）按其他纳税人最近时期发生同类应税行为的平均价格核定；

（3）按下列公式核定：

营业额 = 营业成本或者工程成本 ×（1 + 成本利润率）÷（1 - 营业税税率）

公式中的成本利润率，由省、自治区、直辖市税务局确定。

二、营业税的计算举例

【例1】 某建筑公司某月取得工程收入1 000万元，工程提前竣工奖金50万元，已开出合法票据，款也已收存银行。请计算该建筑公司当月应缴纳的营业税税额。

应纳税额 =（工程收入 + 提前竣工奖金）× 适用税率

= （1 000 + 50）× 3% = 31.5（万元）

【例2】 某卡拉OK歌舞厅月营业收入为60万元，台位费收入为30万元，相关的烟酒和饮料费收入为20万元，鲜花和小吃收入为10万元，适用的税率为20%。请计算该歌舞厅应缴纳的营业税税额。

应纳税额 = 营业额 × 适用税率 =（60 + 30 + 20 + 10）× 20% = 24（万元）

第四节　营业税的会计处理及报表编制

一、账户设置

为了反映和监督营业税的计算及实际缴纳情况，会计核算上设置“应交税费——应交营业税”科目核算。企业按规定计算应交未交营业税时，记入该账户的贷方；实际交纳时，记入该账户的借方，余额在借方反映企业计算多交的营业税税额。

二、会计处理规定

（1）企业按其营业额和规定的税率，计算应缴纳的营业税，借记“营业税金及附加”“其他业务成本”等科目，贷记“应交税费——应交营业税”科目。上交营业税时，借记“应交税费——应交营业税”科目，贷记“银行存款”等科目。

（2）企业销售不动产，按销售额计算的营业税税额计入固定资产清理科目，借记“固定资产清理”科目，贷记“应交税费——应交营业税”科目［房地产开发企业经营房屋不动产所缴纳营业税的核算按上述第（1）条进行会计处理］。缴纳营业税时，借记“应交税费——应交营业税”科目，贷记“银行存款”科目。

（3）企业转让无形资产使用权，按收取的价款计算的营业税记入“其他业务成本”等科目，借记“其他业务成本”等科目，贷记“应交税费——应交营业税”科目。缴纳营业税时，借记“应交税费——应交营业税”，贷记“银行存款”。

（4）企业出售无形资产时，应按实际收到的金额，借记“银行存款”等科目；按照已计提的累计摊销，借记“累计摊销”科目；原已计提减值准备的，借记“无形资产减值准备”科目。按照应支付的相关税费，贷记“应交税费”等科目；按期账面余额，贷记“无形资产”科目；按其差额，贷记“营业外收入——处置非流动资产利得”科目或借记“营业外支出——处置非流动资产损失”科目。

三、营业税的账务处理举例

【例1】某制造企业对外提供建筑劳务，收入35万元，营业税税率为3%。用银行存款上交营业税1万元。请作出会计分录。

应交营业税 = 35 × 3% = 1.05（万元）

作分录如下：

借：其他业务成本　　10 500

　贷：应交税费——应交营业税　　10 500

借：应交税费——应交营业税　　10 000
　贷：银行存款　　10 000

【例2】中国建筑工程公司2×15年3月承包某高速公路工程，其中两处加油站工程分包给大成建设有限公司，12月15日完工。结算工程价款，总收入为4亿元，两处加油站工程价款为800万元。计算中国建筑工程公司应缴纳的营业税税额，并作出正确的账务处理（营业税税率为3%）。

（1）公司收到承包款项时，作分录如下：

借：银行存款　　400 000 000
　贷：主营业务收入——工程结算收入　　392 000 000
　　应付账款——应付分包款项　　8 000 000

（2）应交及代扣营业税时：

应交营业税＝39 200×3%＝1 176（万元）

作分录如下：

借：营业税金及附加　　11 760 000
　贷：应交税费——应交营业税　　11 760 000

（3）开出转账支票实际交纳时，作分录如下：

借：应交税费——应交营业税　　11 760 000
　贷：银行存款　　11 760 000

【例3】某企业出售一处建筑物，原价500万元，已使用2年，已提折旧80万元，清理该建筑物费用2万元，出售价格460万元，营业税税率为5%。

（1）企业销售建筑物，结转净值，作分录：

借：固定资产清理　　4 200 000
　　累计折旧　　800 000
　贷：固定资产　　5 000 000

（2）收到销售收入，作分录：

借：银行存款　　4 600 000
　贷：固定资产清理　　4 600 000

（3）发生清理费用，作分录：

借：固定资产清理　　20 000
　贷：银行存款　　20 000

（4）计算营业税金：

应纳税额＝460×5%＝23（万元）

作分录如下：

借：固定资产清理　　230 000

　贷：应交税费——应交营业税　　230 000

（5）交纳时，作分录：

借：应交税费——应交营业税　　230 000

　贷：银行存款　　230 000

（6）结转销售不动产的净收益，作分录：

借：固定资产清理　　150 000

　贷：营业外收入　　150 000

【例 4】某企业将一土地使用权出售。该土地使用权原是企业以 50 万元购进，准备自己企业使用，现有一公司愿意以 60 万元购买，企业经研究后出售，本土地使用权该企业尚未开始摊销，转让无形资产的税率为 5%。计算该企业应交营业税并作出相应会计分录。

（1）出售无形资产，作分录：

借：银行存款　　600 000

　贷：无形资产　　500 000

　　应交税费——应交营业税　　30 000

　　营业外收入　　70 000

（2）开出转账支票实际交纳时，作分录：

借：应交税费——应交营业税　　30 000

　贷：银行存款　　30 000

小思考：假设 2016 年上述企业实施"营改增"，则上述业务将如何进行会计处理？

四、营业税报表编制

纳税人应按《营业税暂行条例》有关规定及时办理纳税申报，并如实编制"营业税纳税申报表"（见表 4-2）。

表 4－2 营业税纳税申报表

填表日期： 年 月 日

纳税人识别号：| | | | | | | | | | | | | | | | | | | | |

金额单位：元（列至角分）

纳税人名称								税款所属时期			
税目	经营项目	营业额					税率	本期			
		全部收入	不征税项目	减除项目	减免税项目	应税营业额		应纳税额	减免税额	已纳税额	应补（退）税额
1	2	3	4	5	6	7（7＝3－4－5－6）	8	9（9＝7×8）	10（10＝6×8）	11	12
合 计											

如纳税人填报，由纳税人填写以下各栏		如委托代理人填报，由代理人填写，由代理人填写以下各栏				备 注
会计主管（签章）	纳税人（签章）	代理人名称			代理人（签章）	
		地 址				
		经办人		电 话		

以下由税务机关填写			
收到申报表日期		接收人	

填表说明：

1. 本表适用于营业税纳税义务人填报。
2. “全部收入”，系指纳税人的全部收入。
3. “不征税项目”，系指税法规定的不属于营业税征税范围的营业额。
4. “减除项目”，系指税法规定允许从营业收入中扣除的项目的营业额。
5. “减免税项目”，系指税法规定的减免税项目的营业额。

【案例分析】某培训中心属国有餐饮服务企业，经营范围是住宿、餐饮、服务等。2×14 年 12 月，累计实现营业收入 1 659 700 元，交纳税费合计 86 303元。经查发现 213 号凭证注明摘要为本市某公司拨来的补助款 169 000 元，会计处理如下：

借：银行存款　　169 000
　贷：应付账款　　169 000

后经进一步审查核实，该笔款项为培训中心的营业收入。

案例分析如下：

调账分录：

（1）假设该中心 2×14 年尚未结账：

借：应付账款　　169 000
　贷：主营业务收入——餐饮收入　　169 000

补提税金：

借：营业税金及附加　　9 295
　贷：应交税费——应交营业税　　8 450
　　　　　　——应交城建税　　591.5
　　　　　　——教育费附加　　253.5

借：应交税费——应交营业税　　8 450
　　　　　——应交城建税　　591.5
　　　　　——教育费附加　　253.5
　贷：银行存款　　9 295

（2）假设该中心 2×14 年已结账，则：

借：应付账款　　169 000
　贷：以前年度损益调整　　169 000

补提税金：

借：以前年度损益调整　　9 295
　贷：应交税费——应交营业税　　8 450
　　　　　　——应交城建税　　591.5
　　　　　　——教育费附加　　253.5

借：应交税费——应交营业税　　8 450
　　　　　——应交城建税　　591.5
　　　　　——教育费附加　　253.5
　贷：银行存款　　9 295

【本章小结】

目前营业税是对在我国境内提供营业税应税劳务，转让无形资产或者销售不动产的单位和个人，就其取得营业收入征收的一种税。

营业税这个税种在新中国成立初期就作为工商业税的一个组成部分进行征收。它具有三个特点：①征收范围广、税源普遍；②按流通环节征税多次征收，以促进流通；③按行业实行差别比例税率，计算征收较为简便。

营业税的确认依照2009年实施的《营业税暂行条例》和《营业税暂行条例实施细则》规定进行。

营业税的计量按照规定的营业额和税率计算应纳税额。

纳税人应纳营业税的会计核算分为提供应税劳务的会计核算、转让无形资产的会计核算和销售不动产的会计核算。

随着“营改增”改革的全面进行，上述会计核算将逐步转为增值税核算，改革前沿动态值得大家及时关注。

【关键术语和概念】

营业税　营业税确认　营业税计量　营业税会计核算特点

【学习参考：文献与法规】

1. 熊莉. 营业税改增值税的会计处理探析. 会计之友，2012（12）：86～88.

2. 章云婷，赵新贵. 暂免征收部分小微企业增值税和营业税政策探析. 财务与会计，2014（3）：46～48.

3.《关于印发企业执行新税收条例有关会计处理规定的通知》的“附件三：关于营业税会计处理的规定”的相关内容（1993年1月13日财政部发布）

4.《企业会计准则第4号——固定资产》（2006年2月15日财政部发布，自2007年1月1日起施行）

5.《企业会计准则第6号——无形资产》（2006年2月15日财政部发布，自2007年1月1日起施行）

6.《企业会计准则应用指南（2006）》（2006年10月30日财政部发布，自2007年1月1日起施行）

7.《中华人民共和国营业税暂行条例》（2008年11月10日国务院公布，自2009年1月1日起施行）

8.《中华人民共和国营业税暂行条例实施细则》（2008年12月15日财政

部、国家税务总局联合发布，自 2009 年 1 月 1 日起施行）

9.《关于在全国开展交通运输业和部分现代服务业营业税改征增值税试点税收政策通知》（2013 年 5 月 24 日财政部发布，自 2013 年 8 月 1 日起施行）

10. 中国注册会计师协会. 税法. 北京：经济科学出版社，2015.

11. 中国注册会计师协会. 会计. 北京：中国财政经济出版社，2015.

12. 财政部会计资格评价中心. 中级会计实务. 北京：经济科学出版社，2015.

13. 国家税务总局的相关税收政策

第五章　企业所得税会计

【学习要点】

* 所得税会计的内涵
* 所得税会计差异产生的原理
* 所得税会计方法
* 资产负债观
* 递延所得税资产的形成与核算
* 递延所得税负债的形成与核算

第一节　企业所得税概述

企业所得税是指以企业取得的生产经营所得和其他所得为征税对象所征收的一种税。企业所得税是规范和处理国家与企业分配关系的重要形式，体现了国家与企业的分配关系，是国家参与企业利润分配的一种重要手段。

为了适应建设社会主义市场经济的需要，兼顾不同经济性质企业的征税需要，适应多种经济成分并存和混合经济形式不断发展的客观现实，贯彻公平税负、简化税制的基本原则，国务院于 1993 年 12 月 13 日发布了《中华人民共和国企业所得税暂行条例》，并决定自 1994 年 1 月 1 日起施行。该暂行条例基本统一了我国内资企业所得税制度。2007 年 3 月 16 日第十届全国人民代表大会第五次全体会议通过，由中华人民共和国主席令第 63 号公布的《中华人民共和国企业所得税法》（以下简称《企业所得税法》），自 2008 年 1 月 1 日起施行。《中华人民共和国企业所得税法实施条例》（以下简称《企业所得税法实施条例》），于 2007 年 11 月 28 日国务院第 197 次常务会议通过，2007 年 12 月 6 日由中华人民共和国国务院令第 512 号公布，自 2008 年 1 月 1 日起施行。上述改革统一了我国内外资企业所得税，标志着我国的所得税制度改革向着法制化、科学化和规范化的方向迈出了重要的步伐。

现行的企业所得税具有以下特点：

（1）征税范围广。在中华人民共和国境内，企业和其他取得收入的组织都是企业所得税的纳税人，都要依照税法的规定缴纳企业所得税。企业所得税的征税对象包括生产经营所得和其他所得。不仅包括企业从事产品生产、交通运输、商品流通、劳务服务和其他营利事业等取得的所得，而且包括提供资金或财产取得的所得，包括利息、股息、红利、租金、转让资产收益和特许权使用费等所得。因此，企业所得税具有征收上的广泛性。

（2）税负公平。企业所得税对企业，不分所有制，不分地区、行业和层次，实行统一的比例税率。在普遍征收的基础上，能使各类企业税负较为公平。由于企业所得税是对企业的经营净收入（亦称为经营所得）征收的，企业一般都具有所得税的承受能力，而且企业所得税的负担水平与纳税人所得多少直接关联，即“所得多的多征，所得少的少征，无所得的不征”，因此，企业所得税是能够较好地体现公平税负和税收中性的一个良性税种。

（3）税基约束力强。企业所得税的税基是应纳税所得额，即纳税人每个纳税年度的收入总额减去准予扣除项目金额之后的余额。其中，准予扣除的项目主要是指成本和费用，包括工资支出、原材料支出、固定资产折旧和无形资产摊销等。所得税的计税涉及纳税人财务会计核算的各个方面，与企业会计核算关系密切。为了保护税基，企业所得税明确了收入总额、扣除项目金额的确定以及资产的税务处理等内容，使应税所得额的计算相对独立于企业的会计核算，体现了税法的强制性与统一性。

（4）纳税人与负税人一致。企业所得税属于企业的终端税种，纳税人缴纳的所得税一般不易转嫁，而由纳税人自己负担。在会计利润总额的基础上，扣除企业所得税后的余额为企业生产经营的净利润。

依照2008年实施的《企业所得税法》和《企业所得税法实施条例》的规定，企业所得税按以下基本要素进行确认。

一、企业所得税的纳税人

企业所得税的纳税义务人是指在中华人民共和国境内的企业和其他取得收入的组织。《企业所得税法》第一条规定，除个人独资企业、合伙企业不适用企业所得税法外，在我国境内，企业和其他取得收入的组织（以下统称“企业”）为企业所得税的纳税人，依照本法律规定缴纳企业所得税。

企业所得税的纳税人分为居民企业和非居民企业。其中：

（1）居民企业是指依法在中国境内成立，或者依照外国（地区）法律成立但实际管理机构在中国境内的企业。这里的企业包括国有企业、集体企业、私营企业、联营企业、股份制企业、外商投资企业、外国企业以及有生产、经营所得和其他所得的其他组织。

（2）非居民企业是指依照外国（地区）法律成立且实际管理机构不在中国境内，但在中国境内设立机构、场所的或者在中国境内未设立机构、场所但有来源于中国境内所得的企业。上述所称机构、场所，是指在中国境内从事生产经营活动的机构、场所，包括：

①管理机构、营业机构、办事机构；

②工厂、农场、开采自然资源的场所；

③提供劳务的场所；

④从事建筑、安装、装配、修理、勘探等工程作业的场所；

⑤其他从事生产经营活动的机构、场所。

非居民企业委托营业代理人在中国境内从事生产经营活动的，包括委托单位或者个人经常代其签订合同，或者储存、交付货物等，该营业代理人视为非居民企业在中国境内设立的机构、场所。

二、企业所得税的征税对象

企业所得税的征税对象是指企业的生产经营所得、其他所得和清算所得。

（一）居民企业的征税对象

居民企业应就来源于中国境内、境外的所得作为征税对象。所得包括销售货物所得、提供劳务所得、转让财产所得、股息红利等权益性投资所得、利息所得、租金所得、特许权使用费所得、接受捐赠所得和其他所得。

（二）非居民企业的征税对象

非居民企业在中国境内设立机构、场所的，应当就其所设机构、场所取得的来源于中国境内的所得，以及发生在中国境外但与其所设机构、场所有实际联系的所得，缴纳企业所得税。非居民企业在中国境内未设立机构、场所的，或者虽设立机构、场所，但取得的所得与其所设机构、场所没有实际联系的，应当就其来源于中国境内的所得缴纳企业所得税。

上述所称实际联系是指非居民企业在中国境内设立的机构、场所拥有的据以取得所得的股权、债权，以及拥有、管理、控制据以取得所得的财产。

三、企业所得税的税率及计税依据

（一）税率

企业所得税实行比例税率。比例税率简便易行，透明度高，不会因征税而改变企业间的收入分配比例，有利于促进效率的提高。现行规定是：

（1）基本税率为25%，适用于居民企业和在中国境内设有机构、场所且所得与机构、场所有关联的非居民企业。

（2）低税率为20%，适用于在中国境内未设立机构、场所的，或者虽设立机构、场所但取得的所得与其所设机构、场所没有实际联系的非居民企业。但实际征税时适用10%的优惠税率。

（二）计税依据

应纳税所得额是企业所得税的计税依据，按照《企业所得税法》的规定，应纳税所得额为企业每一个纳税年度的收入总额减除不征税收入、免税收入、各项扣除以及允许弥补的以前年度亏损后的余额。基本公式为：

应纳税所得额＝收入总额－不征税收入－免税收入－各项扣除－允许弥补的以前年度亏损

四、企业所得税的减免税规定

税收优惠指国家运用税收政策在税收法律、行政法规中规定对某一部分特定企业和课税对象给予减轻或免除税收负担的一种措施。税法规定的企业所得税的税收优惠方式包括免税、减税、加计扣除、加速折旧、减计收入、税额抵免等。

（一）免征与减征优惠

企业的下列所得，可以免征、减征企业所得税；企业如果从事国家限制和禁止发展的项目，则不得享受企业所得税优惠。

1．从事农、林、牧、渔业项目的所得

企业从事农、林、牧、渔业项目的所得，包括免征和减征两部分。

（1）企业从事下列项目的所得，免征企业所得税：①蔬菜、谷物、薯类；②农作物新品种的选育；③中药材的种植；④林木的培育和种植；⑤牲畜、家禽的饲养等。

（2）企业从事下列项目的所得，减半征收企业所得税：①花卉、茶以及其他饮料作物和香料作物的种植；②海水养殖、内陆养殖等。

2. 从事国家重点扶持的公共基础设施项目投资经营的所得

税法所称国家重点扶持的公共基础设施项目，是指《公共基础设施项目企业所得税优惠目录》规定的港口码头、机场、铁路、公路、电力、水利等项目。

企业从事国家重点扶持的公共基础设施项目的投资经营的所得，自项目取得第一笔生产经营收入所属纳税年度起，第一年至第三年免征企业所得税，第四年至第六年减半征收企业所得税。

企业承包经营、承包建设和内部自建自用上述规定的项目，不得享受上述企业所得税优惠。

3. 从事符合条件的环境保护、节能节水项目的所得

环境保护、节能节水项目的所得，自项目取得第一笔生产经营收入所属纳税年度起，第一年至第三年免征企业所得税，第四年至第六年减半征收企业所得税。

但是以上规定享受减免税优惠的项目，在减免税期限内转让的，受让方自受让之日起，可以在剩余期限内享受规定的减免税优惠；减免税期限届满后转让的，受让方不得就该项目重复享受减免税优惠。

4. 符合条件的技术转让所得

税法所称符合条件的技术转让所得免征、减征企业所得税，是指一个纳税年度内，居民企业转让技术所有权所得不超过500万元的部分，免征企业所得税；超过500万元的部分，减半征收企业所得税。

（二）高新技术企业优惠

国家需要重点扶持的高新技术企业减按15%的税率征收企业所得税。国家需要重点扶持的高新技术企业，是指拥有核心自主知识产权，并同时符合六方面规定条件的企业。

国家重点支持的高新技术领域和高新技术企业认定管理办法由国务院科技、财政、税务主管部门商国务院有关部门制定，报国务院批准后公布施行。

（三）小型微利企业优惠

小型微利企业减按20%的税率征收企业所得税。小型微利企业的条件如下：

（1）工业企业，年度应纳税所得额不超过30万元，从业人数不超过100人，资产总额不超过3 000万元。

（2）其他企业，年度应纳税所得额不超过30万元，从业人数不超过80人，资产总额不超过1 000万元。

上述“从业人数”包括与企业建立劳动关系的职工人数和企业接受的劳务派遣用工人数。

从业人数和资产总额指标，应按企业全年的季度平均值确定。具体计算公式如下：

$$季度平均值 = （季初值 + 季末值）\div 2$$

$$全年季度平均值 = 全年各季度平均值之和 \div 4$$

年度中间开业或者终止经营活动的，以其实际经营期作为一个纳税年度确定上述相关指标。

小型微利企业是指企业的全部生产经营活动产生的所得均负有我国企业所得税纳税义务的企业。仅就来源于我国所得负有我国纳税义务的非居民企业，不适用上述规定。

2015年3月13日财政部、国家税务总局颁布的《关于小型微利企业所得税优惠政策的通知》（财税〔2015〕34号）规定：自2015年1月1日至2017年12月31日，对年应纳税所得额低于20万元（含20万元）的小型微利企业，其所得减按50%计入应纳税所得额，按20%的税率缴纳企业所得税。

【前沿政策导读】

关于进一步扩大小型微利企业所得税优惠政策范围的通知

财税〔2015〕99号

各省、自治区、直辖市、计划单列市财政厅（局）、国家税务局、地方税务局，新疆生产建设兵团财务局：

为进一步发挥小型微利企业在推动经济发展、促进社会就业等方面的积极作用，经国务院批准，现就小型微利企业所得税政策通知如下：

一、自2015年10月1日起至2017年12月31日，对年应纳税所得额在20万元到30万元（含30万元）之间的小型微利企业，其所得减按50%计入应纳税所得额，按20%的税率缴纳企业所得税。

前款所称小型微利企业，是指符合《中华人民共和国企业所得税法》及其实施条例规定的小型微利企业。

二、为做好小型微利企业税收优惠政策的衔接，进一步便利核算，对本通知规定的小型微利企业，其2015年10月1日至2015年12月31日间的所得，按照2015年10月1日后的经营月份数占其2015年度经营月份数的比例计算。

三、《财政部、国家税务总局关于小型微利企业所得税优惠政策的通知》（财税〔2015〕34号）继续执行。

四、各级财政、税务部门要严格按照本通知的规定，做好小型微利企业所得税优惠政策的宣传辅导工作，确保优惠政策落实到位。

财政部 国家税务总局

二〇一五年九月二日

(四) 加计扣除优惠

加计扣除优惠包括以下两项内容：

（1）研究开发费。指企业为开发新技术、新产品、新工艺发生的研究开发费用，未形成无形资产计入当期损益的，在按照规定据实扣除的基础上，按照研究开发费用的50%加计扣除；形成无形资产的，按照无形资产成本的150%摊销。

（2）企业安置残疾人员所支付的工资。指企业安置残疾人员，在按照支付给残疾职工工资据实扣除的基础上，按照支付给残疾职工工资的100%加计扣除。残疾人员的范围适用《中华人民共和国残疾人保障法》的有关规定。企业安置国家鼓励安置的其他就业人员所支付的工资的加计扣除办法，由国务院另行规定。

(五) 创投企业优惠

创业投资企业从事国家需要重点扶持和鼓励的创业投资，可以按投资额的一定比例抵扣应纳税所得额。

创投企业优惠是指创业投资企业采取股权投资方式投资于未上市的中小高新技术企业2年以上的，可以按照其投资额的70%在股权持有满2年的当年抵扣该创业投资企业的应纳税所得额；当年不足抵扣的，可以在以后纳税年度结转抵扣。

例如：甲企业 2008 年 1 月 1 日向乙企业（未上市的中小高新技术企业）投资 100 万元，股权持有到 2009 年 12 月 31 日。甲企业 2009 年度可抵扣的应纳税所得额为 70 万元。

（六）加速折旧优惠

企业的固定资产由于技术进步等，确需加速折旧的，可以缩短折旧年限或者采取加速折旧的方法。可采用以上折旧方法的固定资产是指：①由于技术进步产品更新换代较快的固定资产；②常年处于强震动、高腐蚀状态的固定资产。

采取缩短折旧年限方法的最低折旧年限不得低于规定折旧年限的 60%；采取加速折旧方法的，可以采取双倍余额递减法或者年数总和法。

根据 2014 年 10 月 20 日财政部、国家税务总局颁布的《关于完善固定资产加速折旧企业所得税政策的通知》（财税〔2014〕75 号）规定如下：

（1）对生物药品制造业，专用设备制造业，铁路、船舶、航空航天和其他运输设备制造业，计算机、通信和其他电子设备制造业，仪器仪表制造业，信息传输、软件和信息技术服务业等行业企业（以下简称“六大行业”），2014 年 1 月 1 日后购进的固定资产（包括自行建造），允许按不低于企业所得税法规定折旧年限的 60% 缩短折旧年限，或者选择采取双倍余额递减法或年数总和法进行加速折旧。

（2）企业在 2014 年 1 月 1 日后购进并专门用于研发活动的仪器、设备，单位价值不超过 100 万元的，可以一次性在计算应纳税所得额时扣除；单位价值超过 100 万元的，允许按不低于企业所得税法规定折旧年限的 60% 缩短折旧年限，或者选择采取双倍余额递减法或年数总和法进行加速折旧。

（3）企业持有的固定资产，单位价值不超过 5 000 元的，可以一次性在计算应纳税所得额时扣除。企业在 2013 年 12 月 31 日前持有的单位价值不超过 5 000元的固定资产，其折余价值部分，2014 年 1 月 1 日以后可以一次性在计算应纳税所得额时扣除。

（4）企业采取缩短折旧年限方法的，对其购置的新固定资产，最低折旧年限不得低于《企业所得税法实施条例》第六十条规定的折旧年限的 60%；企业购置已使用过的固定资产，其最低折旧年限不得低于实施条例规定的最低折旧年限减去已使用年限后剩余年限的 60%。最低折旧年限一经确定，一般不得变更。

（5）企业的固定资产采取加速折旧方法的，可以采用双倍余额递减法或者年数总和法。加速折旧方法一经确定，一般不得变更。

（七）减计收入优惠

减计收入优惠企业综合利用资源，生产符合国家产业政策规定的产品所取得的收入，可以在计算应纳税所得额时减计收入。

综合利用资源指企业以《资源综合利用企业所得税优惠目录》规定的资源作为主要原材料，生产国家非限制和禁止并符合国家和行业相关标准的产品取得的收入，减按90%计入收入总额。

上述所称原材料占生产产品材料的比例不得低于《资源综合利用企业所得税优惠目录》规定的标准。

（八）税额抵免优惠

税额抵免是指企业购置并实际使用《环境保护专用设备企业所得税优惠目录》《节能节水专用设备企业所得税优惠目录》和《安全生产专用设备企业所得税优惠目录》规定的环境保护、节能节水、安全生产等专用设备的，该专用设备的投资额的10%可以从企业当年的应纳税额中抵免；当年不足抵免的，可以在以后5个纳税年度结转抵免。

享受优惠的企业，应当实际购置并自身实际投入使用规定的专用设备；企业购置上述专用设备在5年内转让、出租的，应当停止享受企业所得税优惠，并补缴已经抵免的企业所得税税款。

企业同时从事适用不同企业所得税待遇的项目的，其优惠项目应当单独计算所得，并合理分摊企业的期间费用；没有单独计算的，不得享受企业所得税优惠。

（九）民族自治地方的优惠

民族自治地方的自治机关对本民族自治地方的企业应缴纳的企业所得税中属于地方分享的部分，可以决定减征或者免征。自治州、自治县决定减征或者免征的，须报省、自治区、直辖市人民政府批准。

（十）非居民企业优惠

非居民企业减按10%的税率征收企业所得税。这里的非居民企业是指在中国境内未设立机构、场所，或者虽设立机构、场所但取得的所得与其所设机构、场所没有实际联系的企业。该类非居民企业取得下列所得免征企业所得税：①外国政府向中国政府提供贷款取得的利息所得；②国际金融组织向中国政府和居民企业提供优惠贷款取得的利息所得；③经国务院批准的其他所得。

（十一）特殊行业优惠

1. 关于鼓励软件产业和集成电路产业发展的优惠政策

（1）集成电路生产企业，集成电路线宽小于0.8微米（含）的，经认定后，在2017年12月31日前自获利年度起，第一年至第二年免征企业所得税，第三年至第五年按照25%的法定税率减半征收企业所得税，并享受到期满为止。

（2）集成电路线宽小于0.25微米或投资额超过80亿元的集成电路生产企业，经认定后，经营期在15年以上的，在2017年12月31日前自获利年度起，第一年至第五年免征企业所得税，第六年至第十年按照25%的法定税率减半征收企业所得税，并享受到期满为止。

（3）境内新办集成电路设计企业和符合条件的软件企业，经认定后，在2017年12月31日前自获利年度起，第一年至第二年免征企业所得税，第三年至第五年按照25%的法定税率减半征收企业所得税，并享受到期满为止。

（4）国家规划布局内的重点软件生产企业，当年未享受免税优惠的，减按10%的税率征收企业所得税。

（5）集成电路设计企业和符合条件软件企业的职工培训费用，按实际发生额在计算应纳税所得额时扣除。

（6）企业外购的软件，凡符合固定资产或无形资产确认条件的，可按固定资产或无形资产进行核算，其折旧或摊销年限可以适当缩短，最短可为2年；集成电路生产企业的生产设备，其折旧年限可以适当缩短，最短可为3年。

2. 关于鼓励证券投资基金发展的优惠政策

（1）对证券投资基金从证券市场中取得的收入，包括买卖股票、债券的差价收入，股权的股息、红利收入，债券的利息收入及其他收入，暂不征收企业所得税。

（2）对投资者从证券投资基金分配中取得的收入，暂不征收企业所得税。

（3）对证券投资基金管理人运用基金买卖股票、债券的差价收入，暂不征收企业所得税。

五、企业所得税的纳税期限和申报

（一）纳税期限

企业所得税按年计征，分月或者分季预缴，年终汇算清缴，多退少补。

企业所得税的纳税年度，自公历1月1日起至12月31日止。企业在一个纳税年度的中间开业，或者由于合并、关闭等原因终止经营活动，使该纳税年度的实际经营期不足12个月的，应当以其实际经营期为一个纳税年度。企业清算时，应当以清算期间作为一个纳税年度。

自年度终了之日起5个月内，企业向税务机关报送年度企业所得税纳税申报表，并汇算清缴，结清应缴应退税款。

企业在年度中间终止经营活动的，应当自实际经营终止之日起60日内，向税务机关办理当期企业所得税汇算清缴。

（二）纳税申报

按月或按季预缴的，应当自月份或者季度终了之日起15日内，向税务机关报送预缴企业所得税纳税申报表，预缴税款。

企业在报送企业所得税纳税申报表时应当按照规定附送财务会计报告和其他有关资料。

企业应当在办理注销登记前就其清算所得向税务机关申报并依法缴纳企业所得税。依照《企业所得税法》缴纳的企业所得税，以人民币计算。所得以人民币以外的货币计算的，应当折合成人民币计算并缴纳税款。

企业在纳税年度内无论盈利或者亏损，都应当依照《企业所得税法》第五十四条规定的期限，向税务机关报送预缴企业所得税纳税申报表、年度企业所得税纳税申报表、财务会计报告和税务机关规定应当报送的其他有关资料。

第二节　企业所得税的确认

应纳税所得额的正确计算直接关系到国家财政收入和企业的税收负担，并且与成本、费用核算关系密切。因此，《企业所得税法》对应纳税所得额的计算作了明确规定，主要内容包括收入总额、扣除范围和标准、资产的税务处理、亏损弥补等。

一、收入总额

企业的收入总额包括以货币形式和非货币形式从各种来源取得的收入，具体有：销售货物收入，劳务收入，转让财产收入，股息、红利等权益性投资收益，利息收入，租金收入，特许权使用费收入，接受捐赠收入，其他收入。

企业取得收入的货币形式包括现金、存款、应收账款、应收票据、准备持有至到期的债券投资以及债务的豁免等；纳税人以非货币形式取得的收入，包括固定资产、生物资产、无形资产、股权投资、存货、不准备持有至到期的债券投资、劳务以及有关权益等，这些非货币性资产应当按照公允价值确定收入额。公允价值是指按照市场价格确定的价值。

（一）一般收入的确认

（1）销售货物收入。指企业销售商品、产品、原材料、包装物、低值易耗品以及其他存货取得的收入。

（2）劳务收入。指企业从事建筑安装、修理修配、交通运输、仓储租赁、金融保险、邮电通信、咨询经纪、文化体育、科学研究、技术服务、教育培训、餐饮住宿、中介代理、卫生保健、社区服务、旅游、娱乐、加工以及其他劳务服务活动取得的收入。

（3）转让财产收入。指企业转让固定资产、生物资产、无形资产、股权、债权等财产取得的收入。

（4）股息、红利等权益性投资收益。指企业因权益性投资从被投资方取得的收入。股息、红利等权益性投资收益，除国务院财政、税务主管部门另有规定外，按照被投资方作出利润分配决定的日期确认收入的实现。

（5）利息收入。指企业将资金提供给他人使用但不构成权益性投资，或者因他人占用本企业资金取得的收入，包括存款利息、贷款利息、债券利息、欠款利息等收入。利息收入，按照合同约定的债务人应付利息的日期确认收入的实现。

（6）租金收入。指企业提供固定资产、包装物或者其他有形资产的使用权取得的收入。租金收入按照合同约定的承租人应付租金的日期确认收入的实现。

（7）特许权使用费收入。指企业提供专利权、非专利技术、商标权、著作权以及其他特许权的使用权取得的收入。特许权使用费收入按照合同约定的特许权使用人应付特许权使用费的日期确认收入的实现。

（8）接受捐赠收入。指企业接受的来自其他企业、组织或者个人无偿给予的货币性资产、非货币性资产。接受捐赠收入按照实际收到捐赠资产的日期确认收入的实现。

（9）其他收入。指企业取得的除以上收入外的其他收入，包括企业资产溢余收入、逾期未退包装物押金收入、确实无法偿付的应付款项、已作坏账损失处理后又收回的应收款项、债务重组收入、补贴收入、违约金收入、汇兑收益等。

（二）特殊收入的确认

（1）以分期收款方式销售货物的，按照合同约定的收款日期确认收入的实现。

（2）企业受托加工制造大型机械设备、船舶、飞机，以及从事建筑、安装、装配工程业务或者提供其他劳务等持续时间超过12个月的，按照纳税年度内完工进度或者完成的工作量确认收入的实现。

（3）采取产品分成方式取得收入的，按照企业分得产品的日期确认收入的实现，其收入额按照产品的公允价值确定。

（4）企业发生非货币性资产交换，以及将货物、财产、劳务用于捐赠、偿债、赞助、集资、广告、样品、职工福利或者利润分配等用途的，应当视同销售货物、转让财产或者提供劳务，但国务院财政、税务主管部门另有规定的除外。

（三）处置资产收入的确认

2008年1月1日起，企业处置资产的所得税处理根据《企业所得税法实施条例》第二十五条的规定执行，对2008年1月1日以前发生的处置资产，2008年1月1日以后尚未进行税务处理的，也按此规定执行。

（1）企业发生下列情形的处置资产，除将资产转移至境外以外，由于资产所有权属在形式和实质上均不发生改变，可作为内部处置资产，不视同销售确认收入，相关资产的计税基础延续计算：

①将资产用于生产、制造、加工另一产品；

②改变资产形状、结构或性能；

③改变资产用途（如自建商品房转为自用或经营）；

④将资产在总机构及其分支机构之间转移；

⑤上述两种或两种以上情形的混合；

⑥其他不改变资产所有权属的用途。

（2）企业将资产移送他人的下列情形，因资产所有权属已发生改变而不属于内部处置资产，应按规定视同销售确定收入：

①用于市场推广或销售；

②用于交际应酬；

③用于职工奖励或福利；

④用于股息分配；

⑤用于对外捐赠；

⑥其他改变资产所有权属的用途。

（3）企业发生第（2）条规定的情形时，属于企业自制的资产，应按企业同类资产同期对外销售价格确定销售收入；属于外购的资产，可按购入时的价格确定销售收入。

（四）非货币性资产投资企业所得税处理

非货币性资产，是指现金、银行存款、应收账款、应收票据以及准备持有至到期的债券投资等货币性资产以外的资产。

（1）居民企业（以下简称“企业”）以非货币性资产对外投资确认的非货币性资产转让所得，可在不超过5年期限内，分期均匀计入相应年度的应纳税所得额，按规定计算缴纳企业所得税。

（2）企业以非货币性资产对外投资，应对非货币性资产进行评估并按评估后的公允价值扣除计税基础后的余额，计算确认非货币性资产转让所得。

企业以非货币性资产对外投资，应于投资协议生效并办理股权登记手续时，确认非货币性资产转让收入的实现。

（3）企业以非货币性资产对外投资而取得被投资企业的股权，应以非货币性资产的原计税成本为计税基础，加上每年确认的非货币性资产转让所得，逐年进行调整。

被投资企业取得非货币性资产的计税基础，应按非货币性资产的公允价值确定。

（4）企业在对外投资5年内转让上述股权或投资收回的，应停止执行递延纳税政策，并就递延期内尚未确认的非货币性资产转让所得，在转让股权或投资收回当年的企业所得税年度汇算清缴时，一次性计算缴纳企业所得税；企业在计算股权转让所得时，可按上述第（3）条规定将股权的计税基础一次调整到位。

企业在对外投资5年内注销的，应停止执行递延纳税政策，并就递延期内尚未确认的非货币性资产转让所得，在注销当年的企业所得税年度汇算清缴时，一次性计算缴纳企业所得税。

（5）此处所称非货币性资产投资，限于以非货币性资产出资设立新的居民企业，或将非货币性资产注入现存的居民企业。

（6）企业发生非货币性资产投资，符合《财政部、国家税务总局关于企业重组业务企业所得税处理若干问题的通知》（财税〔2009〕59号）等文件规定的特殊性税务处理条件的，也可选择按特殊性税务处理规定执行。

（五）相关收入实现的确认

除企业所得税法及其实施条例前述关于收入的规定外，企业销售收入的确认，必须遵循权责发生制原则和实质重于形式原则。

（1）企业销售商品同时满足下列条件的，应确认收入的实现：

①商品销售合同已经签订，企业已将商品所有权相关的主要风险和报酬转移给购货方；

②企业对已售出的商品既没有保留通常与所有权相联系的继续管理权，也没有实施有效控制；

③收入的金额能够可靠地计量；

④已发生或将发生的销售方的成本能够可靠地核算。

（2）符合上述收入确认条件，采取下列商品销售方式的，应按以下规定确认收入实现时间：

①销售商品采用托收承付方式的，在办妥托收手续时确认收入。

②销售商品采取预收款方式的，在发出商品时确认收入。

③销售商品需要安装和检验的，在购买方接受商品以及安装和检验完毕时确认收入。如果安装程序比较简单，可在发出商品时确认收入。

④销售商品采用支付手续费方式委托代销的，在收到代销清单时确认收入。

（3）采用售后回购方式销售商品的，销售的商品按售价确认收入，回购的商品作为购进商品处理。有证据表明不符合销售收入确认条件的，如以销售商品方式进行融资，收到的款项应确认为负债，回购价格大于原售价的，差额应在回购期间确认为利息费用。

（4）销售商品以旧换新的，销售商品应当按照销售商品收入确认条件确认收入，回收的商品作为购进商品处理。

（5）企业为促进商品销售而在商品价格上给予的价格扣除属于商业折扣，商品销售涉及商业折扣的，应当按照扣除商业折扣后的金额确定销售商品收入金额。

债权人为鼓励债务人在规定的期限内付款而向债务人提供的债务扣除属于现金折扣，销售商品涉及现金折扣的，应当按扣除现金折扣前的金额确定销售商品收入金额，现金折扣在实际发生时作为财务费用扣除。

企业由于售出商品的质量不合格等原因而在售价上给予的减让属于销售折让；企业由于售出商品质量、品种不符合要求等原因而发生的退货属于销售退回。企业已经确认销售收入的售出商品发生销售折让和销售退回，应当在发生当期冲减当期销售商品收入。

（6）企业在各个纳税期末，提供劳务交易的结果能够可靠地估计的，应采用完工进度（完工百分比）法确认提供劳务收入。

①提供劳务交易的结果能够可靠地估计，是指同时满足下列条件：

a. 收入的金额能够可靠地计量；

b. 交易的完工进度能够可靠地确定；

c. 交易中已发生和将发生的成本能够可靠地核算。

②企业提供劳务完工进度的确定，可选用下列方法：

a. 已完工作的测量；

b. 已提供劳务占劳务总量的比例；

c. 发生成本占总成本的比例。

③企业应按照从接受劳务方已收或应收的合同或协议价款确定劳务收入总额，根据纳税期末提供劳务收入总额乘以完工进度扣除以前纳税年度累计已确认提供劳务收入后的金额，确认为当期劳务收入；同时，按照提供劳务估计总成本乘以完工进度扣除以前纳税期间累计已确认劳务成本后的金额，结转为当期劳务成本。

（7）企业以买一赠一等方式组合销售本企业商品的，不属于捐赠，应将总的销售金额按各项商品的公允价值的比例来分摊确认各项的销售收入。

（六）不征税收入和免税收入

国家为了扶持和鼓励某些特殊的纳税人和特定的项目，或者避免因征税影响企业的正常经营，对企业取得的某些收入予以不征税或免税的特殊政策，或准予抵扣应纳税所得额，或者是对专项用途的资金作为非税收入处理，以减轻企业的负担，促进经济的协调发展。

1. 不征税收入

（1）财政拨款。指各级人民政府对纳入预算管理的事业单位、社会团体等组织拨付的财政资金，但国务院和国务院财政、税务主管部门另有规定的除外。

（2）依法收取并纳入财政管理的行政事业性收费、政府性基金。行政事业性收费，是指依照法律法规等有关规定，按照规定程序批准，在实施社会公共管理，以及在向公民、法人或者其他组织提供特定公共服务过程中，向特定对象收取并纳入财政管理的费用。政府性基金，是指企业依照法律、行政法规等有关规定，代政府收取的具有专项用途的财政资金。

（3）国务院规定的其他不征税收入。指企业取得的由国务院财政、税务主管部门规定专项用途并经国务院批准的财政性资金。

2. 免税收入

(1) 国债利息收入。为鼓励企业积极购买国债，支援国家建设，税法规定，企业因购买国债所得的利息收入，免征企业所得税。

(2) 符合条件的居民企业之间的股息、红利等权益性收益。指居民企业直接投资于其他居民企业取得的投资收益。

(3) 在中国境内设立机构、场所的非居民企业从居民企业取得与该机构、场所有实际联系的股息、红利等权益性投资收益。该收益不包括连续持有居民企业公开发行并上市流通的股票不足12个月取得的投资收益。

(4) 符合条件的非营利组织的收入。

二、准予扣除项目

(一) 税前扣除项目的原则

企业申报的扣除项目和金额要真实、合法。若其他法规规定与税收法规规定不一致，应以税收法规的规定为标准。除税收法规另有规定外，税前扣除一般应遵循以下原则：

(1) 权责发生制原则。指企业费用应在发生的所属期扣除，而不是在实际支付时确认扣除。

(2) 配比原则。指企业发生的费用应当与收入配比扣除。除特殊规定外，企业发生的费用不得提前或滞后申报扣除。

(3) 相关性原则。企业可扣除的费用从性质和根源上必须与取得应税收入直接相关。

(4) 确定性原则。即企业可扣除的费用不论何时支付，其金额必须是确定的。

(5) 合理性原则。符合生产经营活动常规，应当计入当期损益或者有关资产成本的必要和正常的支出。

(二) 扣除项目的范围

根据《企业所得税法》规定，企业实际发生的与取得收入有关的、合理的支出，包括成本、费用、税金、损失和其他支出，准予在计算应纳税所得额时扣除。实际业务中，计算应纳税所得额时还应注意三方面的内容：①企业发生的支出应当区分收益性支出和资本性支出。收益性支出在发生当期直接扣除；资本性支出应当分期扣除或者计入有关资产成本，不得在发生当期直接扣除。②企业的不征税收入用于支出所形成的费用或者财产，不得扣除或者计算对应的折旧、摊销扣除。③除企业所得税法及其实施条例另有规定外，企业实际发生的成本、费用、税金、损失和其他支出，不得重复扣除。

（1）成本。指企业在生产经营活动中发生的销售成本、销货成本、业务支出以及其他耗费，即企业销售商品（产品、材料、下脚料、废料、废旧物资等），提供劳务，转让固定资产、无形资产（包括技术转让）的成本。

企业必须将经营活动中发生的成本合理划分为直接成本和间接成本。直接成本是可直接计入有关成本计算对象或劳务的经营成本中的直接材料、直接人工等。间接成本是指多个部门为同一成本对象提供服务的共同成本，或者同一种投入可以制造、提供两种或两种以上的产品或劳务的联合成本。

直接成本可根据有关会计凭证、记录直接计入有关成本计算对象或劳务的经营成本中。间接成本必须根据与成本计算对象之间的因果关系、成本计算对象的产量等，以合理的方法分配计入有关成本计算对象中。

（2）费用。指企业每一个纳税年度为生产、经营商品和提供劳务等所发生的销售（经营）费用、管理费用和财务费用。已经计入成本的有关费用除外。

销售费用是指应由企业负担的为销售商品而发生的费用，包括广告费、运输费、装卸费、包装费、展览费、保险费、销售佣金（能直接认定的进口佣金调整商品进价成本）、代销手续费、经营性租赁费及销售部门发生的差旅费、工资、福利费等费用。

管理费用是指企业的行政管理部门为管理组织经营活动提供各项支援性服务而发生的费用。

财务费用是指企业筹集经营性资金而发生的费用，包括利息净支出、汇兑净损失、金融机构手续费以及其他非资本化支出。

（3）税金。指企业发生的除企业所得税和允许抵扣的增值税以外的企业缴纳的各项税金及其附加。即企业按规定缴纳的消费税、营业税、城市维护建设税、关税、资源税、土地增值税、房产税、车船使用税、土地使用税、印花税、教育费附加等产品销售税金及附加。这些已纳税金准予税前扣除。扣除的方式有两种：一是在发生当期扣除；二是在发生当期计入相关资产的成本，在以后各期分摊扣除。

（4）损失。指企业在生产经营活动中发生的固定资产和存货的盘亏、毁损、报废损失，转让财产损失，呆账损失，坏账损失，自然灾害等不可抗力因素造成的损失以及其他损失。企业发生的损失减除责任人赔偿和保险赔款后的余额依照国务院财政、税务主管部门的规定扣除。

企业已经作为损失处理的资产，在以后纳税年度又全部收回或者部分收回时，应当计入当期收入。

(5) 扣除的其他支出。指除成本、费用、税金、损失外，企业在生产经营活动中发生的与生产经营活动有关的、合理的支出。

(三) 扣除项目及其标准

在计算应纳税所得额时，下列项目可按照实际发生额或规定的标准扣除。

1. 利息支出

企业在生产、经营活动中发生的利息费用，按下列规定扣除：

(1) 非金融企业向金融企业借款的利息支出、金融企业的各项存款利息支出和同业拆借利息支出、企业经批准发行债券的利息支出可据实扣除。

(2) 非金融企业向非金融企业借款的利息支出，不超过按照金融企业同期同类贷款利率计算的数额的部分可据实扣除，超过部分不许扣除。

(3) 关联企业利息费用的扣除。企业从其关联方接受的债权性投资与权益性投资的比例超过规定标准而发生的利息支出，不得在计算应纳税所得额时扣除。企业实际支付给关联方的利息支出，除特别规定外，其接受关联方债权性投资与其权益性投资比例为：金融企业5:1；其他企业2:1。

2. 借款费用

(1) 企业在生产经营活动中发生的合理的不需要资本化的借款费用，准予扣除。

(2) 企业为购置、建造固定资产、无形资产和经过12个月以上的建造才能达到预定可销售状态的存货发生借款的，在有关资产购置、建造期间发生的合理的借款费用，应予以资本化，作为资本性支出计入有关资产的成本；有关资产交付使用后发生的借款利息，可在发生当期扣除。

3. 工资、薪金支出

企业发生的合理的工资、薪金支出准予据实扣除。工资、薪金支出是企业每一纳税年度支付给本企业任职或与其有雇佣关系的员工的所有现金或非现金形式的劳动报酬，包括基本工资、奖金、津贴、补贴、年终加薪、加班工资，以及与任职或者是受雇有关的其他支出。

4. 职工福利费、工会经费、职工教育经费

企业发生的职工福利费、工会经费、职工教育经费按标准扣除，未超过标准的按实际数扣除，超过标准的只能按标准扣除。

(1) 企业发生的职工福利费支出，不超过工资、薪金总额14%的部分准予扣除。

（2）企业拨缴的工会经费，不超过工资、薪金总额2%的部分按规定准予扣除。

（3）除国务院财政、税务主管部门另有规定外，企业发生的职工教育经费支出，不超过工资、薪金总额2.5%的部分准予扣除，超过部分准予结转以后纳税年度扣除。

5. 社会保险费

（1）企业依照国务院有关主管部门或者省级人民政府规定的范围和标准为职工缴纳的“五险一金”，即基本养老保险费、基本医疗保险费、失业保险费、工伤保险费、生育保险费等基本社会保险费和住房公积金，准予扣除。

（2）企业为投资者或者职工支付的补充养老保险费、补充医疗保险费，在国务院财政、税务主管部门规定的范围和标准内，准予扣除。企业依照国家有关规定为特殊工种职工支付的人身安全保险费和符合国务院财政、税务主管部门规定可以扣除的商业保险费准予扣除。

（3）企业参加财产保险，按照规定缴纳的保险费，准予扣除。企业为投资者或者职工支付的商业保险费，不得扣除。

6. 汇兑损失

企业在货币交易中，以及纳税年度终了时将人民币以外的货币性资产、负债按照期末即期人民币汇率中间价折算为人民币时产生的汇兑损失除已经计入有关资产成本以及与向所有者进行利润分配相关的部分外，准予扣除。

7. 业务招待费

企业发生的与生产经营活动有关的业务招待费支出，按照发生额的60%扣除，但最高不得超过当年销售（营业）收入的5‰。企业筹建期间，发生的与筹办活动有关的业务招待费支出，可按实际发生额的60%计入企业筹办费，并按有关规定在税前扣除。

8. 广告费和业务宣传费

企业发生的符合条件的广告费和业务宣传费支出除国务院财政、税务主管部门另有规定外，不超过当年销售（营业）收入15%的部分，准予扣除；超过部分，准予结转以后纳税年度扣除。企业在筹建期间，发生的广告费和业务宣传费，可按实际发生额计入企业筹办费，并按上述规定在税前扣除。

企业申报扣除的广告费支出应与赞助支出严格区分。企业申报扣除的广告费支出，必须符合下列条件：①广告是通过工商部门批准的专门机构制作的；②已实际支付费用，并已取得相应发票；③通过一定的媒体传播。

9. 环境保护专项资金

企业依照法律、行政法规有关规定提取的用于环境保护、生态恢复等方面的专项资金，准予扣除。上述专项资金提取后改变用途的，不得扣除。

10. 保险费

企业参加财产保险，按照规定缴纳的保险费，准予扣除。

11. 租赁费

企业根据生产经营活动的需要租入固定资产支付的租赁费，按照以下方法扣除：

（1）以经营租赁方式租入固定资产发生的租赁费支出，按照租赁期限均匀扣除。经营性租赁是指所有权不转移的租赁。

（2）以融资租赁方式租入固定资产发生的租赁费支出，按照规定构成融资租入固定资产价值的部分应当提取折旧费用分期扣除。融资租赁是指在实质上转移与一项资产所有权有关的全部风险和报酬的一种租赁。

12. 劳动保护费

企业发生的合理的劳动保护支出，准予扣除。

13. 公益性捐赠支出

公益性捐赠，是指企业通过公益性社会团体或者县级以上人民政府及其部门，用于《中华人民共和国公益事业捐赠法》规定的公益事业的捐赠。

企业发生的公益性捐赠支出，不超过年度利润总额12%的部分，准予扣除。年度利润总额，是指企业依照国家统一会计制度的规定计算的年度会计利润。

14. 有关资产的费用

企业转让各类固定资产发生的费用，允许扣除。企业按规定计算的固定资产折旧费、无形资产和递延资产的摊销费，准予扣除。

15. 总机构分摊的费用

非居民企业在中国境内设立的机构、场所，就其中国境外总机构发生的与该机构、场所生产经营有关的费用，能够提供总机构出具的费用汇集范围、定额、分配依据和方法等证明文件，并合理分摊的，准予扣除。

16. 资产损失

企业当期发生的固定资产和流动资产盘亏、毁损净损失，由其提供清查盘存资料经主管税务机关审核后，准予扣除；企业由于存货盘亏、毁损、报废等原因不得从销项税金中抵扣的进项税金，应视同企业财产损失，准予与存货损失一起在所得税前按规定扣除。

17. 依照有关法律、行政法规和国家有关税法规定准予扣除的其他项目

如会员费、合理的会议费、差旅费、违约金、诉讼费用等。

（四）不得扣除的项目

根据《企业所得税法》规定，企业在计算应纳税所得额时，下列支出不得扣除：

（1）向投资者支付的股息、红利等权益性投资收益款项；

（2）企业所得税税款；

（3）税收滞纳金，是指纳税人违反税收法规，被税务机关处以的滞纳金；

（4）罚金、罚款和被没收财物的损失，是指纳税人违反国家有关法律、法规规定，被有关部门处以的罚款，以及被司法机关处以的罚金和被没收的财物；

（5）超过规定标准的捐赠支出；

（6）赞助支出，是指企业发生的与生产经营活动无关的各种非广告性质支出；

（7）未经核定的准备金支出，是指不符合国务院财政、税务主管部门规定的各项资产减值准备、风险准备等准备金支出；

（8）企业之间支付的管理费、企业内营业机构之间支付的租金和特许权使用费，以及非银行企业内营业机构之间支付的利息，不得扣除；

（9）与取得收入无关的其他支出。

（五）亏损弥补

亏损是指企业依照企业所得税法及其实施条例的规定，将每一纳税年度的收入总额减除不征税收入、免税收入和各项扣除后小于零的数额。税法规定，企业某一纳税年度发生的亏损可以用下一年度的所得弥补，下一年度的所得不足以弥补的，可以逐年延续弥补，但最长不得超过5年。而且，企业在汇总计算缴纳企业所得税时，其境外营业机构的亏损不得抵减境内营业机构的盈利。企业筹办期间不计算为亏损年度。

三、资产的税务处理

资产是由于资本投资而形成的财产，对于资本性支出以及无形资产受让、开办、开发费用，不允许作为成本、费用从纳税人的收入总额中作一次性扣除，只能采取分次计提折旧或分次摊销的方式予以扣除，即纳税人经营活动中使用的固定资产的折旧费用、无形资产和长期待摊费用的摊销费用可以扣除。税法规定，纳入税务处理范围的资产形式主要有固定资产、无形资产、长期待摊费用、存货、投资资产等，均以历史成本为计税基础。历史成本是指企业取得该项资产时实际发生的支出。企业持有各项资产期间资产增值或者减值，除国务院财政、税务主管部门规定可以确认损益外，不得调整该资产的计税基础。

（一）固定资产的税务处理

固定资产是指企业为生产产品、提供劳务、出租或者经营管理而持有的，使用时间超过12个月的非货币性资产，包括房屋、建筑物、机器、机械、运输工具以及其他与生产经营活动有关的设备、器具、工具等。

1．固定资产计税基础

（1）外购的固定资产，以购买价款和支付的相关税费，以及直接归属于使该资产达到预定用途发生的其他支出为计税基础。

（2）自行建造的固定资产，以竣工结算前发生的支出为计税基础。

（3）融资租入的固定资产，以租赁合同约定的付款总额和承租人在签订租赁合同过程中发生的相关费用为计税基础。租赁合同未约定付款总额的，以该资产的公允价值和承租人在签订租赁合同过程中发生的相关费用为计税基础。

（4）盘盈的固定资产，以同类固定资产的重置完全价值为计税基础。

（5）通过捐赠、投资、非货币性资产交换、债务重组等方式取得的固定资产，以该资产的公允价值和支付的相关税费为计税基础。

（6）改建的固定资产除已足额提取折旧的固定资产和租入的固定资产以外的其他固定资产，以改建过程中发生的改建支出增加计税基础。

2．固定资产折旧的范围

在计算应纳税所得额时，企业按照规定计算的固定资产折旧，准予扣除。下列固定资产不得计算折旧扣除：

（1）房屋、建筑物以外未投入使用的固定资产；

（2）以经营租赁方式租入的固定资产；

（3）以融资租赁方式租出的固定资产；

（4）已足额提取折旧仍继续使用的固定资产；

（5）与经营活动无关的固定资产；

（6）单独估价作为固定资产入账的土地；

（7）其他不得计算折旧扣除的固定资产。

3．固定资产折旧的计提方法

（1）企业应当自固定资产投入使用月份的次月起计算折旧；停止使用的

固定资产，应当自停止使用月份的次月起停止计算折旧。

（2）企业应当根据固定资产的性质和使用情况，合理确定固定资产的预计净残值。固定资产的预计净残值一经确定，不得变更。

（3）固定资产按照直线法计算的折旧，准予扣除。

4. 固定资产折旧的计提年限

除国务院财政、税务主管部门另有规定外，固定资产计算折旧的最低年限如下：

（1）房屋、建筑物，为20年；

（2）飞机、火车、轮船、机器、机械和其他生产设备，为10年；

（3）与生产经营活动有关的器具、工具、家具等，为5年；

（4）飞机、火车、轮船以外的运输工具，为4年；

（5）电子设备，为3年。

（二）无形资产的税务处理

无形资产是指企业长期使用但没有实物形态的资产，包括专利权、商标权、著作权、土地使用权、非专利技术、商誉等。

1. 无形资产的计税基础

无形资产按照以下方法确定计税基础：

（1）外购的无形资产，以购买价款和支付的相关税费，以及直接归属于使该资产达到预定用途发生的其他支出为计税基础；

（2）自行开发的无形资产，以开发过程中该资产符合资本化条件后至达到预定用途前发生的支出为计税基础；

（3）通过捐赠、投资、非货币性资产交换、债务重组等方式取得的无形资产，以该资产的公允价值和支付的相关税费为计税基础。

2. 无形资产摊销的范围

在计算应纳税所得额时，企业按照规定计算的无形资产摊销费用，准予扣除。下列无形资产不得计算摊销费用扣除：

（1）自行开发的支出已在计算应纳税所得额时扣除的无形资产；

（2）自创商誉；

（3）与经营活动无关的无形资产；

（4）其他不得计算摊销费用扣除的无形资产。

3. 无形资产的摊销方法及年限

无形资产的摊销，采取直线法计算。无形资产的摊销年限不得低于10年。作为投资或者受让的无形资产，有关法律规定或者合同约定了使用年限的，可以按照规定或者约定的使用年限分期摊销。外购商誉的支出，在企业整体转让或者清算时，准予扣除。

（三）长期待摊费用的税务处理

长期待摊费用是指企业发生的应在一个年度以上或几个年度进行摊销的费用。在计算应纳税所得额时，企业发生的下列支出作为长期待摊费用，按照规定摊销的，准予扣除：

（1）已足额提取折旧的固定资产的改建支出；

（2）租入固定资产的改建支出；

（3）固定资产的大修理支出；

（4）其他应当作为长期待摊费用的支出。

企业的固定资产修理支出可在发生当期直接扣除。企业的固定资产改良支出，如果有关固定资产尚未提足折旧，可增加固定资产价值；如有关固定资产已提足折旧，可作为长期待摊费用，在规定的期间内平均摊销。

固定资产的改建支出是指改变房屋或者建筑物结构、延长使用年限等发生的支出。已足额提取折旧的固定资产的改建支出，按照固定资产预计尚可使用年限分期摊销；租入固定资产的改建支出，按照合同约定的剩余租赁期限分期摊销；改建的固定资产延长使用年限的，除已足额提取折旧的固定资产、租入固定资产的改建支出外，其他固定资产发生改建支出，应当适当延长折旧年限。

大修理支出，按照固定资产尚可使用年限分期摊销。

税法所指固定资产的大修理支出，是指同时符合下列条件的支出：

（1）修理支出达到取得固定资产时的计税基础50%以上；

（2）修理后固定资产的使用年限延长2年以上。

其他应当作为长期待摊费用的支出，自支出发生月份的次月起分期摊销，摊销年限不得低于3年。

（四）存货的税务处理

存货是指企业持有以备出售的产品或者商品、处在生产过程中的在产品、在生产或者提供劳务过程中耗用的材料和物料等。

1. 存货的计税基础

存货按照以下方法确定成本：

（1）通过支付现金方式取得的存货，以购买价款和支付的相关税费为成本；

（2）通过支付现金以外的方式取得的存货，以该存货的公允价值和支付的相关税费为成本；

（3）生产性生物资产收获的农产品，以产出或者采收过程中发生的材料费、人工费和分摊的间接费用等必要支出为成本。

2. 存货的成本计算方法

企业使用或者销售的存货的成本计算方法，可以在先进先出法、加权平均法、个别计价法中选用一种。计价方法一经选用，不得随意变更。

企业转让以上资产，在计算应纳税所得额时，资产的净值允许扣除。其中，资产的净值是指有关资产、财产的计税基础减除已经按照规定扣除的折旧、折耗、摊销、准备金等后的余额。

除国务院财政、税务主管部门另有规定外，企业在重组过程中，应当在交易发生时确认有关资产的转让所得或者损失，相关资产应当按照交易价格重新确定计税基础。

（五）投资资产的税务处理

投资资产是指企业对外进行权益性投资和债权性投资而形成的资产。

1. 投资资产的成本

投资资产按以下方法确定投资成本：

（1）通过支付现金方式取得的投资资产，以购买价款为成本；

（2）通过支付现金以外的方式取得的投资资产，以该资产的公允价值和支付的相关税费为成本。

2. 投资资产成本的扣除方法

企业对外投资期间，投资资产的成本在计算应纳税所得额时不得扣除，企业在转让或者处置投资资产时，投资资产的成本准予扣除。

第三节 企业所得税的计量

按照《企业所得税法》的规定，居民企业应纳税所得额为企业每一个纳税年度的收入总额减除不征税收入、免税收入、各项扣除以及允许弥补的以前年度亏损后的余额。基本公式为：

应纳税额 = 应纳税所得额 × 所得税税率

应纳税所得额 = 收入总额 - 不征税收入 - 免税收入 - 各项扣除 - 允许弥补的以前年度亏损

应纳税所得额 = 利润总额 ± 纳税调整项目金额

应纳所得税税额 = 上月（季）应纳税所得额 × 税率

纳税调整项目金额包括两方面的内容：一是企业的财务会计处理和税收规定不一致应予以调整的金额；二是企业按税法规定准予扣除的税收金额。

【例1】某企业为居民企业，2×15 年发生经营业务如下：

（1）取得产品销售收入 4 000 万元；

（2）发生产品销售成本 2 600 万元；

（3）发生销售费用 770 万元（其中广告费 650 万元），管理费用 480 万元（其中业务招待费 25 万元），财务费用 60 万元；

（4）销售税金 160 万元（含增值税 120 万元）；

（5）营业外收入 80 万元，营业外支出 50 万元（含通过公益性社会团体向贫困山区捐款 30 万元，支付税收滞纳金 6 万元）；

（6）计入成本、费用中的实发工资总额 200 万元，拨缴职工工会经费 5 万元，发生职工福利费 31 万元，发生职工教育经费 7 万元。

要求：计算该企业 2×15 年度实际应纳的企业所得税。

（1）会计利润总额 = 4 000 + 80 - 2 600 - 770 - 480 - 60 - 40 - 50
= 80（万元）

（2）广告费和业务宣传费调增所得额 = 650 - 4 000 × 15%
= 650 - 600 = 50（万元）

（3）业务招待费调增所得额 = 25 - 25 × 60% = 25 - 15 = 10（万元）
4 000 × 5‰ = 20（万元）> 25 × 60% = 15（万元）

（4）捐赠支出应调增所得额 = 30 - 80 × 12% = 20.4（万元）

（5）工会经费应调增所得额 = 5 - 200 × 2% = 1（万元）

（6）职工福利费应调增所得额 = 31 - 200 × 14% = 3（万元）

（7）职工教育经费应调增所得额 = 7 - 200 × 2.5% = 2（万元）

（8）应纳税所得额 = 80 + 50 + 10 + 20.4 + 6 + 1 + 3 + 2
= 172.4（万元）

（9）2×15 年底应缴企业所得税 = 172.4 × 25% = 43.1（万元）

第四节 企业所得税的会计处理

财务会计和税法体现着不同的经济关系，分别遵循不同的原则，服务于不同的目的。财务会计核算必须遵循公认会计原则，符合会计的概念框架以及会计准则对实务的要求，其目的是全面、真实、公允地反映企业的财务状况、经营成果，以及财务状况变动的全貌，为会计报表的使用者提供有用的财务信息资料，为投资者、债权人、企业管理者等方面进行决策提供可靠的依据。税法则是以课税为目的，根据经济合理、公平税负、促进竞争的原则，依据有关的税收法规，确定一定时期内纳税人应缴纳的税额。从所得税角度考虑，主要确定企业的应纳税所得额（以下简称“应税所得”），以对企业的经营所得及其他所得进行征税。它是国家调节经济活动，为宏观经济服务的一种必要手段。

财务会计和税收法规的本质差别在于确认收入实现和费用扣减的时间与标准的不同。由于财务会计是按照会计准则和制度核算收入、费用、利润、资产、负债等，税法是按照税收法规确认收入、费用、利润、资产、负债等，因此，按照财务会计方法计算的利润与按照税法规定计算的应税所得之间结果不一定相同。

所得税会计原理就是研究如何处理按照会计准则确认的资产和负债的账面价值或税前会计利润（Accounting Profit）与按照税法确认的资产和负债计税基础（Tax Basis）或应税所得之间差异的会计理论和方法。这里所指的会计准则是进行财务会计核算的基础，是各类会计法规的统称；税法是有关税收法规的统称。

一、所得税会计的产生和发展

从20世纪50年代初起，企业所得税会计处理就已经成为引起最大争议的课题，争论主要围绕着所得税的分摊问题。有关会计人士提出，为了更好地反映各项收益，所得税能否像其他费用一样在各期间进行分配？如果能够进行分配，其理论基础是什么？如何进行这一分配？

在美国，美国会计师协会中的会计程序委员会1944年发布的第23号公告是第一个建议对实际发生的应付所得税进行期内和跨期分配的权威性会计公告。1954年美国开始展开关于所得税分配的持久争论，在这一年中，其颁布的收入法案允许出于税法目的采用加速折旧方法（如年限总和法），而出于会计目的计算的折旧一般采用直线法，随之产生了出于会计目的和出于税法目的而记录的折旧之间的重大差异。1967 年，美国会计原则委员会（APB，即美国财务会计原则委员会 FASB 的前身）发布了第 11 号意见书，取消了所得税会计处理中的“当期计列法”（即应付税款法），并确定采用“全面所得税分摊法”。APB 第 11 号意见书要求采用递延所得税法来核算所得税，目的是将所得税费用和相关的当年的收入与费用相配比。在全面所得税分摊法下，如果在某一年度为会计和税法目的而确认的收入和费用存在时间上的差异对未来所得税的影响金额，可以在时间性差异转回的时候递延于未来的年度中。APB 第 11 号意见书颁布以后，美国会计原则委员会相继公布了一些直接阐述所得税会计的意见、公报和解释。这些声明所阐述的内容，是为了补充第 11 号意见书中提出的法规或对有关问题作进一步的解释，并对第 11 号意见书中的一些概念提供具体的运用方法。但是，众多批评家对第 11 号意见书提出评论，他们认为，运用这种方法，在理解和应用上都十分困难，导致了各种不同的解释，从而在实践中产生很大的分歧。这种处理方法运用时的成本过高，但并未产生更多的利益，即运用这种方法提供的会计信息对会计报表阅读者而言也未产生预期的效果。而且，APB 第 11 号意见书过分强调递延税款贷项的重要性，不符合会计原则中的有关概念。同时，他们认为，APB 第 11 号意见书与国际上的做法不一致。

1982 年，美国会计原则委员会重新考虑所得税会计。1986 年，委员会发布了《所得税会计征求意见稿》，征求意见稿中建议采用资产和负债法来对当年和以前年度由企业经营活动所产生的所得税的影响进行核算。1987 年 1 月，委员会组织了关于对征求意见稿的意见听取会。根据收到的评论和公众听取意见会上的信息，委员会重新考虑了其在征求意见稿中的建议。1987 年 12 月，FASB 发布了第 96 号公告《所得税会计》，该公告应用于 1988 年 12 月 15 日以后的财务年度的会计报表，但是第 96 号公告发布后由于对所得税会计的处理原则以及方法仍然存在不同的意见，FASB 曾两次推迟其执行时间，并推迟至 1992 年 12 月 15 日以后财务年度的会计报表。1989 年 3 月，委员会发布了特别报告《对实行第 96 号公告〈所得税会计〉的指导》。第 96 号公告发布后，委员会收到了一些评论家的意见，要求修改该公告，改变确认和计量递延所得税资产的标准，减少安排未来暂时性差异转回时间方面的复杂性及考虑有前提的税收计划战略的要求。1989 年 3 月，委员会开始对第 96 号公告进行修改。1991 年 6 月，委员会发布了《所得税会计征求意见稿》，该征求意见稿保留了第 96 号公告中以资产和负债法核算和报告所得税的规定，但是减少了准则的复杂性，并改变了确认和计量所得税资产的标准，经过征求意见，于 1991 年

10月最终完成了第109号公告。

国际会计准则委员会（IASC）于1979年7月发布了第12号公告《所得税会计》，要求采用纳税影响会计法进行所得税会计处理；1985年，国际会计准则委员会成立了课题组，专门研究修改第12号公告；1989年1月，国际会计准则委员会发布了《所得税会计征求意见稿》（E 33），建议采用损益表债务法进行所得税会计处理；1994年10月，国际会计准则委员会再次发布了《所得税会计征求意见稿》（E 49），该征求意见稿基本上采纳了美国第109号公告所提出的处理办法；1996年，国际会计准则委员会正式发布了修订后的《国际会计准则12——所得税》（IAS 12），新发布的准则所采用的方法和原则与E 49基本一致。这份经过实质性修订的IAS 12于1998年生效。2000年，IASC根据研究进展，对IAS 12作了进一步有限的修订。IAS 12强调：企业所得税的期间分配的计算要采用债务法。债务法侧重于资产负债表，以准确、恰当地计算资产和负债为最高目标，尤其是恰当地列报递延所得税资产和负债，使其符合IASC概念框架中资产和负债的定义。

在我国，1994年以前，会计法规与税法在收入、费用、利润、资产、负债等确认和计量方面基本一致，按会计法规规定计算的税前会计利润与按税法规定计算的应税所得基本一致。1992年9月4日，第七届全国人民代表大会常务委员会第二十七次会议修订的《中华人民共和国税收征收管理法》第十三条规定，从事生产、经营的纳税人的财务会计制度或者财务会计处理办法与国务院或者国务院财政、税务主管部门有关税收的规定抵触的，应当按照国务院或者国务院财政、税务部门有关税收的规定计算纳税。1994年税制改革以后，会计准则与税法中对有关收益、费用或损失等的确认方法产生了较大的差异。随着我国的税法与会计准则在确认收益、费用或损失等方面差异的逐步扩大，为了真实反映企业的财务状况和经营成果，财政部于1994年发布了《企业所得税会计处理的暂行规定》，规定中对所得税会计处理作了如下几点调整：

（1）明确企业可以选择采用“应付税款法”或“纳税影响会计法”进行所得税会计核算。采用“纳税影响会计法”核算的企业，可以在递延法和债务法两种方法中选择。

（2）确认所得税作为一项费用，在利润表净利润前扣除。

（3）采用纳税影响会计法核算时，确认时间性差异对未来所得税的影响，并将其金额反映在资产负债表的递延借项或递延贷项项目内。

2001年，财政部将所得税会计作为制度正式写入《企业会计制度》，使得所得税账务处理日趋完善，同时对规范我国所得税会计处理起着重要的指导作用。

2007 年，为了加快国际趋同的步伐，规范企业所得税的确认、计量和相关信息的列报，财政部推出《企业会计准则第 18 号——所得税》。准则按照国际财务报告准则的要求，强调企业采用资产负债表债务法。

二、所得税会计的理论基础

(一) 当期计列法与跨期所得税分摊

会计准则与税法在收益、费用、资产、负债等的确认、计量方面的差异所导致的税前会计利润与应税所得之间的差异，在进行所得税会计处理时，是按照应税所得与现行所得税税率计算的所得税金额作为本期所得税费用，还是按照收益与费用配比原则计算的所得税作为本期所得税费用，对于发生的时间性差异是否需要在会计报表上作为一项要素予以确认和计量，也就是所得税费用是采用当期计列法，还是采用跨期所得税分摊法，存在着不同的观点。这两种方法从不同的角度分析了所得税费用与税前会计利润或应税所得之间的关系，以及时间性差异的所得税影响是否构成资产或负债的定义，从而形成了在所得税会计处理中理论上争论的一个主要问题。

1. 当期计列法（即应付税款法）

当期计列法，是以企业纳税申报表上所列示的本期应付所得税作为本期所得税费用，列入利润表。采用这种方法，会计准则与税法之间产生的各种差异均于本期确认所得税费用，本期所得税费用等于本期应交所得税。当期计列法的基本观点是，所得税与应税所得存在着必然的联系。所得税只来源于应税所得，即只有当经济事项的所得与确定该期的应税所得结合起来时才产生所得税。会计核算的重点放在当发生应税所得时，对当期所得税费用才予以确认，而不必将所得税与企业的税前会计利润联系起来，相对简单，易操作。

2. 跨期所得税分摊

跨期所得税分摊，指将时间性差异所产生的未来所得税影响数分别确认为负债或资产，并将此所得税影响数递延至以后期间分别确认为所得税费用（或利益）。采用这种方法，本期发生的时间性差异在资产负债表上确认为一项负债或一项资产，同时确认本期所得税费用（或利益）。跨期所得税分摊的基本观点是，在交易或事项影响会计报表收益的期间，应当确认同期对所得税费用的纳税影响。所得税是由交易或事项引起的，一个时期的经营成果与所得税有密切的联系，因此，当交易或事项产生会计收益时，应于同期间确认所得税费用，以遵循配比原则。跨期所得税分摊所计算的本期所得税费用直接与本期税前会计利润相联系，能真实反映企业各期的净利润，避免采用当期计列法时所造成各期间净利润忽高忽低。

采用跨期所得税分摊，掩盖了真实的经营成果。跨期所得税分摊得出的净利润是虚设的，使其人为地均衡各期收益，它掩盖了管理者试图减轻税负的行为。

尽管存在不同的意见，但国际会计准则委员会以及国外主要国家均采用跨期所得税分摊。

（二）所得税分摊的程度

跨期所得税分摊的基本理论是，所有时间性差异都会产生所得税影响，而这些影响应与产生这些时间性差异的经济事项的会计报告相匹配。尽管目前世界上主要国家都采用跨期所得税分摊，但在如何分摊、分摊到何种程度上，又有不同的选择。其主要选择有部分分摊和全面分摊两种。

1. 部分分摊

部分分摊，指对非重复发生的时间性差异才作跨期所得税分摊，而对那些重复发生的时间性差异则不需要采用跨期所得税分摊。在重复发生时间性差异的情况下，由于那些重复发生的时间性差异，在原有时间性差异转回时又发生新的时间性差异予以抵销，而使原确认的时间性差异对所得税的影响金额永远不需要支付或不可抵减，会计确认今后不能转回的时间性差异对所得税的影响金额是毫无意义的。如固定资产折旧，会计报表上采用直线法，税法上按年数总和法在应税所得前予以扣除，在资产有效使用期限的前一段期间，会产生应纳税时间性差异，而在后一段期间转回时会产生应税所得。但在转回应纳税时间性差异时因又购置了新的固定资产，产生新的应纳税时间性差异，抵销了原应转回的时间性差异。因此，主张部分分摊者认为，此种差异所产生的递延负债是一种或有负债，通常不会产生现金流出，因而不能确认由此产生的所得税影响，即不需要作跨期所得税分摊。采用部分分摊法时，只对那些预期在未来能够转回的时间性差异对所得税的影响予以确认、计量并递延。

2. 全面分摊

全面分摊，指在进行所得税会计处理时，对所有的时间性差异都作跨期所得税分摊，即无论是重复发生的，还是非重复发生的时间性差异，都应确认对未来所得税的影响。主张全面分摊者认为，根据时间性差异的定义可知，既然是时间性的就不可能是永久性的，每个时间性差异都可以转回，而不应受未来事项的影响。会计应以本期或者过去交易或事项作为基础进行计量和确认，而不应将预测的未来可能产生的交易或事项与过去的交易或事项进行抵销。未来可能产生的时间性差异对所得税的影响与已确认的时间性差异对所得税的影响的抵销，并不意味着这种时间性差异的纳税影响不能确切计量，尽管两个经济事项的纳税影响可以互相抵销，但并不影响它们各自独立的确认和计量。部分分摊是基于经济持续繁荣，并且不发生任何意外的假设，在这一假设不成立时，往往导致递延税款账户的部分或全部结算，即可能造成未来所得税的支付或所得税减少，而账户是反映现存事项的经济结果，会计不能建立在有疑问的假设基础上，因此，无论是重复发生的，还是非重复发生的时间性差异对所得税的影响，均应作跨期所得税分摊。

据资料显示，澳大利亚要求企业一律采用全面分摊；加拿大、美国和国际会计准则要求大多数情况下采用全面分摊，但也允许对少数可个别辨认的时间性差异采用部分分摊；德国、中国香港则对预计今后不可转回的时间性差异采用部分分摊。

（三）所得税的性质

另外一个引起争论的问题是，所得税究竟是一项费用，还是收益的分配。确定所得税的性质也是确定是采用当期计列法进行所得税会计处理，还是采用跨期所得税分摊的前提，即所得税如为费用才能递延，而如为收益的分配则不能递延。

1. 所得税作为收益的分配

主张所得税作为收益的分配者认为，企业本期利润中负担的所得税是企业纯收入的一部分，其性质是利润的分配，而不是费用，它的性质与利润计算公式中的："收入－费用（或成本）＝利润"中的费用是不一样的，所得税与股利性质相同，股利是支付给股东的，所得税是支付给政府的。

2. 所得税是一项费用

主张所得税是一项费用者认为，企业为最终拥有的净利润而发生的一切支出都是费用，所得税也是为了使企业最终获得净利润而发生的支出，应作为一项费用。他们认为：所得税与企业缴纳的房产税、印花税一样，是企业的一项费用支出，区别仅是计税依据不同。所得税是否作为费用，应视其费用的定义。费用通常指企业为了取得一定收入或进行其他生产、经营活动而导致企业经济利益的减少，这种经济利益的减少主要表现为资产的流出或负债的增加，所得税也是企业为取得一定的收益而导致的资产流出，应将其作为费用处理。

尽管各种观点不同，但国际会计准则委员会以及世界上一些主要国家均把所得税作为一项费用看待，在净利润前扣除。

三、时间性差异和永久性差异

（一）时间性差异（Timing Differences）

时间性差异，指税法与会计准则因在确认收益、费用或损失时的时间不同而产生的税前会计利润与应纳税所得额的差异。时间性差异发生于某一会计期间，但在以后一期或若干期内能够转回。时间性差异主要有以下四种类型：

（1）企业获得的某项收益，在会计报表上确认为当期收益，但按照税法规定需待以后期间确认为应税所得。如按照会计制度规定，对长期投资采用权益法核算的企业，应在期末按照被投资企业的净利润以及投资比例确认投资收益；但按照税法规定，投资企业投资收益需待被投资企业实际分得利润或于被投资企业宣告分派利润时才计入应税所得，从而产生应纳税时间性差异。这里的应纳税时间性差异是指未来应增加应税所得的时间性差异。

（2）企业发生的某项费用或损失，在会计报表上确认为当期费用或损失，但按照税法规定待以后期间从应税所得中扣减。如产品保修费用，按照权责发生制原则可于产品销售的当期计提；但按照税法规定于实际发生时从应税所得中扣减，从而产生可抵减时间性差异。这里的可抵减时间性差异是指未来可以从应税所得中扣除的时间性差异。

（3）企业获得的某项收益，在会计报表上于以后期间确认收益，但按照税法规定需计入当期应税所得。如某些收益按照税法规定在逾期一定时期后仍然未支付的，应确认为收益，计入应税所得；但按照会计确定的原则，可以视具体情况于以后期间确认收益，从而产生可抵减时间性差异。

（4）企业发生的某项费用或损失，在会计报表上于以后期间确认为费用或损失，但按照税法规定可以从当期应税所得中扣减。如固定资产折旧，按照税法规定可以采用加速折旧方法；出于财务会计目的采用直线法，在固定资产使用初期，从应税所得中扣减的折旧金额会大于计入当期损益的折旧金额，从而产生应纳税时间性差异。

时间性差异的基本特征是，某项收益或费用和损失均可计入税前会计利润和应税所得，但计入税前会计利润和应税所得的时间不同。上述（1）（4）项差异，会使本期税前会计利润大于应税所得，从而产生应纳税时间性差异；而（2）（3）项差异，会使税前会计利润小于应税所得，从而产生可抵减时间性差异。上述差异是由于会计制度确认损益的时间与税法规定确认损益的时间不同所造成的，因此称其为时间性差异。

（二）永久性差异（Permanent Differences）

永久性差异，指某一会计期间，由于会计准则和税法在计算收益、费用或损失时的口径不同，所产生的税前会计利润与应纳税所得额之间的差异。这种差异在本期发生，不会在以后各期转回。永久性差异有以下四种类型：

（1）按会计准则规定核算时作为收益记入会计报表，在计算应税所得时不确认为收益。会计准则与税法对收益的确认标准不同，在某些情况下，会计准则将其作为收益记入利润表，但在计算应税所得时则不作为收益。如我国税收法规规定，企业购买的国债利息收入不计入应税所得，不缴纳所得税；但按照会计规定，企业购买国债产生的利息收入，计入当期损益。

（2）按会计准则规定核算时不作为收益记入会计报表，在计算应税所得时作为收益，需要缴纳所得税。某些收益按照税法规定应计入应税所得，但按会计准则规定的原则不确认为收益，不记入利润表。如企业以自己生产的产品用于工程项目，税法上规定按该产品的售价与成本的差额计入应税所得；但按会计准则规定则按成本转账，不产生利润，不计入当期损益。

（3）按会计规定核算时确认为费用或损失记入会计报表，在计算应税所得时则不允许扣减。如各种赞助费，按会计准则规定记入当期利润表，减少当期利润，但在计算应税所得时则不允许扣减。

（4）按会计准则规定核算时不确认为费用或损失，在计算应税所得时则允许扣减。如加计扣除费用，按照会计要求，这些费用或损失不能记入利润表，但在计算应税所得时允许抵减。

从产生永久性差异的四种情况看，可归结为两类：一类是作为税前会计利润的收益和可在税前会计利润中扣除的费用或损失，但不作为计算应税所得的收益和不能在应税所得前扣除的费用或损失；另一类是不作为税前会计利润的收益和不能在税前会计利润中扣除的费用或损失，但在计算应税所得时作为收益和可在应税所得前扣除的费用或损失。由此产生两种结果：一是税前会计利润大于应税所得［即上述（1）（4）情况］；二是税前会计利润小于应税所得［即上述（2）（3）情况］。在第一种结果下产生的永久性差异不需要缴纳所得税，在计算应税所得时，从税前会计利润中扣除永久性差异，将税前会计利润调整为应税所得；在第二种结果下产生的永久性差异需要缴纳所得税，永久性差异产生的应交所得税应在当期确认所得税费用。在计算应税所得时，应将税前会计利润调整为应税所得。在仅存在永久性差异的情况下，按照税前会计利润加减永久性差异调整为应税所得，按照应税所得和现行所得税税率计算的应交所得税作为当期所得税费用。

四、会计处理方法

会计法规与税法在收益、费用或损失的确认和计量原则方面的不同，而导致按照会计法规计算的税前会计利润与按照税法规定计算的应税所得之间的差异，在会计核算中可以采用两种不同的方法进行处理，即应付税款法和纳税影响会计法。

（一）科目设置

在进行所得税会计核算时，需要设置以下会计科目：

（1）“所得税费用（Tax Expense）”科目，核算企业从本期损益中扣除的所得税费用其借方发生额，反映企业计入本期损益的所得税费用；贷方发生额，反映转入“本年利润”科目的所得税费用。期末结转本年利润后，“所得税费用”科目无余额。

（2）“递延所得税资产（Deferred Tax Asset）”科目，核算企业资产负债观下确认的可抵扣暂时性差异产生的递延所得税资产。本科目应按可抵扣暂时性差异等项目进行明细核算。根据税法规定，可用以后年度税前利润弥补的亏损及税款抵减产生的所得税资产，也在本科目核算。本科目期末借方余额，反映企业确认的递延所得税资产。具体核算参见“资产负债表债务法”部分。

（3）“递延所得税负债（Deferred Tax Liability）”科目，核算企业确认的应纳税暂时性差异产生的所得税负债。本科目可按应纳税暂时性差异的项目进行明细核算。本科目期末贷方余额，反映企业确认的递延所得税负债。具体核算参见“资产负债表债务法”部分。

（4）“递延税款（Deferred Tax）”科目，核算企业收入费用观下由于时间性差异产生的影响所得税费用的金额，以及以后各期转回的金额。其贷方发生额，反映企业本期时间性差异所产生的未来应缴纳的所得税费用金额，以及本期转回原已确认的可抵减本期应税所得的时间性差异的所得税金额；其借方发生额，反映企业本期时间性差异所产生的未来可抵减的所得税金额，以及本期转回原已确认的本期应计入应税所得的时间性差异的所得税金额；期末贷方（或借方）余额，反映已确认但尚未转回的时间性差异对未来所得税的影响金额。

采用债务法时，“递延税款”的贷方（或借方）发生额，还反映税率变动或开征新税调整的递延税款金额。

（5）“应交税费”科目，核算企业按照税法等规定计算应缴纳的各种税费，包括增值税、消费税、营业税、所得税、资源税、土地增值税、城市维护建设税、房产税、土地使用税、车船使用税、教育费附加、矿产资源补偿费等。企业代扣代缴的个人所得税等，也通过本科目核算。

对于一个企业而言，若根据企业会计规定，所得税费用的会计处理只能选择一种方法进行核算，即一个企业或者采用应付税款法进行核算，或者采用纳税影响会计法进行核算。在选择采用应付税款法进行所得税费用会计处理时，由于不核算时间性差异对未来所得税费用的影响金额，只需要设置“所得税费用”科目，不需要设置“递延税款”科目。在我国，小企业会计准则规定采用应付税款法；在选择采用纳税影响会计法进行所得税费用会计处理时，由于需要核算时间性差异对未来所得税的影响金额，因而需要设置“所得税费用”和递延税项进行反映，我国企业会计准则选择这种方法。

（二）应付税款法

应付税款法是将本期税前会计利润与应税所得之间产生的差异均在当期确认所得税费用。这种核算方法的特点是，本期所得税费用按照本期应税所得与适用的所得税税率计算的应交所得税，即本期从净利润中扣除的所得税费用等于本期应交的所得税。时间性差异产生的影响所得税的金额均在本期确认所得税费用，或在本期抵减所得税费用。时间性差异产生的影响所得税的金额，在会计报表中不反映为一项负债或一项资产。例如，按照我国税法规定，企业实际支付给职工的工资可以全部计入成本费用，却又给企业规定一个合理计税工资总额，即无论企业实际支出多少工资，都可计入成本费用，不过在计算应税所得时只能按不超过合理计税工资总额的金额从应税所得中扣除。在这种情况下，按合理计税工资总额计算的应税所得和按实际发放的工资总额计算的税前会计利润之间可能产生一个差额。又如，企业采用的会计折旧方法若与税法规定不一致，则可能产生税前会计利润与应税所得不一致。在采用应付税款法进行处理时，应按税法规定，对本期税前会计利润进行调整，调整为应税所得。按照应税所得计算的本期应交所得税，作为本期的所得税费用。

【例 1】A 企业核定的全年合理计税工资总额为 100 000 元，2×15 年实际发放的工资为 120 000 元。该企业固定资产折旧采用直线法，本年折旧额为 50 000元；按照税法规定采用双倍余额递减法，本年折旧额为65 000 元。该企业 2×15 年利润表上反映的税前会计利润为 150 000 元，所得税税率为 25%。该企业本期应交所得税和本期所得税费用如下：

税前会计利润	150 000
加：永久性差异	20 000
减：时间性差异	15 000
应税所得	155 000
所得税税率	25%
本期应交所得税	38 750
本期所得税费用	38 750

（1）2×15 年会计分录如下：

借：所得税费用（所得税）　　38 750

　贷：应交税费——应交所得税　　38 750

（2）实际上交所得税时：

借：应交税费——应交所得税　　38 750

　贷：银行存款　　38 750

本期发生会计折旧 50 000 元，与按税法规定可在应税所得前扣除的折旧费用 65 000 元之间的差异为 15 000 元，如按照现行所得税税率 25% 计算，影响当期所得税费用的金额为 3 750 元。本期计税工资总额为 100 000 元，实际发放工资为 120 000 元，两者相差 20 000 元，影响当期所得税费用的金额为 5 000元。

可见，在应付税款法下，本期发生的时间性差异不单独核算，与本期发生的永久性差异同样处理。也就是说，不管税前会计利润多少，在计算缴纳所得税时均应按税法规定对税前会计利润进行调整，调整为应税所得，再按应税所得计算出本期应交的所得税，作为本期所得税费用，即本期所得税费用等于本期应交所得税。

（三）纳税影响会计法

纳税影响会计法，是在收入费用观下将本期时间性差异的所得税影响金额，递延和分配到以后各期。采用纳税影响会计法，所得税被视为企业在获得收益时发生的一项费用，并应随同有关的收入和费用计入同一期内，以达到收入和费用的配比。时间性差异影响的所得税金额，包括在利润表的所得税项目内，以及资产负债表中的递延税款余额里。

纳税影响会计法与应付税款法的主要区别是：应付税款法不确认时间性差异对所得税的影响金额，时间性差异的所得税影响金额确认为本期所得税费用或抵减本期所得税费用；纳税影响会计法确认时间性差异的所得税影响，并将确认的时间性差异的所得税影响金额计入递延税款的借方或贷方，同时确认所得税费用或抵减所得税费用。例如，企业本期折旧费用 3 000 元，税法允许在应税所得前扣除的折旧费用为4 000元，所得税税率为25%，在采用纳税影响会计法核算时，这项时间性差异的所得税影响金额为250元［（4 000－3 000）×25%］，记入“递延税款”科目的贷方，表明在未来计入损益的折旧费用大于税法允许在应税所得前扣除的折旧费用时应缴纳的所得税。同时，由于本期折旧费用为3 000元，小于允许在应税所得前扣除的折旧费用（在不存在其他因素的情况下），会使税前会计利润大于应税所得，为使本期实现的税前会计利润与所得税费用相配比，时间性差异1 000元产生的所得税影响金额250元，作为本期所得税费用，计入本期损益。在采用应付税款法核算时，时间性差异1 000元产生的所得税影响金额250元，作为减少本期所得税费用的因素。

纳税影响会计法与应付税款法的共同点是：按会计规定计算的税前会计利润与按税法规定计算的应税所得之间产生的永久性差异，均在产生的当期确认为所得税费用或抵减所得税费用。

1．税率不变情况下的会计处理

在采用纳税影响会计法核算所得税时，假如所得税税率保持不变，则本期发生的时间性差异对未来所得税的影响，表明今后转回时间性差异时应付或可抵减的所得税。下面以例子说明在所得税税率不变的情况下，采用纳税影响会计法的核算方法。

【例2】A企业核定的全年合理计税工资总额为100 000元，2×15年实际发放的工资为120 000元。该企业固定资产折旧采用直线法，本年折旧额为50 000元；按照税法规定采用双倍余额递减法，本年折旧额为65 000元。该企业2×15年利润表上反映的税前会计利润为150 000元，所得税税率为25%。该企业本期应交所得税和本期所得税费用如下（注：本例与上例采用应付税款法核算的例子相同）：

税前会计利润	150 000
加：永久性差异	20 000
减：时间性差异	15 000
应税所得	155 000
所得税税率	25%
本期应交所得税	38 750
应纳税时间性差异的所得税影响金额	3 750（15 000×25%）
本期所得税费用	42 500（38 750＋3 750）

2×15年会计分录：

借：所得税费用	42 500	
贷：应交税费——应交所得税		38 750
递延税款		3 750

由上述例子可知：

（1）采用应付税款法时，不确认本期发生的时间性差异对未来所得税的影响金额，按照本期应税所得计算的应交所得税作为本期所得税费用；在采用纳税影响会计法时，需要确认时间性差异对未来所得税的影响金额，并作为本期所得税费用的组成部分。在本例中，按照应付税款法计算的本期所得税费用为38 750元，按照纳税影响会计法计算的本期所得税费用为42 500元，两种计算方法对本期所得税费用的影响金额为3 750元，即为应纳税时间性差异对未来所得税的影响金额。也就是说，在其他条件不变的情况下，未来就该项固定资产折旧上的差异需要缴纳3 750元的所得税。

（2）采用应付税款法或纳税影响会计法核算时，对永久性差异的处理方法是一致的，即永久性差异确认为本期所得税费用或抵减本期所得税费用。当本期发生的永久性差异已从税前会计利润扣除，但不能在应税所得前扣除时，本期发生的永久性差异则构成本期所得税费用。例如，某企业本期实现的税前会计利润为350 000元，本期发生的违反税收的罚款10 000元，这10 000元已经从税前会计利润中扣除，但在计算应税所得时不允许扣除，假如该企业所得税税率为25%，该企业计算的应税所得为360 000元（350 000＋10 000），大于税前会计利润10 000元，这10 000元应缴纳的所得税为2 500元，确认为本期所得税费用；当本期发生的永久性差异未从税前会计利润中扣除，但能够从本期应税所得前扣除时，则本期发生的永久性差异成为抵减本期所得税费用的因素。例如，某企业本期实现的税前会计利润为300 000元，原未计入税前会计利润的支出为20 000元，可从应税所得前扣除，假如该企业所得税税率为25%，该企业计算的应税所得为280 000元（300 000－20 000），大于税前会计利润20 000元，这20 000元可抵减本期所得税费用的金额为5 000元（20 000×25%）。虽然采用应付税款法和纳税影响会计法，对永久性差异的处理方法是一致的，但是，两者的核算基础不同，应付税款法是在收付实现制基础上进行的会计所得税会计，而纳税影响会计法是在权责发生制基础上进行的会计处理。

（3）采用纳税影响会计法核算时，在不存在永久性差异和其他某些特殊情况下，本期所得税费用是按照会计准则计算的本期税前会计利润所应承担的所得税费用，符合配比原则，即一定时期的收益与一定时期的所得税费用相配比。例如，某企业本期实现的税前会计利润为500 000元，本期发生的应纳税时间性差异为50 000元，假如该企业所得税税率为25%，并无其他纳税调整事项，则该企业本期应交所得税为112 500元（450 000×25%），本期递延税款贷方发生额为12 500元（50 000×25%），本期所得税费用为125 000元

（112 500＋12 500）。这样处理的结果使本期所得税费用反映现行的所得税税率为25%（125 000÷500 000）。

2. 税率变动情况下的会计处理

在具体运用纳税影响会计法核算时，有两种可供选择的方法，即递延法和债务法。在所得税税率不变的情况下，无论是采用递延法还是债务法核算，其结果都相同；但在所得税税率变动的情况下，两种处理方法的结果则不完全相同。

（1）递延法：将本期时间性差异产生的影响所得税的金额，递延和分配到以后各期，同时转回原已确认的时间性差异对本期所得税的影响金额。

递延法的特点在于：①采用递延法核算时，资产负债表上反映的递延税款余额，并不代表收款的权利或付款的义务。采用递延法进行会计处理时，递延税款的账面余额是按照产生时间性差异的时期所适用的所得税税率计算确认，而不是用现行税率计算的。在税率变动或开征新税时，对递延税款的账面余额不作调整，即递延税款账面余额不符合负债和资产的定义，不能完全反映为企业的一项负债或一项资产。例如，一项固定资产折旧在第一年产生应纳税时间性差异200 000元，当时的所得税税率为25%，则产生递延税款贷方金额50 000元（200 000×25%）。第二年又产生200 000元应纳税时间性差异，但第二年的税率改为20%，第二年产生的递延税款贷方金额为40 000元（200 000×20%），第二年年末递延税款的累计贷方余额为90 000元（50 000＋40 000），不完全是企业未来应交的所得税，而未来应付的所得税为80 000元。所以，在递延法下，资产负债表上反映的递延税款余额不代表收款的权利或付款的义务，只能视其为一项借项或贷项记入“递延税款”科目。②本期发生的时间性差异影响所得税的金额用现行税率计算，以前的税率差额不在当期进行调整，转回的各项时间性差异影响所得税的金额，一般用当初的原有税率计算，当原有税率的时间性差异影响所得税金额转完后，再用变动后的新税率继续结转。如上例，如果该项固定资产的折旧所产生的时间性差异在第三年转回100 000元，虽然所得税税率已经改为20%，仍然应按照第一年25%的所得税税率计算转回，即第三年转回的递延税款金额为25 000元（100 000×25%）。

采用递延法时，一定时期的所得税费用包括：①本期应交所得税；②本期发生或转回的时间性差异所产生的递延税款贷项或借项。

上述本期应交所得税，是指按照应税所得和现行所得税税率计算的本期应交所得税。本期发生或转回的时间性差异所产生的递延税款贷项或借项，是指本期发生的时间性差异用现行所得税税率计算的未来应缴纳的所得税和未来可抵减的所得税会计税金额，以及本期转回原确认的递延税款借项或贷项。按照上述本期所得税费用的构成内容，可列示公式如下：

本期所得税费用＝本期应交所得税＋本期发生的时间性差异所产生的递延税款贷项金额－本期发生的时间性差异所产生的递延税款借项金额＋本期转回的前期确认的递延税款借项金额－本期转回的前期确认的递延税款贷项金额

本期发生的时间性差异所产生的递延税款贷项金额＝本期发生的应纳税时间性差异×现行所得税税率

本期发生的时间性差异所产生的递延税款借项金额＝本期发生的可抵减时间性差异×现行所得税税率

本期转回的前期确认的递延税款借项金额＝本期转回的可抵减本期应税所得的时间性差异（即前期确认本期转回的可抵减时间性差异）×前期确认递延税款时的所得税税率

本期转回的前期确认的递延税款贷项金额＝本期转回的增加本期应税所得的时间性差异（即前期确认本期转回的应纳税时间性差异）×前期确认递延税款时的所得税税率

【例3】假如A企业2×16年所得税税率改为20%，本年实现的税前会计利润与2×15年相同，2×15年的会计处理同例2。其他资料如例1。该企业2×16年所作的会计处理如下：

税前会计利润	150 000
加：永久性差异	20 000
减：时间性差异	15 000
应税所得	155 000
所得税税率	20%
本期应交所得税	31 000
应纳税时间性差异的所得税影响金额	3 000（15 000×20%）
本期所得税费用	34 000（31 000＋3 000）

2×16 年的会计分录：

借：所得税费用　　34 000
　贷：应交税费——应交所得税　　31 000
　　　递延税款　　3 000

（2）债务法：指本期由于时间性差异产生的影响所得税的金额，递延和分配到以后各期，并同时转回已确认的时间性差异的所得税影响金额，在税率变动或开征新税时，需要调整递延税款的账面余额。

债务法的特点在于：①本期的时间性差异预计对未来所得税的影响金额，在资产负债表上作为未来应付税款的债务，或者作为代表预付未来税款的资产。采用债务法进行会计处理时，递延税款的账面余额按照现行所得税税率计算，而不是按照产生时间性差异的时期所适用的所得税税率计算。因此，在税率变动或开征新税时，递延税款的账面余额要进行相应的调整。例如，一项固定资产折旧在第一年产生应纳税时间性差异 300 000 元，当时的所得税税率为 25%，则产生递延税款贷方发生额 75 000 元（300 000 × 25%）。第二年又产生 300 000 元的应纳税时间性差异，但第二年的税率改为 20%，第二年产生的应纳税时间性差异所形成的递延税款贷方发生额为 60 000 元（300 000 × 20%）；同时，由于第一年发生的应纳税时间性差异所形成的递延税款贷方余额，是按照原 25% 的所得税税率计算的结果，如果以后年度所得税税率均为 20%，则第二年年末累计应纳税时间性差异的所得税影响金额应为 120 000 元（600 000 × 20%），即递延税款账面余额在第二年年末应为 120 000 元。但是，由于该企业第一年应纳税时间性差异是按照 25% 的所得税税率计算的，至第二年年末时，递延税款账面余额实际为 135 000 元（300 000 × 25% + 300 000 × 20%）。在采用债务法时，应将原多计的 15 000 元（300 000 × 5%）调整为本期所得税费用，表明原计入损益的所得税费用多计了 15 000 元，使递延税款的账面余额等于累计时间性差异与现行所得税税率的乘积。所以，从理论上讲，债务法比递延法更科学，即按照债务法计算的递延税款账面余额，在资产负债表上反映为一项负债或一项资产。②在采用债务法时，本期发生或转回的时间性差异的所得税影响金额，均应用现行税率计算确定。

采用债务法时，一定时期的所得税费用包括：①本期应交所得税；②本期发生或转回的时间性差异所产生的递延所得税负债或递延所得税资产；③由于税率变更或开征新税，对以前各期确认的递延所得税负债或递延所得税资产账面余额的调整数。

按照上述本期所得税费用的构成内容，可列示公式如下：

本期所得税费用 = 本期应交所得税 + 本期发生的时间性差异所产生的递延所得税负债 − 本期发生的时间性差异所产生的递延所得税资产 + 本期转回的前期确认的递延所得税资产 − 本期转回的前期确认的递延所得税负债 + 本期由于税率变动或开征新税调减的递延所得税资产或调增的递延所得税负债 − 本期由于税率变动或开征新税调增的递延所得税资产或调减的递延所得税负债

本期由于税率变动或开征新税调增或调减的递延所得税资产或递延所得税负债
= 累计应纳税时间性差异或累计可抵减时间性差异 ×（现行所得税税率 − 前期确认应纳税时间性差异或可抵减时间性差异时适用的所得税率）

【例4】仍以例3为例。企业作如下会计处理：

（1）2×15 年会计处理同例3。

（2）2×16 年的本期应交所得税和本期所得税费用：

税前会计利润	150 000	
加：永久性差异	20 000	
减：时间性差异	15 000	
应税所得	155 000	
所得税税率	20%	
本期应交所得税	31 000	
应纳税时间性差异的所得税影响金额	3 000	（15 000 × 20%）
应调减的递延所得税负债	750	（15 000 × 5%）
本期所得税费用	33 250	（31 000 + 3 000 − 750）

2×16 年会计分录：

借：所得税费用　　33 250
　贷：应交税费——应交所得税　　31 000
　　　递延税款　　2 250（3 000 − 750）

由上述例子可知，递延法的目的是使所得税费用与在计算税前会计利润时而确认的所得相配比。因此，本期时间性差异的所得税影响是递延的，并且被看作是今后转回时间性差异时期的所得税费用（或利益）。债务法的目的是将时间性差异的所得税影响看作资产负债表中的一项资产或一项负债，从而符合会计概念框架中的资产或负债的定义，因此，时间性差异预计的所得税影响被定义和报告为未来应交或应收的所得税。递延法和债务法的本质区别在于：运用债务法时，由于税率变更或开征新税需要对原已确认的递延所得税负债或递延所得税资产的余额进行相应的调整，而递延法则不需要对此进行调整。由此可见，递延法更注重利润表，即利润表上的所得税费用与其相关期间税前会计利润的配比；债务法更注重资产负债表，即债务法计算确认的递延所得税负债和递延所得税资产更符合负债或资产的定义。企业某一时期应交的所得税是按应税所得和现行所得税税率计算的结果，是构成本期所得税费用的主要内容。递延税款是对本期所得税费用的调整。

五、资产负债表债务法

（一）资产负债表债务法概述

债务法根据侧重导向的不同，可分为利润表债务法和资产负债表债务法。其中，利润表债务法又称收入费用表债务法，它是将时间性差异对未来所得税的影响看作对本期所得税费用的调整。利润表债务法以利润表为基础，注重时间性差异。采用利润表债务法，一定时期的所得税费用包括三部分内容：一是本期应交所得税；二是本期发生或转回的时间性差异所产生的递延所得税款金额；三是因税率变动等，对以前各期确认的递延所得税负债或递延所得税资产账面价值余额的调整数。前述介绍的债务法主要侧重于利润表债务法。而根据2007年《企业会计准则第18号——所得税》规定：我国所得税会计采用了资产负债表债务法，要求企业从资产负债表出发，通过比较资产负债表上列示的资产、负债，按照会计准则规定确定的账面价值与按照税法规定确定的计税基础，对于两者之间的差异分别按应纳税暂时性差异与可抵扣暂时性差异，确认相关的递延所得税负债与递延所得税资产，并在此基础上确定每一会计期间利润表中的所得税费用。

1. 资产负债表债务法的理论基础

资产负债表债务法在所得税的会计核算方面遵循了资产、负债的界定。从资产负债角度考虑，资产的账面价值代表的是某项资产在持续持有及最终处置的一定期间内为企业带来未来经济利益的总额，而其计税基础代表的是该期间内按照税法规定就该项资产可以税前扣除的总额。资产的账面价值小于其计税基础的，表明该项资产于未来期间产生的经济利益流入低于按照税法规定允许税前扣除的金额，产生可抵减未来期间应纳税所得额的因素，减少未来期间以应交所得税的方式流出企业的经济利益，应确认为递延所得税资产。反之，一项资产的账面价值大于其计税基础的，两者之间的差额会增加企业于未来期间应纳税所得额及应交所得税，对企业形成经济利益流出的义务，应确认为递延所得税负债。

2. 所得税会计的一般程序

在采用资产负债表债务法核算所得税的情况下，企业一般应于每一资产负债表日进行所得税的核算。企业合并等特殊交易或事项发生时，在确认因交易或事项取得的资产、负债时即应确认相关的所得税影响。企业进行所得税核算一般应遵循以下程序：

（1）按照相关会计准则规定确定资产负债表中除递延所得税资产和递延所得税负债以外的其他资产和负债项目的账面价值。资产、负债的账面价值，是指企业按照相关会计准则的规定进行核算后在资产负债表中列示的金额。对于计提了减值准备的各项资产，是指其账面余额减去已计提的减值准备后的金额。例如，企业持有的应收账款账面余额为 1 000 万元，企业对该应收账款计提了 50 万元的坏账准备，其账面价值为 950 万元。

（2）按照会计准则中对于资产和负债计税基础的确定方法，以适用的税收法规为基础，确定资产负债表中有关资产、负债项目的计税基础。应予说明的是，资产、负债的计税基础，是会计上的定义，但其确定应当遵循税法的规定进行。

（3）比较资产、负债的账面价值与其计税基础，对于两者之间存在差异的，分析其性质，除准则中规定的特殊情况外，分别应纳税暂时性差异与可抵扣暂时性差异，确定资产负债表日递延所得税负债和递延所得税资产的应有金额，并与期初递延所得税资产和递延所得税负债的余额相比，确定当期应予进一步确认的递延所得税资产和递延所得税负债金额或应予转销的金额，作为递延所得税。

（4）就企业当期发生的交易或事项，按照适用的税法规定计算确定当期应纳税所得额，将应纳税所得额与适用的所得税税率计算的结果确认为当期应交所得税，作为当期所得税。

（5）确定利润表中的所得税费用。利润表中的所得税费用，包括当期所得税（当期应交所得税）和递延所得税两个组成部分。企业在计算确定了当期所得税和递延所得税后，两者之和（或之差），是利润表中的所得税费用。

（二）资产、负债的计税基础及暂时性差异

所得税会计的关键在于确定资产、负债的计税基础。在确定资产、负债的计税基础时，应严格遵循税收法规中对于资产的税务处理以及可税前扣除的费用等的规定。

1. 资产的计税基础

资产的计税基础是指企业收回资产账面价值过程中，计算应纳税所得额时

按照税法规定可以自应税经济利益中抵扣的金额，即某一项资产在未来期间计税时按照税法规定可以税前扣除的金额。

资产在初始确认时，其计税基础一般为取得成本，即企业为取得某项资产支付的成本在未来期间准予税前扣除。在资产持续持有的过程中，其计税基础是指资产的取得成本减去以前期间按照税法规定已经税前扣除的金额后的余额。如固定资产、无形资产等长期资产在某一资产负债表日的计税基础，是指其成本扣除按照税法规定已在以前期间税前扣除的累计折旧额或累计摊销额后的金额。

现举例说明部分资产项目计税基础的确定。

(1) 固定资产。以各种方式取得的固定资产，初始确认时按照会计准则规定确定的入账价值基本上是被税法认可的，即取得时其账面价值一般等于计税基础。

固定资产在持有期间进行后续计量时，由于会计与税收规定就折旧方法、折旧年限以及固定资产减值准备的提取等处理的不同，可能造成固定资产的账面价值与计税基础的差异。

①折旧方法、折旧年限的差异。会计准则规定，企业应当根据与固定资产有关的经济利益的预期实现方式合理选择折旧方法，如可以按年限平均法计提折旧，也可以按照双倍余额递减法、年数总和法等计提折旧。税法中除某些按照规定可以加速折旧的情况外，基本上可以税前扣除的是按照年限平均法计提的折旧；另外，税法还就每一类固定资产的折旧年限作出了规定，而会计处理时按照准则规定折旧年限是由企业根据固定资产的性质和使用情况合理确定的。如企业进行会计处理时确定的折旧年限与税法规定不同，也会产生固定资产持有期间账面价值与计税基础的差异。

②因计提固定资产减值准备产生的差异。持有固定资产的期间内，在对固定资产计提了减值准备以后，因税法规定企业计提的资产减值准备在发生实质性损失前不允许税前扣除，也会造成固定资产的账面价值与计税基础的差异。

【例5】甲企业于2×13 年 12 月 20 日取得的某项环保用固定资产，原价为 750 万元，使用年限为 10 年，会计上采用年限平均法计提折旧，净残值为零。税法规定该类（由于技术进步、产品更新换代快的）固定资产采用加速折旧法计提的折旧可予税前扣除，该企业在计税时采用双倍余额递减法计列折旧，净残值为零。2×15 年 12 月 31 日，企业估计该项固定资产的可收回金额为 550 万元。

分析：

2×15 年 12 月 31 日，该项固定资产的账面余额为 600 万元（$750-75\times2$），

该账面余额大于其可收回金额550万元，两者之间的差额应计提50万元的固定资产减值准备。

2×15年12月31日，该项固定资产的账面价值为550万元（750－75×2－50）。

其计税基础＝750－750×20%－600×20%＝480（万元）

该项固定资产的账面价值550万元与其计税基础480万元之间的70万元差额，将于未来期间计入企业的应纳税所得额。

【例6】乙企业于2×14年末以750万元购入一项生产用固定资产，按照该项固定资产的预计使用情况，乙企业在会计核算时估计其使用寿命为5年。计税时，按照适用税法规定，其最低折旧年限为10年，该企业计税时按照10年计算来确定可税前扣除的折旧额。假定会计与税收均按年限平均法计列折旧，净残值均为零。2×15年该项固定资产按照12个月计提折旧。本例中假定固定资产未发生减值。

分析：

该项固定资产在2×15年12月31日的账面价值＝750－750÷5＝600（万元）

该项固定资产在2×15年12月31日的计税基础＝750－750÷10
＝675（万元）

该项固定资产的账面价值600万元与其计税基础675万元之间产生的75万元差额，在未来期间会减少企业的应纳税所得额。

（2）无形资产。除内部研究开发形成的无形资产以外，其他方式取得的无形资产，初始确认时按照会计准则规定确定的入账价值与按照税法规定确定的计税成本之间一般不存在差异。无形资产的差异主要产生于内部研究开发形成的无形资产以及使用寿命不确定的无形资产。

①内部研究开发形成的无形资产，其成本为开发阶段符合资本化条件以后至达到预定用途前发生的支出，除此之外，研究开发过程中发生的其他支出应予费用化计入损益。税法规定，自行开发的无形资产，以开发过程中该资产符合资本化条件后至达到预定用途前发生的支出为计税基础。另外，对于研究开发费用的加计扣除，税法规定，企业为开发新技术、新产品、新工艺发生的研究开发费用，未形成无形资产计入当期损益的，在按照规定据实扣除的基础上，按照研究开发费用的50%加计扣除；形成无形资产的，按照无形资产成本的150%摊销。

对于内部研究开发形成的无形资产，一般情况下，初始确认时按照会计准则规定确定的成本与计税基础应当是相同的。对于享受税收优惠的研究开发支出，在形成无形资产时，按照会计准则规定确定的成本为研究开发过程中符合资本化条件后至达到预定用途前发生的支出。而因税法规定按照无形资产成本的150%摊销，则其计税基础应在会计入账价值的基础上加计50%，因而产生账面价值与计税基础在初始确认时的差异，但若该无形资产的确认不是产生于合并交易时且在确认时既不影响会计利润也不影响应纳税所得额，则按照所得税会计准则的规定，不确认有关暂时性差异的所得税影响。

【例7】甲企业当期为开发新技术发生研究开发支出计2 000万元，其中研究阶段支出400万元，开发阶段符合资本化条件前发生的支出为400万元，符合资本化条件后至达到预定用途前发生的支出为1 200万元。税法规定，企业为开发新技术、新产品、新工艺发生的研究开发费用，未形成无形资产计入当期损益的，按照研究开发费用的50%加计扣除；形成无形资产的，按照无形资产成本的150%摊销。假定开发形成的无形资产在当期期末已达到预定用途（尚未开始摊销）。

甲企业当期发生的研究开发支出中，按照会计准则规定应予费用化的金额为800万元，形成无形资产的成本为1 200万元，即期末所形成无形资产的账面价值为1 200万元。

甲企业当期发生的2 000万元研究开发支出，按照税法规定可在当期税前扣除的金额为1 200万元。所形成无形资产在未来期间可予税前扣除的金额为1 800万元，其计税基础为1 800万元，形成暂时性差异600万元。

②无形资产在后续计量时，会计与税收的差异主要产生于是否需要摊销及无形资产减值准备的提取。

会计准则规定，应根据无形资产的使用寿命情况，区分为使用寿命有限的无形资产与使用寿命不确定的无形资产。对于使用寿命不确定的无形资产，不要求摊销，但持有期间每年应进行减值测试。税法规定，企业取得的无形资产成本（外购商誉除外），应在一定期限内摊销。对于使用寿命不确定的无形资产，会计处理时不予摊销，但计税时按照税法规定确定的摊销额允许税前扣除，造成该类无形资产账面价值与计税基础的差异。

在对无形资产计提减值准备的情况下，因税法规定计提的无形资产减值准备在转变为实质性损失前不允许税前扣除，即无形资产的计税基础不会随减值准备的提取发生变化，从而造成无形资产的账面价值与计税基础的差异。

【例8】乙企业于2×16年1月1日取得的某项无形资产，取得成本为1 500万元，取得该项无形资产后，根据各方面情况判断，乙企业无法合理预计其使用期限，故将其作为使用寿命不确定的无形资产。2×16年12月31日，对该项无形资产进行减值测试，表明其未发生减值。企业在计税时，对该项无形资产按照10年的期限摊销，摊销金额允许税前扣除。

分析：

会计上将该项无形资产作为使用寿命不确定的无形资产，因未发生减值，其在2×16年12月31日的账面价值为取得成本1 500万元。

该项无形资产在2×16年12月31日的计税基础为1 350万元（成本－按照税法规定可予税前扣除的摊销额）。

该项无形资产的账面价值1 500万元与其计税基础1 350万元之间的差额150万元将计入未来期间的应纳税所得额。

（3）以公允价值计量且其变动计入当期损益的金融资产。按照《企业会计准则第22号——金融工具确认和计量》的规定，以公允价值计量且其变动计入当期损益的金融资产于某一会计期末的账面价值为公允价值。税法规定，企业以公允价值计量的金融资产、金融负债以及投资性房地产等，持有期间公允价值的变动不计入应纳税所得额，在实际处置或结算时，处置取得的价款扣除其历史成本后的差额应计入处置或结算期间的应纳税所得额。按照该规定，以公允价值计量的金融资产在持有期间市价的波动在计税时不予考虑，有关金融资产在某一会计期末的计税基础为其取得成本，从而造成在公允价值变动的情况下对以公允价值计量的金融资产账面价值与计税基础之间的差异。

企业持有的可供出售金融资产计税基础的确定，与以公允价值计量且其变动计入当期损益的金融资产类似，可比照处理。

【例9】2×15年10月20日，甲公司自公开市场取得一项权益性投资，支付价款2 000万元，作为交易性金融资产核算。2×15年12月31日，该投资的市价为2 200万元。

分析：

该项交易性金融资产的期末市价为2 200万元，其按照会计准则规定进行核算的、在2×15年资产负债表日的账面价值为2 200万元。

因税法规定交易性金融资产在持有期间的公允价值变动不计入应纳税所得额，其在2×15年资产负债表日的计税基础应维持原取得成本不变，为2 000万元。

该交易性金融资产的账面价值2 200万元与其计税基础2 000万元之间产生了200万元的暂时性差异，该暂时性差异在未来期间转回时会增加未来期间的应纳税所得额。

【例10】2×15年11月8日，甲公司自公开的市场上取得一项基金投资，作为可供出售金融资产核算。该投资的成本为1 500万元。2×15年12月31日，其市价为1 575万元。

分析：

按照会计准则规定，该项金融资产在会计期末应以公允价值计量，其账面价值应为期末公允价值 1 575 万元。

因税法规定资产在持有期间公允价值变动不计入应纳税所得额，则该项可供出售金融资产的期末计税基础应维持其原取得成本不变，为 1 500 万元。

该金融资产在 2×15 年资产负债表日的账面价值 1 575 万元与其计税基础 1 500 万元之间产生的 75 万元暂时性差异，将会增加未来该资产处置期间的应纳税所得额。

（4）其他资产。因会计准则规定与税收法规规定不同，企业持有的其他资产，可能造成其账面价值与计税基础之间存在差异。例如：

①投资性房地产，企业持有的投资性房地产进行后续计量时，会计准则规定可以采用两种模式：一种是成本模式，采用该种模式计量的投资性房地产，其账面价值与计税基础的确定与固定资产、无形资产相同；另一种是在符合规定条件的情况下，可以采用公允价值模式对投资性房地产进行后续计量。对于采用公允价值模式进行后续计量的投资性房地产，其计税基础的确定类似于固定资产或无形资产计税基础的确定。

【例 11】甲公司于 2×15 年 1 月 1 日将其某自用房屋用于对外出租，该房屋的成本为 750 万元，预计使用年限为 20 年。转为投资性房地产之前已使用 4 年，企业按照年限平均法计提折旧，预计净残值为零。转为投资性房地产核算后，能够持续可靠取得该投资性房地产的公允价值，甲公司采用公允价值对该投资性房地产进行后续计量。假定税法规定的折旧方法、折旧年限及净残值与会计规定相同。同时，税法规定资产在持有期间公允价值的变动不计入应纳税所得额，待处置时一并计算确定应计入应纳税所得额的金额。该项投资性房地产在 2×15 年 12 月 31 日的公允价值为 900 万元。

分析：

该投资性房地产在 2×15 年 12 月 31 日的账面价值为其公允价值 900 万元，其计税基础为取得成本扣除按照税法规定允许税前扣除的折旧额后的金额。其计税基础 $=750-750\div20\times5=562.5$（万元）。

该项投资性房地产的账面价值 900 万元与其计税基础 562.5 万元之间产生了 337.5 万元的暂时性差异，会增加企业在未来期间的应纳税所得额。

②其他计提了资产减值准备的各项资产。有关资产计提了减值准备后，其账面价值会随之下降，而税法规定资产在发生实质性损失之前，不允许税前扣除，即其计税基础不会因减值准备的提取而变化，造成在计提资产减值准备以后，资产的账面价值与计税基础之间的差异。

【例 12】甲公司 2×16 年购入原材料成本为 5 000 万元，因部分生产线停工，当年未领用任何原材料，2×16 年资产负债表日估计该原材料的可变现净值为 4 000 万元。假定该原材料在 2×16 年的期初余额为零。

分析：

该项原材料因期末可变现净值低于成本，应计提的存货跌价准备为 1 000 万元（5 000 - 4 000）。计提该存货跌价准备后，该项原材料的账面价值为 4 000万元。

该项原材料的计税基础不会因存货跌价准备的提取而发生变化，其计税基础为 5 000 万元不变。

该存货的账面价值 4 000 万元与其计税基础 5 000 万元之间产生了 1 000 万元的暂时性差异，该差异会减少企业在未来期间的应纳税所得额。

【例 13】甲公司 2×16 年 12 月 31 日应收账款余额为 6 000 万元，该公司期末对应收账款计提了 600 万元的坏账准备。税法规定，不符合国务院财政、税务主管部门规定的各项资产减值准备不允许税前扣除。假定该公司期初应收账款及坏账准备的余额均为零。

该项应收账款在 2×16 年资产负债表日的账面价值为 5 400 万元（6 000 - 600），因有关的坏账准备不允许税前扣除，其计税基础为 6 000 万元。该计税基础与其账面价值之间产生的 600 万元暂时性差异，在应收账款发生实质性损失时，会减少未来期间的应纳税所得额和应交所得税。

2. 负债的计税基础

负债的计税基础，是指负债的账面价值减去未来期间计算应纳税所得额时按照税法规定可予抵扣的金额。用公式表示为：

负债的计税基础 = 账面价值 - 未来期间计算应纳税所得额时按照税法规定可予抵扣的金额

负债的确认与偿还一般不会影响企业的损益，也不会影响其应纳税所得额，未来期间计算应纳税所得额时按照税法规定可予抵扣的金额为零，计税基础即为账面价值。但是，某些情况下，负债的确认可能会影响企业的损益，进而影响不同期间的应纳税所得额，使得其计税基础与账面价值之间产生差额，如按照会计规定确认的某些预计负债。

（1）企业由于销售商品提供售后服务等原因确认的预计负债。

按照或有事项准则规定，企业对于预计提供售后服务将发生的支出在满足有关确认条件时，销售当期即应确认为费用，同时确认预计负债。如果税法规定，与销售产品相关的支出应于发生时税前扣除，因该类事项产生的预计负债在期末的计税基础为其账面价值与未来期间可税前扣除的金额之间的差额，即为零；如果税法规定对于费用支出按照权责发生制原则确定税前扣除时点，则所形成负债的计税基础等于账面价值。

其他交易或事项中确认的预计负债，应按照税法规定的计税原则确定其计税基础。在某些情况下，因有些事项确认的预计负债，税法规定其支出无论是否实际发生均不允许税前扣除，即未来期间按照税法规定可予抵扣的金额为零，账面价值等于计税基础。

【例14】甲企业2×15年因销售产品承诺提供3年的保修服务，在当年度利润表中确认了500万元的销售费用，同时确认为预计负债，当年度未发生任何保修支出。假定按照税法规定，与产品售后服务相关的费用在实际发生时允许税前扣除。

分析：

该项预计负债在甲企业2×15年12月31日资产负债表中的账面价值为500万元。

该项预计负债的计税基础为：

账面价值－未来期间计算应纳税所得额时按照税法规定可予抵扣的金额＝500－500＝0（万元）

（2）预收账款。

企业在收到客户预付的款项时，因不符合收入确认条件，会计上将其确认为负债。税法中对于收入的确认原则一般与会计规定相同，即会计上未确认收入时，计税时一般亦不计入应纳税所得额，该部分经济利益在未来期间计税时可予税前扣除的金额为零，计税基础等于账面价值。

某些情况下，因不符合会计准则规定的收入确认条件，未确认为收入的预收款项，按照税法规定应计入当期应纳税所得额时，有关预收账款的计税基础为零，即因其产生时已经计算缴纳所得税，未来期间可全额税前扣除。

【例15】甲公司于2×15年12月20日自客户收到一笔合同预付款，金额为2 500万元，作为预收账款核算。按照适用税法规定，该款项应计入取得当期应纳税所得额计算缴纳所得税税额。

分析：

该预收账款在甲公司2×15年12月31日资产负债表中的账面价值为2 500万元。

该预收账款的计税基础为：

账面价值－未来期间计算应纳税所得额时按照税法规定可予抵扣的金额
=2 500－2 500=0（万元）

该项负债的账面价值 2 500 万元与其计税基础零之间产生的 2 500 万元暂时性差异，会减少企业于未来期间的应纳税所得额。

(3) 应付职工薪酬。

会计准则规定，企业为获得职工提供的服务给予的各种形式的报酬以及其他相关支出均应作为企业的成本费用，在未支付之前确认为负债。税法中对于合理的职工薪酬基本允许税前扣除，但税法中明确规定了税前扣除标准的，按照会计准则规定计入成本费用支出的金额超过规定标准部分，应进行纳税调整。因超过部分在发生当期不允许税前扣除，在以后期间也不允许税前扣除，即该部分差额对未来期间计税不产生影响，所产生应付职工薪酬负债的账面价值等于计税基础。

【例 16】甲企业 2×15 年 12 月计入成本费用的职工工资总额为 4 000 万元，至 2×15 年 12 月 31 日尚未支付。按照适用税法规定，当期计入成本费用的 4 000 万元工资支出中，可予税前扣除的合理部分为 3 000 万元。

分析：

该项应付职工薪酬负债的账面价值为 4 000 万元。

该项应付职工薪酬负债的计税基础为：

账面价值－未来期间计算应纳税所得额时按照税法规定可予抵扣的金额
=4 000－0=4 000（万元）

该项负债的账面价值 4 000 万元与其计税基础 4 000 万元相同，不形成暂时性差异。

(4) 其他负债。

其他负债，如企业应交的罚款和滞纳金等，在尚未支付之前按照会计规定确认为费用，同时作为负债反映。税法规定，罚款和滞纳金不得税前扣除，即该部分费用无论是在发生当期还是在以后期间均不允许税前扣除，其计税基础为账面价值减去未来期间计税时可予税前扣除的金额零之间的差额，即计税基础等于账面价值。

其他交易或事项产生的负债，其计税基础的确定应当遵从适用税法的相关规定。

【例 17】甲公司 2×15 年 12 月因违反当地有关环保法规的规定，接到环保部门的处罚通知，要求其支付罚款 500 万元。税法规定，企业因违反国家有关法律法规支付的罚款和滞纳金，计算应纳税所得额时不允许税前扣除。至 2×15 年 12 月 31 日，该项罚款尚未支付。

分析：

应支付罚款产生的负债账面价值为500万元。

该项负债的计税基础为：

账面价值－未来期间计算应纳税所得额时按照税法规定可予抵扣的金额
=500－0=500（万元）

该项负债的账面价值500万元与其计税基础500万元相同，不形成暂时性差异。

3. 特殊交易或事项中产生的资产、负债计税基础的确定

除企业在正常生产经营活动过程中取得的资产和负债以外，对于某些特殊交易中产生的资产、负债，其计税基础的确定应遵从税法规定，如企业合并过程中取得资产、负债计税基础的确定。

《企业会计准则第20号——企业合并》中，视参与合并各方在合并前后是否为同一方或相同的多方最终控制，分为同一控制下的企业合并与非同一控制下的企业合并两种类型。同一控制下的企业合并，合并中取得的有关资产、负债基本上维持其原账面价值不变，合并中不产生新的资产和负债；对于非同一控制下的企业合并，合并中取得的有关资产、负债应按其在购买日的公允价值计量，企业合并成本大于合并中取得可辨认净资产公允价值的份额部分确认为商誉，企业合并成本小于合并中取得可辨认净资产公允价值的份额部分计入合并当期损益。

对于企业合并的税务处理，通常情况下被合并企业应视为按公允价值转让、处置全部资产，计算资产的转让所得，依法缴纳所得税。合并企业接受被合并企业的有关资产，计税时可以按经评估确认的价值确定计税成本。另外，在考虑有关企业合并是应税合并还是免税合并时，某些情况下还需要考虑在合并中涉及的非股权支付额的比例，具体划分标准和条件应遵从税法规定。

由于会计与税收法规对企业合并的划分标准不同、处理原则不同，某些情况下，会造成企业合并中取得的有关资产、负债的入账价值与其计税基础的差异。

4. 暂时性差异

暂时性差异是时间性差异拓展的结果，是指资产、负债的账面价值与其计税基础不同产生的差额。因资产、负债的账面价值与其计税基础不同，产生了在未来收回资产或清偿负债的期间内，应纳税所得额增加或减少并导致未来期间应交所得税增加或减少的情况，形成企业的资产和负债，在有关暂时性差异发生当期，符合确认条件的情况下，应当确认相关的递延所得税负债或递延所得税资产。

根据暂时性差异对未来期间应纳税所得额的影响，暂时性差异分为应纳税暂时性差异和可抵扣暂时性差异。

除因资产、负债的账面价值与其计税基础不同产生的暂时性差异以外，按照税法规定，可以结转以后年度的未弥补亏损和税款抵减，同可抵扣暂时性差异处理。

（1）应纳税暂时性差异。

应纳税暂时性差异是指在确定未来收回资产或清偿负债期间的应纳税所得额时，将导致产生应税金额的暂时性差异，即在未来期间不考虑该事项影响的应纳税所得额的基础上，由于该暂时性差异的转回，会进一步增加转回期间的应纳税所得额和应交所得税金额，在其产生当期应当确认相关的递延所得税负债。

应纳税暂时性差异通常产生于以下情况：

①资产的账面价值大于其计税基础。资产的账面价值代表的是企业在持续使用或最终出售该项资产时将取得的经济利益的总额，而计税基础代表的是资产在未来期间可予税前扣除的总金额。资产的账面价值大于其计税基础，该项资产未来期间产生的经济利益不能全部税前抵扣，两者之间的差额需要交税，产生应纳税暂时性差异。例如，一项无形资产账面价值为500万元，计税基础为375万元，两者之间的差额会造成未来期间应纳税所得额和应交所得税的增加，在其产生当期，应确认相关的递延所得税负债。

②负债的账面价值小于其计税基础。负债的账面价值为企业预计在未来期间清偿该项负债时的经济利益流出，而其计税基础代表的是账面价值在扣除税法规定未来期间允许税前扣除的金额之后的差额。负债的账面价值与其计税基础不同产生的暂时性差异，实质上是税法规定就该项负债在未来期间可以税前扣除的金额（即与该项负债相关的费用支出在未来期间可予税前扣除的金额）。负债的账面价值小于其计税基础，则意味着就该项负债在未来期间可以税前抵扣的金额为负数，即应在未来期间应纳税所得额的基础上调增，增加应纳税所得额和应交所得税金额，产生应纳税暂时性差异，应确认相关的递延所得税负债。

（2）可抵扣暂时性差异。

可抵扣暂时性差异是指在确定未来收回资产或清偿负债期间的应纳税所得额时，将导致产生可抵扣金额的暂时性差异。该差异在未来期间转回时会减少转回期间的应纳税所得额，减少未来期间的应交所得税。在可抵扣暂时性差异产生当期，符合确认条件时，应当确认相关的递延所得税资产。

可抵扣暂时性差异一般产生于以下情况中：

①资产的账面价值小于其计税基础，意味着资产在未来期间产生的经济利益少，按照税法规定允许税前扣除的金额多，两者之间的差额可以减少企业在未来期间的应纳税所得额并减少应交所得税，符合有关条件时，应当确认相关的递延所得税资产。例如，一项资产的账面价值为500万元，计税基础为650万元，则企业在未来期间就该项资产可以在其自身取得经济利益的基础上多扣除150万元，未来期间应纳税所得额会减少，应交所得税也会减少，形成可抵扣暂时性差异。

②负债的账面价值大于其计税基础，负债产生的暂时性差异实质上是税法规定就该项负债可以在未来期间税前扣除的金额。即：

负债产生的暂时性差异 = 账面价值 - 计税基础

= 账面价值 - （账面价值 - 未来期间计税时按照税法规定可予税前扣除的金额）

= 未来期间计税时按照税法规定可予税前扣除的金额

负债的账面价值大于其计税基础，意味着未来期间按照税法规定与负债相关的全部或部分支出可以自未来应税经济利益中扣除，减少未来期间的应纳税所得额和应交所得税。符合有关确认条件时，应确认相关的递延所得税资产。

（3）特殊项目产生的暂时性差异。

①未作为资产、负债确认的项目产生的暂时性差异。某些交易或事项发生以后，因为不符合资产、负债确认条件而未体现为资产负债表中的资产或负债，但按照税法规定能够确定其计税基础的，其账面价值零与计税基础之间的差异也构成暂时性差异。如企业发生的符合条件的广告费和业务宣传费支出，除另有规定外，不超过当年销售收入15%的部分，准予扣除；超过部分准予在以后纳税年度结转扣除。该类费用在发生时按照会计准则规定即计入当期损益，不形成资产负债表中的资产，但按照税法规定可以确定其计税基础，两者之间的差异也形成暂时性差异。

【例18】甲公司在2×15年发生了2 000万元广告费支出，发生时已作为销售费用计入当期损益。税法规定，该类支出不超过当年销售收入15%的部分允许当期税前扣除，超过部分允许向以后年度结转税前扣除。甲公司2×15年实现销售收入1亿元。

分析：

该广告费支出因按照会计准则规定在发生时已计入当期损益，不体现为期末资产负债表中的资产，如果将其视为资产，其账面价值为零。

按照税法规定，该类支出税前列支有一定的标准限制，根据当期甲公司销售收入15%计算，当期可予税前扣除1 500万元（1亿×15%），当期未予税前扣除的500万元可以在以后年度结转，其计税基础为500万元。

该项资产的账面价值零与其计税基础500万元之间产生了500万元的暂时性差异，该暂时性差异在未来期间可减少企业的应纳税所得额，为可抵扣暂时性差异，符合确认条件时，应确认相关的递延所得税资产。

②可抵扣亏损及税款抵减产生的暂时性差异。按照税法规定可以结转以后年度的未弥补亏损及税款抵减，虽不是因资产、负债的账面价值与计税基础不同而产生的，但与可抵扣暂时性差异具有同样的作用，均能够减少未来期间的应纳税所得额，进而减少未来期间的应交所得税，会计处理上视同可抵扣暂时性差异，符合条件的情况下，应确认与其相关的递延所得税资产。

【例19】甲公司于2×15年由于政策性原因发生经营亏损2 000万元，按照税法规定，该亏损可用于抵减以后5个年度的应纳税所得额。该公司预计其于未来5年内能够产生足够的应纳税所得额弥补该亏损。

分析：

该经营亏损不是资产、负债的账面价值与其计税基础不同产生的，但从性质上看，可以减少未来期间的应纳税所得额和应交所得税，属于可抵扣暂时性差异。企业预计未来期间能够产生足够的应纳税所得额利用该可抵扣亏损时，应确认相关的递延所得税资产。

（三）递延所得税负债及递延所得税资产的确认

企业在计算确定了应纳税暂时性差异与可抵扣暂时性差异后，应当按照所得税会计准则规定的原则确认相关的递延所得税负债以及递延所得税资产。

1. 递延所得税负债的确认和计量

（1）递延所得税负债的确认。

企业在确认因应纳税暂时性差异产生的递延所得税负债时，应遵循以下原则：

①除所得税准则中明确规定可不确认递延所得税负债的情况以外，企业对于所有的应纳税暂时性差异均应确认相关的递延所得税负债。除与直接计入所有者权益的交易或事项以及企业合并中取得资产、负债相关的以外，在确认递延所得税负债的同时，应增加利润表中的所得税费用。

【例20】甲企业于2×15年12月6日购入某项环保设备，取得成本为500万元，会计上采用年限平均法计提折旧，使用年限为10年，净残值为零，因该资产常年处于强震动状态，计税时按双倍余额递减法计提折旧，使用年限及净残值与会计相同。甲企业适用的所得税税率为25%。假定该企业不存在其他会计与税收处理的差异。

分析：

2×15年资产负债表日，该项固定资产按照会计规定计提的折旧额为50万元，计税时允许扣除的折旧额为100万元，则该固定资产的账面价值450万元与其计税基础400万元的差额构成应纳税暂时性差异，企业应确认相关的递延所得税负债。

【例21】甲公司于2×09年12月底购入一台机器设备，成本为525 000元，预计使用年限为6年，预计净残值为零。会计上按直线法计提折旧，因该设备符合税法规定的税收优惠条件，计税时可采用年数总和法计提折旧，假定税法规定的使用年限及净残值均与会计相同。本例中假定该公司各会计期间均未对固定资产计提减值准备，除该项固定资产产生的会计与税收之间的差异外，不存在其他会计与税收的差异。

该公司每年因固定资产账面价值与计税基础不同应予确认的递延所得税情况如表5-1所示：

表5-1 甲公司2×10—2×15年递延所得税情况

单位：元

	2×10年	2×11年	2×12年	2×13年	2×14年	2×15年
实际成本	525 000	525 000	525 000	525 000	525 000	525 000
累计会计折旧	87 500	175 000	262 500	350 000	437 500	525 000
账面价值	437 500	350 000	262 500	175 000	87 500	0
累计计税折旧	150 000	275 000	375 000	450 000	500 000	525 000
计税基础	375 000	250 000	150 000	75 000	25 000	0
暂时性差异	62 500	100 000	112 500	100 000	62 500	0
适用税率	25%	25%	25%	25%	25%	25%
递延所得税负债余额	15 625	25 000	28 125	25 000	15 625	0

分析：

该项固定资产各年度账面价值与计税基础确定如下：

a. 2×10年资产负债表日：

账面价值=实际成本-会计折旧=525 000-87 500=437 500（元）

计税基础 = 实际成本 − 税前扣除的折旧额 = 525 000 − 150 000 = 375 000（元）

因账面价值 437 500 元大于其计税基础 375 000 元，两者之间产生的 62 500元差异会增加未来期间的应纳税所得额和应交所得税，属于应纳税暂时性差异，应确认与其相关的递延所得税负债 15 625 元（62 500 × 25%），账务处理如下：

借：所得税费用　　15 625

　贷：递延所得税负债　　15 625

b. 2×11 年资产负债表日：

账面价值 = 525 000 − 175 000 = 350 000（元）

计税基础 = 实际成本 − 累计已税前扣除的折旧额 = 525 000 − 275 000 = 250 000（元）

因资产的账面价值 350 000 元大于其计税基础 250 000 元，两者之间的差异为应纳税暂时性差异，应确认与其相关的递延所得税负债 25 000 元（100 000 × 25%），但递延所得税负债的期初余额为 15 625 元，当期应进一步确认递延所得税负债 9 375 元，账务处理如下：

借：所得税费用　　9 375

　贷：递延所得税负债　　9 375

c. 2×12 年资产负债表日：

账面价值 = 525 000 − 262 500 = 262 500（元）

计税基础 = 525 000 − 375 000 = 150 000（元）

因账面价值 262 500 元大于其计税基础 150 000 元，两者之间为应纳税暂时性差异，应确认与其相关的递延所得税负债 28 125 元（112 500 × 25%），但递延所得税负债的期初余额为 25 000 元，当期应进一步确认递延所得税负债 3 125 元，账务处理如下：

借：所得税费用　　3 125

　贷：递延所得税负债　　3 125

d. 2×13 年资产负债表日：

账面价值 = 525 000 − 350 000 − 175 000（元）

计税基础 = 525 000 − 450 000 = 75 000（元）

因其账面价值 175 000 元大于计税基础 75 000 元，两者之间为应纳税暂时性差异，应确认与其相关的递延所得税负债 25 000 元（100 000 × 25%），但递延所得税负债的期初余额为 28 125 元，当期应转回原已确认的递延所得税负债 3 125 元，账务处理如下：

借：递延所得税负债　　3 125
　贷：所得税费用　　3 125

e. 2×14 年资产负债表日：

账面价值 = 525 000 - 437 500 = 87 500（元）

计税基础 = 525 000 - 500 000 = 25 000（元）

因其账面价值 87 500 元大于计税基础 25 000 元，两者之间的差异为应纳税暂时性差异，应确认与其相关的递延所得税负债 15 625 元（62 500 × 25%），但递延所得税负债的期初余额为 25 000 元，当期应转回递延所得税负债 9 375 元，账务处理如下：

借：递延所得税负债　　9 375
　贷：所得税费用　　9 375

f. 2×15 年资产负债表日：

该项固定资产的账面价值及计税基础均为零，两者之间不存在暂时性差异，原已确认的与该项资产相关的递延所得税负债应予全额转回，账务处理如下：

借：递延所得税负债　　15 625
　贷：所得税费用　　15 625

②不确认递延所得税负债的特殊情况。

有些情况下，虽然资产、负债的账面价值与其计税基础不同，产生了应纳税暂时性差异，但出于各方面考虑，所得税准则中规定不确认相应的递延所得税负债，主要包括：

第一，商誉的初始确认。非同一控制下的企业合并中，企业合并成本大于合并中取得的被购买方可辨认净资产公允价值份额的差额，按照会计准则规定应确认为商誉。因会计与税收的划分标准不同，会计上作为非同一控制下的企业合并但按照税法规定计税时作为免税合并的情况下，商誉的计税基础为零，其账面价值与计税基础形成应纳税暂时性差异，准则中规定不确认与其相关的递延所得税负债。

【例 22】甲企业以增发市场价值为 15 000 万元的自身普通股为对价购入乙企业 100% 的净资产，对乙企业进行吸收合并，合并前甲企业与乙企业不存在任何关联方关系。假定该项合并符合税法规定的免税合并条件，购买日乙企业各项可辨认资产、负债的公允价值及其计税基础如表 5 - 2 所示：

表 5-2　乙企业可辨认资产、负债的公允价值及其计税基础

单位：万元

	公允价值	计税基础	暂时性差异
固定资产	6 750	3 875	2 875
应收账款	5 250	5 250	0
存货	4 350	3 100	1 250
其他应付款	750	0	750
应付账款	3 000	3 000	0
不包括递延所得税的可辨认资产、负债的公允价值	12 600	9 225	3 375

分析：

乙企业适用的所得税税率为25%，预期在未来期间不会发生变化，该项交易中应确认递延所得税负债及商誉的金额计算如下：

可辨认净资产公允价值　12 600

递延所得税资产　187. 5（750×25%）

递延所得税负债　1 031. 25（4 125×25%）

考虑递延所得税后：

可辨认资产、负债的公允价值　11 756. 25

企业合并成本　15 000

商誉　3 243. 75

因该项合并符合税法规定的免税合并条件，当事各方选择进行免税处理的情况下，购买方在免税合并中取得的被购买方有关资产、负债应维持其原计税基础不变。被购买方原账面上未确认商誉，即商誉的计税基础为零。

该项合并中所确认的商誉金额 3 243. 75 万元与其计税基础零之间产生的应纳税暂时性差异，按照准则中的规定，不再进一步确认相关的所得税影响。

应予说明的是，按照会计准则规定，在非同一控制下的企业合并中确认了商誉，并且按照所得税法规的规定，商誉在初始确认时计税基础等于账面价值的，该商誉在后续计量过程中因会计准则与税法规定不同产生暂时性差异的，应当确认相关的所得税影响。

第二，除企业合并以外的其他交易或事项中，如果该项交易或事项发生时既不影响会计利润，也不影响应纳税所得额，则所产生的资产、负债的初始确认金额与其计税基础不同，形成应纳税暂时性差异的，交易或事项发生时不确

认相应的递延所得税负债。该规定主要是考虑到由于交易发生时既不影响会计利润，也不影响应纳税所得额，确认递延所得税负债的直接结果是增加有关资产的账面价值或是降低所确认负债的账面价值，使得资产、负债在初始确认时，违背历史成本原则，影响会计信息的可靠性。

第三，与子公司、联营企业、合营企业投资等相关的应纳税暂时性差异，一般应确认相应的递延所得税负债，但同时满足以下两个条件的除外：一是投资企业能够控制暂时性差异转回的时间；二是该暂时性差异在可预见的未来很可能不会转回。满足上述条件时，投资企业可以运用自身的影响力决定暂时性差异的转回。如果不希望其转回，则在可预见的未来该项暂时性差异即不会转回，从而无须确认相应的递延所得税负债。

对于采用权益法核算的长期股权投资，其账面价值与计税基础产生的有关暂时性差异是否应确认相关的所得税影响，应当考虑该项投资的持有意图：

第一，对于采用权益法核算的长期股权投资，如果企业拟长期持有，则因初始投资成本的调整产生的暂时性差异预计未来期间不会转回，对未来期间没有所得税影响；因确认投资损益产生的暂时性差异，如果在未来期间逐期分回现金股利或利润时免税，也不存在对未来期间的所得税影响；因确认应享有被投资单位其他权益变动而产生的暂时性差异，在长期持有的情况下预计未来期间不会转回。因此，在准备长期持有的情况下，对于采用权益法核算的长期股权投资账面价值与计税基础之间的差异，投资企业一般不确认相关的所得税影响。

第二，对于采用权益法核算的长期股权投资，在投资企业改变持有意图拟对外出售的情况下，按照税法规定，企业在转让或者处置投资资产时，投资资产的成本准予扣除。在持有意图由长期持有转变为拟近期出售的情况下，因长期股权投资的账面价值与计税基础不同产生的有关暂时性差异，均应确认相关的所得税影响。

（2）计量。

所得税准则规定，资产负债表日，对于递延所得税负债，应当根据适用税法规定，按照预期收回该资产或清偿该负债期间的适用税率计量，即递延所得税负债应以相关应纳税暂时性差异转回期间按照税法规定适用的所得税税率计量。无论应纳税暂时性差异的转回期间如何，相关的递延所得税负债均不要求折现。

2．递延所得税资产的确认和计量

（1）递延所得税资产的确认。

①确认的一般原则。

递延所得税资产产生于可抵扣暂时性差异。确认因可抵扣暂时性差异产生的递延所得税资产应以未来期间可能取得的应纳税所得额为限。在可抵扣暂时性差异转回的未来期间内，企业无法产生足够的应纳税所得额用以利用可抵扣暂时性差异的影响，使得与可抵扣暂时性差异相关的经济利益无法实现的，不应确认递延所得税资产；企业有明确的证据表明其于可抵扣暂时性差异转回的未来期间能够产生足够的应纳税所得额，进而利用可抵扣暂时性差异的，则应以可能取得的应纳税所得额为限，确认相关的递延所得税资产。

在判断企业于可抵扣暂时性差异转回的未来期间是否能够产生足够的应纳税所得额时，应考虑企业在未来期间通过正常的生产经营活动能够实现的应纳税所得额，以及以前期间产生的应纳税暂时性差异在未来期间转回时将增加的应纳税所得额。

第一，对与子公司、联营企业、合营企业的投资相关的可抵扣暂时性差异，同时满足下列条件的，应当确认相关的递延所得税资产：一是暂时性差异在可预见的未来很可能转回；二是未来很可能获得用来抵扣可抵扣暂时性差异的应纳税所得额。

对联营企业和合营企业等的投资产生的可抵扣暂时性差异，主要产生于权益法下的被投资单位发生亏损时，投资企业按照持股比例确认应予承担的部分相应减少长期股权投资的账面价值，但税法规定长期股权投资的成本在持有期间不发生变化，造成长期股权投资的账面价值小于其计税基础，产生可抵扣暂时性差异。

投资企业在对有关投资计提减值准备的情况下，也会产生可抵扣暂时性差异。

第二，对于按照税法规定可以结转以后年度的未弥补亏损和税款抵减，应视同可抵扣暂时性差异处理。在有关的亏损或税款抵减金额得到税务部门的认可，或预计能够得到税务部门的认可且预计可利用可弥补亏损或税款抵减的未来期间内能够取得足够的应纳税所得额时，除准则中规定不予确认的情况外，应当以很可能取得的应纳税所得额为限，确认相应的递延所得税资产，同时减少确认当期的所得税费用。

②不确认递延所得税资产的情况。

某些情况下，企业发生的某项交易或事项不属于企业合并，并且交易发生时既不影响会计利润也不影响应纳税所得额，且该项交易中产生的资产、负债的初始确认金额与其计税基础不同，产生可抵扣暂时性差异的，所得税准则规定，在交易或事项发生时不确认相应的递延所得税资产。

【例 23】甲企业进行内部研究开发所形成的无形资产成本为 1 200 万元，因按照税法规定可予未来期间税前扣除的金额为 1 800 万元，其计税基础为 1 800 万元。

分析：

该项无形资产并非产生于企业合并，同时在初始确认时既不影响会计利润，也不影响应纳税所得额，确认其账面价值与计税基础之间产生暂时性差异的所得税影响需要调整该项资产的历史成本，准则规定，该种情况下不确认相关的递延所得税。

（2）计量。

同递延所得税负债的计量原则相一致，确认递延所得税资产时，应当以预期收回该资产期间的适用所得税税率为基础计算确定。无论相关的可抵扣暂时性差异转回期间如何，递延所得税资产均不要求折现。

企业在确认了递延所得税资产以后，在资产负债表日应当对递延所得税资产的账面价值进行复核。如果未来期间很可能无法取得足够的应纳税所得额用以利用可抵扣暂时性差异带来的利益，应当减计递延所得税资产的账面价值。减计的递延所得税资产，除原确认时计入所有者权益的，其减计金额亦应计入所有者权益外，其他的情况均应增加所得税费用。

因无法取得足够的应纳税所得额利用可抵扣暂时性差异减计递延所得税资产账面价值的，以后期间根据新的环境和情况判断能够产生足够的应纳税所得额利用可抵扣暂时性差异，使得递延所得税资产包含的经济利益能够实现的，应相应恢复递延所得税资产的账面价值。

另外，无论是递延所得税资产还是递延所得税负债的计量，均应考虑资产负债表日企业预期收回资产或清偿负债方式的所得税影响，在计量递延所得税资产和递延所得税负债时，应当采用与收回资产或清偿债务的预期方式相一致的税率和计税基础。例如，企业持有的某项固定资产，一般情况下是为企业的正常生产经营活动提供必要的生产条件，但在某一时点上，企业决定将该固定资产对外出售，实现其为企业带来的未来经济利益，且假定税法规定长期资产处置时适用的所得税税率与一般情况有所不同，则企业在计量因该资产产生的应纳税暂时性差异或可抵扣暂时性差异的所得税影响时，应考虑该资产带来的经济利益预期实现方式的影响。

3. 特殊交易或事项中涉及递延所得税的确认

（1）与直接计入所有者权益的交易或事项相关的所得税。

与当期及以前期间直接计入所有者权益的交易或事项相关的当期所得税及递延所得税应当计入所有者权益。直接计入所有者权益的交易或事项主要有：会计政策变更采用追溯调整法或对前期差错更正采用追溯重述法调整期初留存收益，可供出售金融资产公允价值的变动计入其他综合收益，同时包含负债及权益成分的金融工具在初始确认时计入所有者权益等。

【例 24】甲公司于 2×15 年 4 月在公开市场以每股 6 元的价格取得 A 公司普通股 200 万股，作为可供出售金融资产核算（假定不考虑交易费用），2×15 年 12 月 31 日，甲公司该股票投资尚未出售，当日市价为每股 9 元。按照税法规定，资产在持有期间公允价值的变动不计入应纳税所得额，待处置时一并计算，计入应纳税所得额。甲公司适用的所得税税率为 25%，假定在未来期间不会发生变化。

甲公司在期末作会计处理：

借：可供出售金融资产　　6 000 000
　贷：其他综合收益　　6 000 000
借：其他综合收益　　1 500 000
　贷：递延所得税负债　　1 500 000

假定甲公司以每股 11 元的价格将该股票于 2×16 年对外出售，结转该股票出售损益时：

借：银行存款　　22 000 000
　贷：可供出售金融资产　　18 000 000
　　投资收益　　4 000 000
借：其他综合收益　　4 500 000
　递延所得税负债　　1 500 000
　贷：投资收益　　6 000 000

（2）与企业合并相关的递延所得税。

在企业合并中，购买方取得的可抵扣暂时性差异，比如，购买日取得的被购买方在以前期间发生的未弥补亏损等可抵扣暂时性差异，按照税法规定，可以用于抵减以后年度应纳税所得额，但在购买日不符合递延所得税资产确认条件而不予以确认。购买日后 12 个月内，如取得新的或进一步的信息表明购买日的相关情况已经存在，预期被购买方在购买日可抵扣暂时性差异带来的经济利益能够实现的，应当确认相关的递延所得税资产，同时减少商誉；商誉不足冲减的，差额部分确认为当期损益。除上述情况以外，确认与企业合并相关的递延所得税资产，应当计入当期损益。

【例 25】甲公司与 2×15 年 1 月 1 日购买乙公司 80% 的股权，形成非同一控制下的企业合并。因会计准则与适用税法规定的处理方法不同，在购买日产生可抵扣暂时性差异 300 万元。假定购买日及未来期间企业适用的所得税税率为 25%。

购买日，因预计未来期间无法取得足够的应纳税所得额，未确认与可抵扣暂时性差异相关的递延所得税资产 75 万元。购买日确认的商誉为 50 万元。

在购买日后6个月，甲公司预计能够产生足够的应纳税所得额用以抵扣企业合并时产生的可抵扣暂时性差异300万元，且该事实于购买日已经存在，则甲公司应作如下会计处理：

借：递延所得税资产　　750 000
　贷：商誉　　500 000
　　　所得税费用　　250 000

假定在购买日后6个月，甲公司根据新的事实预计能够产生足够的应纳税所得额用以抵扣企业合并时产生的可抵扣暂时性差异300万元，且该新的事实于购买日并不存在，则甲公司应作如下会计处理：

借：递延所得税资产　　750 000
　贷：所得税费用　　750 000

（3）与股份支付相关的当期及递延所得税。

与股份支付相关的支出在按照会计准则规定确认为成本费用时，其相关的所得税影响应区别于税法的规定进行处理。如果税法规定与股份支付相关的支出不允许税前扣除，则不形成暂时性差异；如果税法规定与股份支付相关的支出允许税前扣除，在按照会计准则规定确认成本费用的期间内，企业应当根据会计期末取得的信息估计可税前扣除的金额，计算确定其计税基础及由此产生的暂时性差异。符合确认条件的情况下，应当确认相关的递延所得税。其中预计未来期间可税前扣除的金额超过按照会计准则规定确认的与股份支付相关的成本费用，超过部分的所得税影响应直接计入所有者权益。

（4）适用税率变化对已确认递延所得税资产和递延所得税负债的影响。

因税收法规的变化，导致企业在某一会计期间适用的所得税税率发生变化的，企业应对已确认的递延所得税资产和递延所得税负债按照新的税率进行重新计量。递延所得税资产和递延所得税负债的金额，代表的是有关可抵扣暂时性差异或应纳税暂时性差异于未来期间转回时导致企业应交所得税金额的减少或增加的情况。适用税率变动的情况下，应对原已确认的递延所得税资产及递延所得税负债的金额进行调整，反映税率变化带来的影响。

除直接计入所有者权益的交易或事项产生的递延所得税资产及递延所得税负债，相关的调整金额应计入所有者权益以外，其他情况下产生的调整金额应确认为税率变化当期的所得税费用（或收益）。

（四）所得税费用的确认和计量

所得税会计的主要目的之一是确定当期应交所得税以及利润表中的所得税费用。在按照资产负债表债务法核算所得税的情况下，利润表中的所得税费用包括当期所得税和递延所得税两个部分。

1. 当期所得税

当期所得税是指企业按照税法规定计算确定的针对当期发生的交易和事项，应交纳给税务部门的所得税金额，即当期应交所得税。

企业在确定当期应交所得税时，对于当期发生的交易或事项，会计处理与税收处理不同的，应在会计利润的基础上，按照适用税收法规的规定进行调整，计算出当期应纳税所得额，按照应纳税所得额与适用所得税税率计算确定当期应交所得税。一般情况下，应纳税所得额可在会计利润的基础上考虑会计与税收之间的差异，按照以下公式计算确定：

应纳税所得额＝会计利润＋按照会计准则规定记入利润表但计税时不允许税前扣除的费用±记入利润表的费用与按照税法规定可予税前抵扣的金额之间的差额±记入利润表的收入与按照税法规定应计入应纳税所得的收入之间的差额－税法规定的不征税收入±其他需要调整的因素

2. 递延所得税

递延所得税是指按照所得税准则规定当期应予确认的递延所得税资产和递延所得税负债金额，即递延所得税资产及递延所得税负债当期发生额的综合结果，但不包括计入所有者权益的交易或事项的所得税影响。用公式表示为：

递延所得税＝（递延所得税负债的期末余额－递延所得税负债的期初余额）－（递延所得税资产的期末余额－递延所得税资产的期初余额）

应予说明的是，企业因确认递延所得税资产和递延所得税负债产生的递延所得税，一般应当计入所得税费用，但以下两种情况除外：

一是某项交易或事项按照会计准则规定应计入所有者权益的，由该交易或事项产生的递延所得税资产或递延所得税负债及其变化应计入所有者权益，不构成利润表中的递延所得税费用（或收益）。

二是企业合并中取得的资产、负债，其账面价值与计税基础不同，应确认相关递延所得税的，该递延所得税的确认影响合并中产生的商誉或是计入当期损益的金额，不影响所得税费用，有关举例见本章例22。

3. 所得税费用

计算确定了当期所得税及递延所得税以后，利润表中应予确认的所得税费用为两者之和，即

所得税费用 = 当期所得税 + 递延所得税

【例 26】甲公司 2×15 年度利润表中利润总额为 3 000 万元，该公司适用的所得税税率为 25%。递延所得税资产及递延所得税负债不存在期初余额。与所得税核算有关的情况如下：

2×15 年发生的有关交易和事项中，会计处理与税收处理存在差别的有：

（1）2×15 年 1 月开始计提折旧的一项固定资产，成本为 1 500 万元，使用年限为 10 年，净残值为零。会计处理按双倍余额递减法计提折旧，税收处理按直线法计提折旧。假定税法规定的使用年限及净残值与会计规定相同。

（2）向关联企业捐赠现金 500 万元。假定按照税法规定，企业向关联方的捐赠不允许税前扣除。

（3）当期取得作为交易性金融资产核算的股票投资成本为 800 万元，2×15 年 12 月 31 日的公允价值为 1 200 万元。税法规定，以公允价值计量的金融资产持有期间市价变动不计入应纳税所得额。

（4）违反环保法规定应支付罚款 250 万元。

（5）期末对持有的存货计提了 75 万元的存货跌价准备。

分析：

（1）2×15 年度当期应交所得税：

应纳税所得额 = 3 000 + 150 + 500 − 400 + 250 + 75 = 3 575（万元）

应交所得税 = 3 575 × 25% = 893.75（万元）

（2）2×15 年度递延所得税：

递延所得税资产 = 225 × 25% = 56.25（万元）

递延所得税负债 = 400 × 25% = 100（万元）

递延所得税 = 100 − 56.25 = 43.75（万元）

（3）利润表中应确认的所得税费用：

所得税费用 = 893.75 + 43.75 = 937.50（万元）

确认所得税费用的账务处理如下：

借：所得税费用	9 375 000	
递延所得税资产	562 500	
贷：应交税费——应交所得税		8 937 500
递延所得税负债		1 000 000

该公司2×15年资产负债表相关项目金额及其计税基础如表5－3所示：

表5－3　2×15年资产负债表相关项目金额及其计税基础

单位：万元

项　目	账面价值	计税基础	差　异	
			应纳税暂时性差异	可抵扣暂时性差异
存　货	2 000	2 075		75
固定资产				
固定资产原价	1 500	1 500		
减：累计折旧	300	150		
减：固定资产减值准备	0	0		
固定资产账面价值	1 200	1 350		150
交易性金融资产	1 200	800	400	
其他应付款	250	250		
总　计			400	225

【例27】沿用例26中有关资料，假定甲公司2×16年当期应交所得税为1 155万元。资产负债表中有关资产、负债的账面价值与其计税基础相关资料如表5－4所示，除所列项目外，其他资产、负债项目不存在会计和税收的差异。

分析：

（1）当期所得税＝当期应交所得税，为1 155万元。

（2）计算递延所得税：

①期末递延所得税负债为：

期末递延所得税负债　　168.75（675×25%）

期初递延所得税负债　　100

递延所得税负债增加　　68.75

②期末递延所得税资产为：

期末递延所得税资产　　185（740×25%）

期初递延所得税资产　　56.25

递延所得税资产增加　　128.75

③递延所得税＝68.75－128.75＝－60（万元）（收益）

(3) 确认所得税费用:

所得税费用 = 1 155 - 60 = 1 095 (万元)

确认所得税费用的账务处理如下:

借: 所得税费用 10 950 000

　　递延所得税资产 1 287 500

　贷: 递延所得税负债 687 500

　　　应交税费——应交所得税 11 550 000

表 5-4 资产负债表中有关资产、负债账面价值及其计税基础

单位: 万元

项　目	账面价值	计税基础	差　异	
			应纳税暂时性差异	可抵扣暂时性差异
存　货	4 000	4 200		200
固定资产				
固定资产原价	1 500	1 500		
减: 累计折旧	540	300		
减: 固定资产减值准备	50	0		
固定资产账面价值	910	1 200		290
交易性金融资产	1 675	1 000	675	
预计负债	250	0		250
总　计			675	740

4. 合并财务报表中因抵销未实现内部交易损益产生的递延所得税

企业在编制合并报表时，因抵销未实现内部交易损益导致资产负债表中资产、负债的账面价值与其在纳入合并范围的企业按照适用税法规定确定的计税基础之间产生暂时性差异，在合并资产负债表中应当确认递延所得税资产或递延所得税负债，同时调整合并利润表中的所得税费用，但与直接计入所有者权益的交易或事项及权益合并相关的递延所得税除外。

企业在编制合并报表时，应将纳入合并范围的企业之间发生的未实现内部交易损益予以抵销。因此，对于所涉及的资产负债表项目在合并资产负债表中列示的账面价值与其在所属的企业个别资产负债表中的价值会不同，并进而可能产生与有关资产、负债所属纳税主体计税基础的不同，从合并财务报表作为一个完整经济主体的角度，应当确认该暂时性差异的所得税影响。

【例28】甲公司拥有乙公司60%有表决权股份，能够控制乙公司财务和经营决策。2×15年10月，甲公司将本公司生产的一批产品出售给乙公司，不含增值税销售价格为6 000 000元，成本为3 600 000元。至2×15年12月31日，乙公司尚未将该批产品对外销售。甲公司、乙公司适用的所得税税率均为25%。税法规定，企业取得的存货以历史成本作为计税基础。假定本例从合并财务报表角度，在未来期间能够产生足够的应纳税所得额弥补可抵扣暂时性差异。

甲公司在编制合并财务报表时，应进行以下抵销处理：

借：营业收入　　6 000 000

　贷：营业成本　　3 600 000

　　存货　　2 400 000

进行上述抵销后，因上述内部交易产生的存货项目账面价值为3 600 000元，在其所属的纳税主体（乙公司）的计税基础为6 000 000元，应当在合并财务报表中确认相关的所得税影响：

借：递延所得税资产　　600 000［（6 000 000－3 600 000）×25%］

　贷：所得税费用　　600 000

六、与所得税相关的其他会计处理

（一）减免所得税的账务处理

根据税法规定，符合减免所得税条件的纳税人可以提出申请，按照规定程序办理审批手续。要求减免所得税的企业，除特殊情况外，对其应纳税款一定要坚持“先征后退”的原则，按时计提所得税，并向主管税务机关报送纳税申报表和财务会计报表及其他有关资料。企业在接到减免所得税批复后，才能办理退库手续。

先征后退的会计处理是：

（1）计提所得税时：

借：所得税费用

　贷：应交税费——应交所得税

（2）实际收到减免返还的所得税时：

借：银行存款

　贷：所得税费用

（二）年终汇算清缴的账务处理

（1）企业所得税实行按年计征、分期（分月或分季）预缴、年终汇算缴清，多退少补的办法。计算公式为：

应纳所得税税额＝应纳税所得额×适用税率

（2）预缴所得税税额的计算。

企业预缴所得税时，应按纳税期限的实际数预缴。按实际数预缴有困难的，可以按上一年度应纳税所得额的1/12或1/4计算所得税，或者由当地税务机关认可的其他方法分期预缴所得税，预缴方法一经确定，不得随意改变。

年度内计算本期应纳所得税的计算公式为：

本期累计应纳所得税税额＝本期累计应纳税所得额×适用税率（25%）
本期应纳所得税税额＝本期累计应纳所得税税额－累计已缴纳所得税税额

【例29】某企业8月末计算本月应预交的所得税税额。该企业截至8月末已累计实现利润总额3 000万元，1—7月累计已预交所得税650万元，则计算步骤如下：

第一步，计算1—8月累计应纳所得税税额；

累计应纳所得税税额＝3 000×25%＝750（万元）

第二步，确定1—7月累计已缴纳所得税税额，根据已知条件，1—7月累计已交所得税650万元；

第三步，计算8月应预交的所得税税额。

8月应纳所得税税额＝750－650＝100（万元）

在年度内预缴时，因为不便取得完全符合税法要求的应纳税所得额数字，所以可以用截至某期已经实现的利润总额近似地代替，以便计算应预缴的所得税税额，待到年终汇算清缴时再统一调整。

会计处理如下：

借：应交税费——应交所得税　　　1 000 000
　贷：银行存款　　　1 000 000

企业所得税以年为单位进行汇算清缴。在计算全年应缴纳的所得税税额时，应注意应纳税的年度所得额和会计上的利润总额之间的差异。如果企业没有发生税法不准列支的支出或不纳税的经营所得时，根据会计核算资料计算的会计利润总额就是应纳税的年度所得额；否则，就应该按照税法的规定把会计利润调整为应纳税所得额，再据以计征所得税。

（三）以前年度损益调整涉税会计处理

为了核算本年度发生的以前年度损益调整事项，会计上应设置“以前年度损益调整”科目，该科目属损益类，主要核算企业本年度发生的调整以前年度损益的事项。企业在年度资产负债表日至财务会计报告批准报出日之间发生的需要调整报告年度损益的事项，以及本年度发生的以前年度重大会计差错的调整，也在本科目核算。

企业调整增加的以前年度利润或调整减少的以前年度亏损，借记有关科目，贷记本科目；企业调整减少的以前年度利润或调整增加的以前年度亏损，借记本科目，贷记有关科目。企业由于调整增加或减少以前年度利润或亏损而相应增加的所得税，借记本科目，贷记“应交税费——应交所得税”科目；由于调整减少或增加以前年度利润或亏损而相应减少的所得税，作相反会计分录。

经上述调整后，应同时将本科目的余额转入“利润分配——未分配利润”科目。本科目如为贷方余额，借记本科目，贷记“利润分配——未分配利润”科目；如为借方余额，作相反会计分录。结转后本科目应无余额。

企业因调整以前年度损益影响企业缴纳所得税的，可视为本年损益，进行所得税会计调整。

【例30】CPA在2×16年2月对某公司2×15年所得税进行汇算清缴时，查出该公司有超过税法限定标准的费用开支30万元。公司在2×16年应作如下会计分录：

（1）反映以前年度损益调整时：

借：利润分配——未分配利润　　75 000

　贷：以前年度损益调整　　75 000（300 000×25%）

（2）计算应补缴所得税时：

借：以前年度损益调整　　75 000

　贷：应交税费——应交所得税　　75 000

（3）实际补缴所得税时：

借：应交税费——应交所得税　　75 000

　贷：银行存款　　75 000

“应交税费——应交所得税”账户的借贷方之差，即为公司2×16年应退或应补缴的税额。如果所得税税率发生变动，按债务法调整，企业还应设置

"递延所得税资产（负债）"备查账簿。

【例31】甲公司与乙公司签订了一项销售合同，合同中订明甲公司应在2×15年8月销售给乙公司一批物资。由于甲公司未能按照合同发货，致使乙公司发生重大经济损失。2×15年12月，乙公司将甲公司告上法庭，要求甲公司赔偿450万元。2×15年12月31日法院尚未判决，甲公司按照或有事项准则对该诉讼事项确认预计负债300万元。2×16年2月10日，经法院判决甲公司应赔偿乙公司400万元，甲、乙双方均服从判决。判决当日，甲公司向乙公司支付赔偿款400万元。2×15年所得税汇算清缴均在2×16年3月20日完成（假定该项预计负债产生的损失不允许在预计时税前抵扣，只有损失实际发生时，才允许税前抵扣）。

本例中，2×16年2月10日的判决证实了甲、乙两公司在资产负债表日（即2×15年12月31日）分别存在现时赔偿义务和获赔权利。因此，两公司都应将"法院判决"这一事项作为调整事项进行处理。甲公司和乙公司2×15年所得税汇算清缴均在2×16年3月20日完成。因此，应根据法院判决结果调整报告年度应纳税所得额和应纳所得税税额。

（1）甲公司的账务处理如下：

①2×16年2月10日，记录支付的赔款，并调整递延所得税资产：

借：以前年度损益调整	1 000 000	
贷：其他应付款		1 000 000
借：应交税费——应交所得税	250 000	
贷：以前年度损益调整		250 000
借：应交税费——应交所得税	750 000	
贷：以前年度损益调整		750 000
借：以前年度损益调整	750 000	
贷：递延所得税资产		750 000
借：预计负债	3 000 000	
贷：其他应付款		3 000 000
借：其他应付款	4 000 000	
贷：银行存款		4 000 000

注：2×15年年末因确认预计负债300万元是已确认相应的递延所得税资产，资产负债表日后事项发生后递延所得税资产不复存在，故应冲销相应记录。

②将"以前年度损益调整"科目余额转入未分配利润：

借：利润分配——未分配利润	750 000	
贷：以前年度损益调整		750 000

③ 因净利润变动，调整盈余公积：

借：盈余公积 750 000

贷：利润分配——未分配利润 750 000

④调整报告年度财务报表相关项目的数字（财务报表略）：

a. 资产负债表项目的年末数调整：

调减递延所得税资产 75 万元；调增其他应付款 400 万元，调减应交税费 100 万元，调减预计负债 300 万元；调减盈余公积 7.5 万元，调减未分配利润 67.5 万元。

b. 利润表项目的调整：

调增营业外支出 100 万元，调减所得税费用 25 万元，调减净利润 75 万元。

c. 所有者权益变动项目的调整：

调减净利润 75 万元，提取“盈余公积”项目中盈余公积一栏调减 7.5 万元，未分配利润一栏调减 67.5 万元。

（2）乙公司的账务处理如下：

① 2×16 年 2 月 10 日，记录收到的赔款，并调整应交所得税：

借：其他应收款 4 000 000

贷：以前年度损益调整 4 000 000

借：以前年度损益调整 1 000 000

贷：应交税费——应交所得税 1 000 000

借：银行存款 4 000 000

贷：其他应收款 4 000 000

② 将“以前年度损益调整”科目余额转入未分配利润：

借：以前年度损益调整 3 000 000

贷：利润分配——未分配利润 3 000 000

③ 因净利润增加，补提盈余公积：

借：利润分配——未分配利润 300 000

贷：盈余公积 300 000

④ 调整报告年度财务报表相关项目的数字（财务报表略）：

a. 资产负债表项目的年末数调整：

调增其他应收款 400 万元，调增应交税费 100 万元，调增盈余公积 30 万元，调增未分配利润 270 万元。

b. 利润表项目的调整：

调增营业外收入 400 万元，调增所得税费用 100 万元，调增净利润 300 万元。

c. 所有者权益变动项目的调整：

调增净利润 300 万元，提取盈余公积项目中盈余公积一栏调增 30 万元，未分配利润一栏调增 270 万元。

第五节 企业所得税的报表编制

一、企业所得税在会计报表的反映

企业对所得税的核算结果，除利润表中列示的所得税费用外，在资产负债表中形成的应交税费（应交所得税）以及递延所得税资产和递延所得税负债应当遵循准则规定列报。其中，递延所得税资产和递延所得税负债一般应当分别作为非流动资产和非流动负债在资产负债表中列示，所得税费用应当在利润表中单独列示，同时应在附注中披露与所得税有关的信息。

同时满足以下两个规定条件时，企业应当将当期所得税资产及当期所得税负债以抵销后的净额列示：①企业拥有以净额结算的法定权利；②意图以净额结算或取得资产、清偿负债同时进行。即当企业实际缴纳的所得税款大于按照税法规定计算的应交所得税时，超过部分应当在资产负债表“其他流动资产”项目中列示；当企业实际缴纳的所得税款小于按照税法规定计算的应交所得税时，差额部分应当在资产负债表“应交税费”项目中列示。

一般情况下，在个别财务报表中，当期所得税资产与当期所得税负债及递延所得税资产与递延所得税负债可以用抵销后的净额列示在合并财务报表中。纳入合并范围的企业中，一方的当期所得税资产或递延所得税资产与另一方的当期所得税负债或递延所得税负债一般不能予以抵销，除非所涉及的企业具有以净额结算的法定权利并且意图以净额结算。

下面以我国上市公司五粮液为例，截取其 2015 年公布的 2014 年公司年报的所得税相关部分进行展示，具体如表 5－5、5－6、5－7、5－8、5－9 所示。

表 5-5　五粮液 2014 年公司年报（资产负债表部分）

单位：元

商誉		
长期待摊费用		
递延所得税资产	1 621 633. 82	
其他非流动资产		
非流动资产合计	9 625 271 325. 16	8 567 121 141. 64
资产合计	30 090 043 450. 48	24 601 589 438. 76

表 5-6　五粮液 2014 年公司年报（利润表部分）

单位：元

四、利润总额（亏损总额以“-”号填列）	8 015 916 148. 56	11 247 079 416. 60
减：所得税费用	1 957 701 185. 49	2 924 864 055. 65
五、净利润（净亏损以“-”号填列）	6 058 214 963. 07	8 322 215 360. 95
归属于母公司所有者的净利润	5 834 915 278. 94	7 972 814 983. 24
少数股东损益	223 299 684. 13	349 400 377. 71
六、其他综合收益的税后净额		

表 5-7　五粮液 2014 年公司年报（附注中递延所得税资产部分）

（1）未经抵销的递延所得税资产。

单位：元

项　目	期末余额		期初余额	
	可抵扣暂时性差异	递延所得税资产	可抵扣暂时性差异	递延所得税资产
资产减值准备	46 180 045. 35	11 545 011. 34	43 023 542. 76	10 755 885. 70
内部效易未实现利润	51 184 602. 44	12 796 150. 61		
应付职工薪酬	1 896 299 388. 80	474 074 847. 20	2 271 097 865. 58	567 774 466. 40
其　他	18 583 622. 84	4 645 905. 71	1 608 627. 84	402 156. 96
合　计	2 012 247 659. 43	503 061 914. 86	2 315 730 036. 18	578 932 509. 06

（2）未确认递延所得税资产明细。

单位：元

项 目	期末余额	期初余额
可抵扣暂时性差异	339 449 997.28	172 410.24
可抵扣亏损	232 267 057.08	161 038 766.20
合 计	571 717 054.36	161 211 176.44

注：由于未来能否获得足够的应纳税所得额具有不确定性，因此没有确认为递延所得税资产的可抵扣暂时性差异和可抵扣亏损。

（3）未确认递延所得税资产的可抵扣亏损将于以下年度到期。

单位：元

年 份	期末余额	期初金额	备 注
2014 年		17 718 548.66	
2015 年	50 881 596.03	50 881 596.03	
2016 年	21 703 524.20	21 703 524.20	
2017 年	28 401 881.78	28 401 881.78	
2018 年	40 376 671.71	42 333 215.53	
2019 年	90 903 383.36		
合 计	232 267 057.08	161 038 766.20	

表 5－8 五粮液 2014 年公司年报（附注中应交税费部分）

单位：元

项 目	期末余额	期初余额
增值税	637 335 685.97	970 732 496.39
消费税	173 358 883.77	293 185 084.19
营业税	2 628.39	39 977.49
企业所得税	233 018 138.74	839 339 103.42
个人所得税	1 489 921.82	6 374 111.30
城市维护建设税	27 050 421.87	49 075 049.41
房产税	491 455.02	295 550.41
印花税	44 217.17	6 226.33
土地使用税	724 011.88	30 940.89

（续上表）

项　目	期末余额	期初余额
教育费附加	14 657 163.57	21 044 514.85
地方教育附加	9 776 542.49	14 034 774.02
价格调节基金	30 187.96	30 187.96
合　计	1 097 979 258.65	2 194 188 016.66

其他说明：本公司的各项税费以税务机关的核定片收金额为准。

表 5－9　五粮液 2014 年公司年报（附注中所得税费用部分）

（1）所得税费用表。

单位：元

项　目	本期发生额	上期发生额
当期所得税费用	1 881 830 591.29	3 019 872 859.01
递延所得税费用	75 870 594.20	－95 008 803.36
合　计	1 957 701 185.49	2 924 864 055.65

（2）会计利润与所得税费用调整过程。

单位：元

项　目	本期发生额
利润总额	8 015 916 148.56
按法定/适用税率计算的所得税费用	2 003 979 037.15
子公司适用不同税率的影响	－59 379 407.47
调整以前期间所得税的影响	2 242 377.51
非应税收入的影响	－3 621 885.51
不可抵扣的成本、费用和损失的影响	3 284 706.14
使用前期未确认递延所得税资产的可抵扣亏损的影响	－489 135.96
本期未确认递延所得税资产的可抵扣暂时性差异或可抵扣亏损的影响	22 725 845.84
研发费用加计扣除的影响	－3 346 406.20
残疾人工资加计扣除的影响	－5 617 583.32
环保蒸汽收入减按 10% 征收所得税的影响	－2 076 362.69
所得税费用	1 957 701 185.49

二、企业所得税纳税申报表

表 5 - 10 中华人民共和国企业所得税年度纳税申报表（A 类）

税款所属期间： 年 月 日至 年 月 日 纳税人名称：

纳税人识别号：

金额单位：元（列至角分）

行次	类别	项目	金额
1		一、营业收入（填写 A101010 \ 101020 \ 103000）	
2		减：营业成本	
3		营业税金及附加	
4		销售费用（填写 A104000）	
5		管理费用（填写 A104000）	
6		财务费用（填写 A104000）	
7	利润总额计算	资产减值损失	
8		加：公允价值变动收益	
9		投资收益	
10		二、营业利润（1 - 2 - 3 - 4 - 5 - 6 - 7 + 8 + 9）	
11		加：营业外收入（填写 A101010 \ 101020 \ 103000）	
12		减：营业外支出（填写 A101010 \ 101020 \ 103000）	
13		三、利润总额（10 + 11 - 12）	
14		减：境外所得（填写 A108010）	
15		加：纳税调整增加额（填写 A105000）	
16	应纳税所得额计算	减：纳税调整减少额（填写 A105000）	
17		减：免税、减计收入及加计扣除（填写 A107010）	
18		加：境外应税所得抵减境内亏损（填写 A108000）	
19			

（续上表）

行次	类别	项目	金额
20	应纳税所得额计算	四、纳税调整后所得（13－14＋15－16－17＋18）	
21		减：所得减免（填写 A107020）	
22		减：抵扣应纳税所得额（填写 A107030）	
23		减：弥补以前年度亏损（填写 A106000）	
		五、应纳税所得额（19－20－21－22）	
24	应纳税额计算	税率（25%）	
25		六、应纳所得税额（23×24）	
26		减：减免所得税额（填写 A107040）	
27		减：减免所得税额（填写 A107050）	
28		七、应纳税额（25－26－27）	
29		加：境外所得应纳所得税额（填写 A108000）	
30		减：境外所得抵免所得税额（填写 A108000）	
31		八、实际应纳所得税额（28＋29－30）	
32		减：本年累计实际已预缴的所得税额	
33		九、本年应补（退）所得税额（31－32）	
34		其中：总机构分摊本年应补（退）所得税额（填写 A109000）	
35		财政集中分配本年应补（退）所得税额（填写 A109000）	
36		总机构主体生产经营部门分摊本年应补（退）所得税额（填写 A109000）	
37	附列资料	以前年度多缴的所得税额在本年抵减额	
38		以前年度应缴未缴在本年入库所得税额	

【案例分析】某服装公司主要生产经营各式童装且已执行新会计准则，2×15年12月底税务人员对该公司2×15年所得税纳税情况进行审核。税务人员对该公司的“销售费用”账户进行了检查，从摘要栏中看到2×15年4月和9月分别支付广告费30 000元和62 000元。继而审核了“销售费用——广告费”明细账户，并进一步核实了有关记账凭证和原始凭证，发现该企业为了扩大销售

市场，发展关系户，在本市某服装商店和某百货市场5月1日和10月1日开业之前，发生了赞助费和广告费，赞助费已支付而广告费尚欠，然后将赞助费用视为广告费计入销售费用。假设该公司2×15年符合税法的销售收入为40万元。所得税采用资产负债表债务法核算，适用的所得税税率为25%。甲公司按净利润的10%提取法定盈余公积，按净利润的5%提取任意盈余公积。

（1）2×15年4月：

借：销售费用　　30 000

　贷：银行存款　　30 000

（2）2×15年9月：

借：销售费用　　62 000

　贷：其他应付款　　62 000

要求：对服装公司上述交易事项进行分析判断（假设该笔业务达到重要性要求）。

案例分析如下：

根据企业所得税税法规定：纳税人支付的各种赞助支出，不得在应纳税所得额中扣除。而该公司将赞助费30 000元计入了销售费用，另多计列当期广告费，挤占了该公司的销售利润，且是主观为之，故应调整计税利润32 000元，补缴所得税8 000元。服装公司上述交易事项会计处理不正确，账务调整处理为：

（1）借：营业外支出　　30 000

　　贷：销售费用　　30 000

（2）借：所得税费用　　7 500

　　　递延所得税资产　　500

　　贷：应交税费——应交所得税　　8 000

（3）借：盈余公积——法定盈余公积　　750

　　　　　　——任意盈余公积　　375

　　贷：利润分配——未分配利润　　1 125

【前沿新闻导读一】

花旗拒绝为递延税金资产提前拨备

花旗集团（Citigroup）目前正处于一场争论的核心。分析师与会计专家就该集团是否应该拨备资金来支付500亿美元的递延税金（Deferred Taxes）发生争执。此举将缩减花旗集团的缓冲资本金，削弱其资产负债表。

递延税金这一资产类别，是美国税务当局执行的公司会计准则的产物，它对于花旗的财务健康状况至关重要。截至（2010 年）第二季度末，递延税金占花旗有形资产的比例超过了三分之一——这是衡量资产负债表强健程度的一种方法。

花旗拒绝就递延税金进行拨备操作，认为集团未来能获得足够收益，证明公司有理由将此类资产记录在资产负债表上。花旗是递延税金总额最高的美国公司。

根据会计准则，花旗必须有信心在未来 20 年获得 990 亿美元的应税收入，才不用为递延税金拨备。在 2002 年至 2006 年期间，花旗实现了至少 200 亿美元的年均税前利润。

然而，有人指出，鉴于花旗最近的记录（2008 年和 2009 年的税前亏损达到 600 亿美元），以及全球经济仍然存在不确定性，花旗表现得过于乐观。

“为什么审计师、投资者、监管机构和其他人要依靠花旗的预测……来为递延税金的处置辩护?”里昂证券（CLSA）分析师迈克·梅奥（Mike Mayo）在最近的一份研究报告中写道。

美国证券交易委员会（Securities and Exchange Commission）前首席会计师林恩·特纳（Lynn Turner）表示：“花旗的立场既让人难以想象，也不符合逻辑。”

“花旗不应该空谈未来的收益，而应该至少为部分递延税金进行拨备，一旦其真正获得收益，便可以削减这部分准备金。”

花旗积累递延税金的部分原因是在金融危机期间遭遇重大亏损，该集团表示，“对于递延税金记录，我们感到心安理得”。

Rochdale Securities 的理查德·巴夫（Richard Bove）站在花旗一边。他在上月末（8 月末）写道，自己不认为花旗的账目“因为递延税金的错报而出现了混乱”。美国证交会去年曾对花旗的递延税金账户进行调查，要求该行对此类资产的处置予以解释。证交会拒绝就是否仍在追踪此事发表评论。

（资料来源：FT 中文网，2010 年 9 月 7 日）

【前沿新闻导读二】

微软称美政府税务审计或极大影响公司财报

美国国税局（Internal Revenue Service）正在对微软的转让定价的方法、其子公司间的价格和销售数据的财务记账方式进行审查。因为不同的记账方式或将有可能低估企业的收益，从而减少该公司应缴的税额。

美国的各大企业往往都会通过合法的手段将账面利润计入到设在海外税率相对较低的国家的子公司，从而避免公司需要按照美国企业的高达35%税率标准来缴税。

但是随着美国面临着高失业率和巨大预算赤字的问题，不断有相关人士在游说华盛顿政府修改其税收法案，设立一套简便易行的税收体系，降低企业税率并修补税收法律的漏洞。目前奥巴马政府正在向各大企业施压，希望能够以降低税率作为与这些企业交换的筹码，让这些企业将计入海外的利润转回美国本土，并借此来促进本土的投资和就业。

作为全球最大的软件公司，微软于本周四（2011年7月28日）表示，该公司在美国以外的市场中累计收益已经达到了448亿美元，这些收益被用于在美国之外的再投资活动，截至2011年6月，其产生的递延所得税已经达到了142亿美元。

该递延所得税数额较以往有了很大的增长，因为在2010年年底，微软在海外的永久性投资仅为295亿美元，产生的递延所得税也只有92亿美元。

微软并没有披露如何展开海外投资以及获取回报的具体过程，不过这些投资无非就是用在诸如购买办公设备和购买银行理财产品上。这些藏匿在海外的大宗现金不仅使得公司免于上缴大笔的收益返国税，而且还意味着公司不会需要将大量资金用于在美国进行投资或者向股东支付股利等。

微软在周四发布的文件中表示，美国国税局曾对微软2004—2006税务年的税务状况进行了审查，并在之后出具过一份《税收代理报告》，但微软曾就报告中的几项调整提出了申诉。虽然微软并没有透露该《税收代理报告》的细节，但是微软还是表示，他们完全不介意美国国税局就该公司2007—2010纳税年度的税务状况进行进一步的检查。

微软在一份文件中指出："我们无法认可《税收代理报告》中提出的调整，我们已经对此提出了抗议并开始进入了行政申诉流程。因为该报告中的调整主要是针对转让定价手段的，而相关的流程如果不能顺利过渡的话，将会严重影响到公司的财报业绩。""尽管如此，我们还是坚信自己拥有足够的实力来面对相关机构的审查。"美国国税局对微软2004—2006年的审查在上个季度（2011年第二季度）告一段落，结果对微软十分有利，最终微软从美国国税局获得了共4.61亿美元的一次性退税。

专家称微软对于缩减自身的税单的技巧已经驾轻就熟，而且该公司本身已经承认自己会通过海外税收低廉的国家来压低公司的税负。

微软表示该公司在本财季（2011年第三季度）的税率较低的原因"主要归结于该公司将更高比例的收益计入到了税收幅度较低的海外子公司，其中包括爱尔兰、新加坡和波多黎各等国家和地区”。但是微软进行这些避税操作的细节目前尚未被公开。由于美国企业无须将母公司和海外子公司的收益进行分割，因此很难通过财务报表来判断该公司以这种瞒天过海的手段节省了多少税费。作为对相关人士质询的回应，微软也开始提前进行操作，将各个地区的销售业绩进行分割，以便向外界提供更多关于其业务的细节概要。

相关数据显示，在2011财年，微软有约46%的销售额来自美国以外，总额约为320亿美元，较2010财年上升了42个百分点。

然而根据微软的报表显示，该公司在海外获得的税前利润在过去的6年里近乎增长了3倍，从2006财年的68亿美元飙升至了2011财年的192亿美元。而相比之下，该公司在美国的收益却持续下滑，从2006财年的114亿美元下跌至2011财年的89亿美元。目前微软在海外子公司的收益占该公司总收益的68%。

（资料来源：新浪网，2011年7月29日，有删节）

【本章小结】

企业所得税是非常重要的一个税种，因此，企业所得税会计核算是税务会计一个非常重要的内容。

所得税会计原理就是研究如何处理按照会计准则确认的资产和负债的账面价值或税前会计利润与按照税法确认的资产和负债计税基础或应税所得之间差异的会计理论和方法。

会计法规与税法在收益、费用或损失的确认和计量原则方面的不同，导致按照会计法规计算的税前会计利润与按照税法规定计算的应税所得之间的差异，这在会计核算中可以采用两种不同的方法进行处理。

《企业会计准则第18号——所得税》规定：我国所得税会计采用了资产负债表债务法，要求企业从资产负债表出发，通过比较资产负债表上列示的资产、负债，按照会计准则规定确定的账面价值与按照税法规定确定的计税基础，对于两者之间的差异分别按应纳税暂时性差异与可抵扣暂时性差异，确认相关的递延所得税负债与递延所得税资产，并在此基础上确定每一会计期间利润表中的所得税费用。

【关键术语和概念】

所得税会计　应付税款法　纳税影响会计法　递延法　债务法
资产负债观　递延所得税资产　递延所得税负债　永久性差异
暂时性差异

【学习参考：文献与法规】

1. 戴德明，唐妤，何力军. 会计制度变迁背景下所得税会计信息的市场效应检验——基于2001—2011年A股上市公司的证据. 山西财经大学学报，2013（11）：106~115.

2. 童锦治，乔彬彬，赵新贵. 所得税会计模式：国际实践与我国的选择. 税务研究，2004（1）：55~57.

3. 袁艳红. 论我国所得税会计处理方法的选择——基于所得税会计准则的国际比较研究. 中央财经大学学报，2006（12）：88~92.

4. 盖地. 税务会计研究. 北京：首都经济贸易大学出版社，2004.

5.《企业所得税会计处理的暂行规定》（财政部1994年6月29日颁布）

6.《企业会计准则第4号——固定资产》（2006年2月15日财政部发布，自2007年1月1日起施行）

7.《企业会计准则第6号——无形资产》（2006年2月15日财政部发布，自2007年1月1日起施行）

8.《企业会计准则第18号——所得税》（2006年2月15日财政部发布，自2007年1月1日起施行）

9.《企业会计准则应用指南（2006）》（2006年10月30日财政部发布，自2007年1月1日起施行）

10.《中华人民共和国企业所得税法》（2007年3月16日第十届全国人民代表大会第五次会议通过，自2008年1月1日起施行）

11.《中华人民共和国企业所得税法实施条例》（2007年11月28日国务院第197次常务会议通过，自2008年1月1日起施行）

12.《小企业会计准则》（2011年10月18日财政部发布，自2013年1月1日起施行）

13. 中国注册会计师协会. 税法. 北京：经济科学出版社，2015.

14. 中国注册会计师协会. 会计. 北京：中国财政经济出版社，2015.

15. 财政部会计资格评价中心. 中级会计实务. 北京：经济科学出版社，2015.

16. 国家税务总局的相关税收政策

第六章　个人所得税会计

【学习要点】

* 个人所得税内涵
* 个人所得税确认要求
* 个人所得税计量要求
* 个人所得税会计核算特点

第一节　个人所得税概述

个人所得税是对自然人取得的各项应税所得征收的一种所得税。它是政府利用税收对个人收入进行调节的一种手段。

个人所得税是世界各国普遍征收的一种税。我国在1980年9月颁布《中华人民共和国个人所得税法》，开征个人所得税，该税主要对我国境内外籍人员征收。1986年，国务院根据我国社会经济发展的状况，为了有效调节社会成员收入水平的差距，分别颁布并实施了《中华人民共和国城乡个体工商业户所得税暂行条例》和《中华人民共和国个人收入调节税暂行条例》。我国建立了社会主义市场经济体制后，为了进一步深化税制改革，简化税制，公平税负，1993年10月31日第八届全国人民代表大会常务委员会第九次会议通过了《关于修改〈中华人民共和国个人所得税法〉的决定》，同时颁布了修改后的《中华人民共和国个人所得税法》，并于1994年1月1日起施行。该法至今已经过六次修改，目前适用的是2011年6月30日由第十一届全国人民代表大会常务委员会第二十一次会议修改通过并公布、自2011年9月1日起施行的《中华人民共和国个人所得税法》（以下简称《个人所得税法》）。

现行的个人所得税法，有以下五方面的特点：

（1）实行分类征收。世界各国的个人所得税制大体可分为三种类型：分类所得税制、综合所得税制和混合所得税制。这三种税制各有所长，各国可根据本国具体情况选择、运用。我国现行个人所得税采用的是分类所得税制，将个人取得的各种所得划分为11类，分别适用不同的费用减除规定、不同的税率和不同的计税方法。随着我国个人所得税的深化改革，预计在未来的五年将推行分类所得税制与综合所得税制相结合的混合所得税制。

（2）累进税率与比例税率并用。分类所得税制一般采用比例税率，综合所得税制通常采用累进税率。比例税率计算简便，便于实行源泉扣缴；累进税率可以合理调节收入分配，体现公平。我国现行个人所得税根据各类个人所得的不同性质和特点，将这两种形式的税率综合运用于个人所得税制。其中，对工资、薪金所得，个体工商户的生产、经营所得，对企事业单位的承包经营、承租经营所得，采用累进税率，实行量能负担。对劳务报酬、稿酬等其他所得，采用比例税率，实行等比负担。

（3）费用扣除额较宽。各国的个人所得税均有费用扣除的规定，只是扣除的方法及额度不尽相同。我国本着费用扣除从宽、从简的原则，采用费用定额扣除和定率扣除两种方法。对工资、薪金所得，每月减除费用 3 500 元；对劳务报酬等所得，每次收入不超过 4 000 元的减除 800 元，每次收入 4 000 元以上的减除 20% 的费用。按照这样的标准减除费用，实际上等于对绝大多数的工资、薪金所得予以免税或只征很少的税款，使得提供一般劳务，取得中低劳务报酬所得的个人大多不用负担个人所得税。

（4）计算简便。我国个人所得税的费用扣除采取总额扣除法，免去了对个人实际生活费用支出逐项计算的麻烦；各种所得项目实行分类计算，并且具有明确的费用扣除规定，费用扣除项目及方法易于掌握，计算比较简单，符合税制简便原则。

（5）采取源泉扣缴制和申报制两种征纳方法。我国《个人所得税法》规定，对纳税人的应纳税额分别采取由支付单位源泉扣缴和纳税人自行申报两种方法。对凡是可以在应税所得的支付环节扣缴个人所得税的，均由扣缴义务人履行代扣代缴义务；对于没有扣缴义务人的，个人在两处以上取得工资、薪金所得的，以及个人所得超过国务院规定数额（即年所得 12 万元以上）的，由纳税人自行申报纳税。此外，对其他不便于扣缴税款的，亦规定由纳税人自行申报纳税。

第二节 个人所得税的确认

一、个人所得税的纳税人

个人所得税的纳税人，包括在中国境内有住所，或者虽无住所但在境内居住满1年，以及无住所又不居住或居住不满1年但有从中国境内取得所得的个人，包括中国公民、个体工商户、外籍个人，以及香港、澳门、台湾同胞等。上述纳税人依据住所和居住时间两个标准，区分为居民和非居民，分别承担不同的纳税义务。

（一）居民纳税人

税法规定，在中国境内有住所，或者无住所但在境内居住满1年的个人，属于我国的居民纳税人，应就其来源于中国境内和境外的所得，向我国政府履行全面纳税义务，依法缴纳个人所得税。

所谓在中国境内有住所的个人，是指因户籍、家庭、经济利益关系，而在中国境内习惯性居住的个人。习惯性居住是指个人由于学习、工作、探亲等原因消除后，没有理由在其他地方继续居留时所要回到的地方，而不是指实际居住或在某一个特定时期内的居住地。

所谓在境内居住满1年，是指一个纳税年度（即公历1月1日起至12月31日止，下同）内，在中国境内住满365日。在居住期间内临时离境的，即在一个纳税年度中一次离境不超过30日或者多次离境累计不超过90日的。

为了便于人员的国际交流，本着从宽、从简的原则，对于在中国境内无住所，但居住1年以上而未超过5年的个人，其来源于中国境内的所得应全部依法缴纳个人所得税。对于其来源于中国境外的各种所得，经主管税务机关批准，可以只就由中国境内公司、企业以及其他经济组织或个人支付的部分缴纳个人所得税。如果上述个人在居住期间临时离境，在临时离境工作期间的工资、薪金所得，仅就由中国境内企业或个人雇主支付的部分纳税。

对于居住满5年的个人，从第6年起，以后的各年度中，凡在境内居住满1年的，就其来源于中国境内、境外的全部所得缴纳个人所得税。

所谓个人在中国境内居住满5年，是指个人在中国境内连续居住满5年，即在连续5年中的每一个纳税年度内均居住满1年。个人从第6年起以后的各年度中，凡在境内居住满1年的，应当就其来源于境内、境外的所得申报纳税；凡在境内居住不满1年的，仅就其该年内来源于境内的所得申报纳税，如某一个纳税年度内在境内居住不足90日，其来源于中国境内的所得，由境外雇主支付并且不由该雇主在中国境内的机构、场所负担的部分，免予缴纳个人所得税，并从再次居住满1年的年度起计算5年期限。

在中国境内有住所的居民纳税人不适用上述规定。

（二）非居民纳税人

《个人所得税法》规定，非中国居民的个人，即在中国境内无住所又不居住，或者无住所而在境内居住不满1年的个人，属于我国税法中的非居民纳税人，只就其来源于中国境内的所得向我国政府履行有限纳税义务，依法缴纳个人所得税。

二、个人所得税的征收对象

个人所得税以个人取得的所得为课征对象，《个人所得税法》列举征税的个人所得共有11项。《个人所得税法实施条例》及相关法规具体确定了各项个人所得的征税范围。个人所得的形式，包括现金、实物、有价证券和其他形式的经济利益。具体规定如下：

（一）工资、薪金所得

工资、薪金所得是指个人因任职或者受雇而取得的工资、薪金、奖金、年终加薪、劳动分红、津贴、补贴以及与任职或者受雇有关的其他所得。

一般来说，工资、薪金所得属于非独立个人劳动所得。所谓非独立个人劳动，是指个人所从事的是由他人指定、安排并接受管理的劳动、工作，或服务于公司、工厂、行政、事业单位（私营企业主除外）。非独立劳动者从上述单位取得的劳动报酬，是以工资、薪金的形式体现的。在这类报酬中，工资和薪金的收入主体略有差异。通常情况下，把直接从事生产、经营或服务的劳动者（工人）的收入称为工资，即所谓“蓝领阶层”所得；而将从事社会公职或管理活动的劳动者（公职人员）的收入称为薪金，即所谓“白领阶层”所得。但在实际立法过程中，各国都从简便易行的角度考虑，将工资、薪金合并为一个项目计征个人所得税。

除工资、薪金以外，奖金、年终加薪、劳动分红、津贴、补贴也被确定为工资、薪金范畴。

其中，年终加薪、劳动分红不分种类和取得情况，一律按工资、薪金所得课税；津贴、补贴等则有例外。

根据我国目前个人收入的构成情况，规定对于一些不属于工资、薪金性质的补贴、津贴或者不属于纳税人本人工资、薪金所得项目的收入，不予征税。这些项目包括：

（1）独生子女补贴。

（2）执行公务员工资制度未纳入基本工资总额的补贴、津贴差额和家属成员的副食品补贴。

（3）托儿补助费。

（4）差旅费津贴、误餐补助。其中，误餐补助是指按照财政部规定，个人因公在城区、郊区工作，不能在工作单位或返回就餐的，根据实际误餐顿数，按规定的标准领取的误餐费。单位以误餐补助名义发给职工的补助、津贴不包括在内。

奖金是指所有具有工资性质的奖金，免税奖金的范围在税法中另有规定。

公司职工取得的用于购买企业国有股权的劳动分红，按“工资、薪金所得”项目计征个人所得税。

出租汽车经营单位对出租车驾驶员采取单车承包或承租方式运营，出租车驾驶员从事客货营运取得的收入，按工资、薪金所得征税。

（二）个体工商户的生产、经营所得

个体工商户的生产、经营所得是指：

（1）个体工商户从事工业、手工业、建筑业、交通运输业、商业、饮食业、服务业、修理业以及其他行业生产、经营取得的所得。

（2）个人经政府有关部门批准，取得执照，从事办学、医疗、咨询以及其他有偿服务活动取得的所得。

（3）上述个体工商户和个人取得的与生产、经营有关的各项应税所得。

（4）从事个体出租车运营的出租车驾驶员取得的收入，按个体工商户的生产、经营所得项目缴纳个人所得税。个人因从事彩票代销业务而取得的所得，应按照“个体工商户的生产、经营所得”项目计征个人所得税。

出租车属个人所有，但挂靠出租汽车经营单位或企事业单位，驾驶员向挂靠单位缴纳管理费的，或出租汽车经营单位将出租车所有权转移给驾驶员的，出租车驾驶员从事客货运营取得的收入比照“个体工商户的生产、经营所得”项目征税。

（5）个体工商户和从事生产、经营的个人，取得与生产、经营活动无关的其他各项应税所得，应分别按照有关规定，计算征收个人所得税。如取得银行存款的利息所得、对外投资取得的股息所得，应按“利息、股息、红利所得”税目的规定单独计征个人所得税。

（6）其他个人从事个体工商业生产、经营取得的所得。

（三）对企事业单位的承包经营、承租经营所得

对企事业单位的承包经营、承租经营所得是指个人承包经营、承租经营以及转包、转租取得的所得。承包项目可分多种，如生产经营、采购、销售、建筑安装等各种承包。转包包括全部转包或部分转包。

（四）劳务报酬所得

劳务报酬所得是指个人从事设计、装潢、安装、制图、化验、测试、医疗、法律、会计、咨询、讲学、新闻、广播、翻译、审稿、书画、雕刻、影视、录音、录像、演出、表演、广告、展览、技术服务、介绍服务、经纪服务、代办服务以及其他劳务报酬的所得。

个人担任董事职务所取得的董事费收入，属于劳务报酬性质，按劳务报酬所得项目征税。

上述各项所得一般属于个人独立从事自由职业取得的所得或属于独立个人劳动所得。

是否存在雇佣与被雇佣关系，是判断一种收入是属于劳务报酬所得，还是属于工资、薪金所得的重要标准。劳务报酬所得是个人独立从事某种技艺，独立提供某种劳务而取得的所得；工资、薪金所得则是个人从事非独立劳动，从所在单位领取的报酬。后者存在雇佣与被雇佣的关系，而前者则不存在这种关系。如果从事某项劳务活动取得的报酬是以工资、薪金形式体现的，如演员从剧团领取工资，教师从学校领取工资，就属于工资、薪金所得项目，而不属于劳务报酬所得范围。

（五）稿酬所得

稿酬所得是指个人因其作品以图书、报刊形式出版、发表而取得的所得。

（六）特许权使用费所得

特许权使用费所得是指个人提供专利权、商标权、著作权、非专利技术以及其他特许权的使用权取得的所得，不包括稿酬所得。

（七）利息、股息、红利所得

利息、股息、红利所得是指个人拥有债权、股权而取得的利息、股息、红利所得。其中，利息一般是指存款、贷款和债券的利息。我国自 2008 年 10 月 9 日起暂免征收储蓄存款利息的个人所得税。股息、红利是指个人拥有股权取

得的公司、企业分红，按照一定的比率派发的每股息金，称为股息；根据公司、企业应分配的利润，按股份分配的叫红利。股息、红利所得，除另有规定外，都应当缴纳个人所得税。

（八）财产租赁所得

财产租赁所得是指个人出租建筑物、土地使用权、机器设备、车船以及其他财产取得的所得。个人取得的财产转租收入，属于“财产租赁所得”的征税范围，由财产转租人缴纳个人所得税。

（九）财产转让所得

财产转让所得是指个人转让有价证券、股权、建筑物、土地使用权、机器设备、车船以及其他财产取得的所得。

在现实生活中，个人进行的财产转让主要是个人财产所有权的转让。财产转让实际上是一种买卖行为，当事人双方通过签订、履行财产转让合同，形成财产买卖的法律关系，使出让财产的个人从对方取得价款（收入）或其他经济利益。财产转让所得因其性质的特殊性，需要单独列举项目征税。对个人取得的各项财产转让所得，除股票转让所得外，都要征收个人所得税。具体规定为：

1. 股票转让所得

根据《个人所得税法实施条例》的规定，对股票转让所得征收个人所得税的办法，由财政部另行制定，报国务院批准施行。鉴于我国证券市场发育还不成熟，股份制还处于试点阶段，对股票转让所得的计算、征税办法和纳税期限的确认等都需要作深入的调查研究，因此，经国务院批准，对股票转让所得暂不征收个人所得税。

2. 量化资产股份转让

集体所有制企业在改制为股份合作制企业时，对职工个人以股份形式取得的拥有所有权的企业量化资产，暂缓征收个人所得税；待个人将股份转让时，就其转让收入额，减除个人取得该股份时实际支付的费用支出和合理转让费用后的余额，按“财产转让所得”项目计征个人所得税。

（十）偶然所得

偶然所得是指个人得奖、中奖、中彩以及其他偶然性质的所得。其中，得奖是指参加各种有奖竞赛活动，取得名次获得的奖金；中奖、中彩是指参加各种有奖活动，如有奖销售、有奖储蓄或购买彩票，经过规定程序，抽中、摇中号码而取得的奖金。偶然所得应缴纳的个人所得税税款，一律由发奖单位或机构代扣代缴。

（十一）经国务院财政部门确定征税的其他所得

除上述列举的各项个人应税所得外，其他确有必要征税的个人所得，由国务院财政部门确定。

三、个人所得税的税率和计税依据

（一）税率

个人所得税的税率是按照所得项目的不同分别确定的，实行分项计算。

（1）工资、薪金所得，采用七级超额累进税率，税率为3%～45%。具体见本章第三节"个人所得税的计量"部分的表6-1。

（2）个体工商户的生产、经营所得和对企事业单位的承包经营、承租经营所得，实行五级超额累进税率，税率为5%～35%。具体见本章第三节"个人所得税的计量"部分的表6-2。

（3）稿酬所得，适用比例税率，税率为20%，并按应纳税额减征30%，故其实际税率为14%。

（4）劳务报酬所得，适用比例税率，税率为20%。对劳务报酬所得一次收入畸高的，可以实行加成征收，适用20%、30%、40%的三级超额累进税率。具体见本章第三节"个人所得税的计量"部分的表6-3。

（5）特许使用费所得，利息、股息、红利所得，财产租赁所得，财产转让所得，偶然所得和其他所得，均适用比例税率，税率为20%。对个人出租住房取得的所得暂减按10%的税率征收个人所得税。

（二）计税依据

个人所得税的计税依据是个人应纳税所得额。由于个人所得税的应税项目不同，并且取得某项所得所需费用也不同，因此，个人所得税的计税依据是以某项应税项目减去税法规定的扣除项目或扣除金额之后的余额，即该应税项目应纳税所得额。

四、个人所得税的减免税规定

（一）个人所得税免税规定

（1）省级人民政府、国务院部委和中国人民解放军军以上单位，以及外国组织颁发的科学、教育、技术、文化、体育、卫生、环境保护等方面的奖金。

（2）国债和国家发行的金融债券利息。

（3）按照国家统一规定发给的补贴、津贴。

（4）福利费、抚恤金、救济金。

（5）保险赔款。

（6）军人转业费、复员费。

（7）按照国家统一规定发给干部、职工的安家费、退职费、退休工资、离休工资、离休生活补助。

（8）依照我国有关法律规定应予免税的各国驻华使馆、领事馆的外交代表、领事官员和其他人员的所得。

（9）中国政府参加国际公约、签订的协议中规定免税的所得。

（10）经国务院财政部门批准免税的其他所得。

（二）个人所得税的减征规定

有下列情形之一的，均可申请减税：

（1）残疾、孤老人员和烈属的所得；

（2）因严重自然灾害造成重大损失的；

（3）其他经国务院财政部门批准减税的。

五、个人所得税的纳税申报

个人所得税的纳税办法，有自行申报纳税和代扣代缴纳税两种。

（一）自行申报纳税

自行申报纳税，是由纳税人自行在税法规定的纳税期限内，向税务机关申报取得的应税所得项目和数额，如实填写个人所得税纳税申报表，按照税法规定计算应纳税额，并据此缴纳个人所得税的一种方法。

1. 自行申报纳税的纳税人

税法规定，凡有下列情形之一的，纳税人必须自行向税务机关申报所得并缴纳税款：

（1）年所得 12 万元以上的；

（2）在两处或两处以上取得工资、薪金所得的；

（3）从中国境外取得所得的；

(4) 取得应纳税所得，没有扣缴义务人的，如个体工商户从事生产、经营的所得；

(5) 国务院规定的其他情形。

2. 自行申报纳税的纳税期限

除特殊情况外，纳税人应在取得应纳税所得的次月 7 日内向主管税务机关申报所得并缴纳税款。具体规定如下：

(1) 年所得 12 万元以上的纳税人，在纳税年度终了后 3 个月内向主管税务机关办理纳税申报。

(2) 个体工商业户和个人独资、合伙企业投资者取得的生产、经营所得应纳的税款，分月预缴的，纳税人在每月终了后 15 日内办理纳税申报；分季预缴的，纳税人在每个季度终了后 15 日内办理纳税申报；纳税年度终了后，纳税人在 3 个月内进行汇算清缴，多退少补。

(3) 纳税人年终一次性取得承包经营、承租经营所得的，自取得收入之日起 30 日内申报纳税；在一年内分次取得承包经营、承租经营所得的，应在取得每次所得后的 7 日内预缴税款，年度终了后 3 个月内汇算清缴，多退少补。

(4) 个人从中国境外取得所得的，应在所得来源国的纳税年度终了、结清税款后的 30 日内，向中国主管税务机关申报纳税。

3. 申报纳税方式

纳税人可以采取数据电文、邮寄等方式申报，也可以直接到主管税务机关申报，或者采取符合主管税务机关规定的其他方式申报。纳税人采用邮寄方式申报的，以邮政部门挂号信函收据作为申报凭据，以寄出地的邮戳日期为实际申报日期。

(二) 代扣代缴纳税

代扣代缴纳税，是指按照税法规定负有扣缴税款义务的单位或者个人，在向个人支付应纳税所得时，应计算应纳税额，从其所得中扣除并缴入国库，同时向税务机关报送扣缴个人所得税报告表。这种方法有利于控制税源，防止漏税和逃税。

根据个人所得税法及其实施条例和《税收征收管理法》及其实施细则的有关规定，国家税务总局制定、下发了《个人所得税代扣代缴暂行办法》(以下简称《暂行办法》)。自 1995 年 4 月 1 日起执行的《暂行办法》明确规定：

1. 扣缴义务人和代扣代缴的范围

(1) 扣缴义务人。凡支付个人应纳税所得的企业(公司)、事业单位、机关、社团组织、军队、驻华机构、个体户等单位或者个人，为个人所得税的扣缴义务人。

（2）代扣代缴的范围。扣缴义务人向个人支付下列所得时，应代扣代缴个人所得税：

①工资、薪金所得；

②对企事业单位的承包经营、承租经营所得；

③劳务报酬所得；

④稿酬所得；

⑤特许权使用费所得；

⑥利息、股息、红利所得；

⑦财产租赁所得；

⑧财产转让所得；

⑨偶然所得；

⑩经国务院财政部门确定征税的其他所得。

扣缴义务人向个人支付应纳税所得（包括库存现金、实物和有价证券）时，不论纳税人是否属于本单位人员，均应代扣代缴其应纳的个人所得税税款。

2. 代扣代缴期限

扣缴义务人每月所扣的税款，应当在次月7日内缴入国库，并向主管税务机关报送“扣缴个人所得税报告表”、代扣代收税款凭证和包括每一纳税人姓名、单位、职务、收入、税款等内容的支付个人收入明细表以及税务机关要求报送的其他有关资料。

扣缴义务人违反上述规定不报送或者报送虚假纳税资料的，一经查实，其未在支付个人收入明细表中反映的向个人支付的款项，在计算扣缴义务人应纳税所得额时不得作为成本费用扣除。

扣缴义务人因有特殊困难不能按期报送“扣缴个人所得税报告表”及其他有关资料的，经县级税务机关批准，可以延期申报。

第三节　个人所得税的计量

一、个人所得税应纳税所得额的计量

（一）费用减除标准

（1）工资、薪金所得以个人每月收入额固定减除3 500元费用后的余额为

应纳税所得额。

(2) 对于实行查账征收的个体工商户，其生产、经营所得或应纳税所得额是每一纳税年度的收入总额减除成本、费用以及损失后的余额。

成本、费用是指纳税义务人直接从事生产经营所发生的各项直接支出和分配计入成本的间接费用以及销售费用、管理费用、财务费用等期间费用；损失是指纳税义务人在生产、经营过程中发生的营业外支出。

(3) 对企业、事业单位承包经营、承租经营所得，以每一纳税年度的收入总额减除必要费用后的余额为应纳税所得额。收入总额是指纳税义务人按照承包经营、承租经营合同规定分得的经营利润，以及在承包期间的工资、薪金性质所得。以上所说的“减除必要费用”是指按月减除 3 500 元。

(4) 劳务报酬所得、稿酬所得、特许权使用费所得和财产租赁所得，一次收入不超过 4 000 元的，定额减除费用 800 元；一次收入在 4 000 元以上的，定率减除 20% 的费用，其余额为应纳税所得额。

以上所说的“一次”,《个人所得税法实施条例》规定：

① 劳务报酬所得，属于一次性收入，应以每次提供劳务取得收入为一次；属于同一项目连续性收入的，以 1 个月取得的收入加计一起为一次。

② 稿酬所得，以每次出版、发表取得收入为预付或分次支付稿酬或加印该作品支付稿酬，计为一次。出版单位均应合并为一次。

③特许权使用费所得，以某项使用权的一次转让所取得的收入为一次。

④财产租赁所得，以 1 个月内取得的收入为一次。

(5) 财产转让所得，以转让财产的收入额减除财产原值和合理费用（指卖出财产时按照规定支付的有关费用）后的余额，为应纳税所得额。

(6) 利息、股息、红利所得，偶然所得和其他所得，以个人每次取得的收入额为应纳税所得额，不扣除任何费用。除有特殊规定外，每次收入额就是应纳税所得额，以每次取得该项收入为一次。

(二) 附加减除费用适用的范围和标准

《个人所得税法》对工资、薪金所得规定的普遍适用的减除费用标准为每月 3 500 元。但是，对在中国境内无住所而在中国境内取得工资、薪金所得的纳税义务人和在中国境内有住所而在中国境外取得工资、薪金所得的纳税义务人，税法根据其平均收入水平、生活水平以及汇率变化情况，确定每月再附加减除费用。从 2011 年 9 月 1 日起，在每月减除 3 500 元费用的基础上，再附加减除 1 300 元。

（三）应纳个人所得税计算的其他规定

（1）个人将其所得通过中国境内的社会团体和机关，对教育和其他社会公益事业以及遭受严重自然灾害地区、贫困地区捐赠，捐赠额未超过纳税义务人申报的应纳税所得额的30%部分，可以在计税前，从应纳税所得额中扣除。

（2）个人取得的应纳税所得，包括库存现金、实物和有价证券。

（3）纳税义务人个人所得用于资助非关联的科研机构和高等学校研究开发新产品、新技术、新工艺所发生的研究开发经费，经主管税务机关确定，可以全额在下月或下次或当年计征个人所得税时从应纳税所得额中扣除，不足抵扣的，不得结转抵扣。

二、个人所得税应纳税额的计算

依据税法规定的适用税率和费用减除标准，各项所得的应纳税额应分别计算如下：

（一）工资、薪金所得

工资、薪金所得应纳税额的计算公式为：

应纳税额 = 应纳税所得额 × 适用税率 − 速算扣除数
　　　　 = （每月收入总额 −3 500 元或 4 800 元） × 适用税率 − 速算扣除数
　　　　 = Σ（每级距应纳税所得额 × 适用档次税率）

表6－1　工资、薪金所得个人所得税税率表

级数	全月应纳税所得额（含税级距）	全月应纳税所得额（不含税级距）	税率（%）	速算扣除数（元）
1	不超过1 500元	不超过1 455元的	3	0
2	超过1 500元至4 500元的部分	超过1 455元至4 155元的部分	10	105
3	超过4 500元至9 000元的部分	超过4 155元至7 755元的部分	20	555
4	超过9 000元至35 000元的部分	超过7 755元至27 255元的部分	25	1 005

（续上表）

级数	全月应纳税所得额（含税级距）	全月应纳税所得额（不含税级距）	税率（%）	速算扣除数（元）
5	超过 35 000 元至 55 000 元的部分	超过 27 255 元至 41 255 元的部分	30	2 755
6	超过 55 000 元至 80 000 元的部分	超过 41 255 元至 57 505 元的部分	35	5 505
7	超过 80 000 元的部分	超过 57 505 元的部分	45	13 505

注：本表所称全月应纳税所得额是指依照税法的规定，以每月收入额减除费用 3 500 元后的余额或者减除附加减除费用后的余额。

【例 1】假定某纳税人月薪为 4 200 元，该纳税人不适用附加减除费用的规定，计算其应纳个人所得税税款。

应纳税所得额 = 4 200 − 3 500 = 700（元）

700 元的应纳税所得额适用第一档 3% 的税率，速算数为 0 元，所以：

应纳税额 = 700 × 3% − 0 = 21（元）

【例 2】假定在某外商投资企业中工作的外国专家（假设为非居民纳税人）2×15 年 3 月取得该企业发放的含税工资收入 10 400 元人民币。请计算其应纳个人所得税税款。

应纳税所得额 = 10 400 − 4 800 = 5 600（元）

应纳税额 = 5 600 × 20% − 555 = 565（元）

或应纳税额 = 1 500 × 3% + 3 000 × 10% + 1 100 × 20% = 565（元）

（二）个体工商户的生产、经营所得

个体工商户的生产、经营所得应纳税额的计算公式为：

应纳税额 = 应纳税所得额 × 适用税率 − 速算扣除数
= （全年收入总额 − 成本、费用及损失）× 适用税率 − 速算扣除数
= ∑（每级距应纳税所得额 × 适应档次税率）

个体工商户的生产、经营所得适用的税率和适用的速算扣除数见表 6 − 2。

表6-2　个体工商户的生产、经营所得和对企事业单位的承包经营、承租经营所得个人所得税表

级数	全年应纳税所得额		税率（%）	速算扣除数（元）
	含税级距	不含税级距		
1	不超过15 000元的	不超过14 250元的	5	0
2	超过15 000元至30 000元的部分	超过14 250元至27 750元的部分	10	750
3	超过30 000元至60 000元的部分	超过27 750元至51 750元的部分	20	3 750
4	超过60 000元至100 000元的部分	超过51 750元至79 750元的部分	30	9 750
5	超过100 000元的部分	超过79 750元的部分	35	14 750

注：本表所称全年应纳税所得额和全年不含税应纳税所得额，对个体工商户的生产、经营所得来源，是指以每一纳税年度的收入总额，减除成本、费用以及损失后的余额；对企事业单位的承包经营、承租经营所得来源，是指以每一纳税年度的收入总额，减除必要费用后的余额。

【例3】某个体工商户2×15年12月营业收入总额为220 000元，本年度营业成本150 000元，发生费用20 000元，损失6 000元，计算该个体工商户2×15年应纳个人所得税额。

应纳税额=（全年收入总额-成本、费用及损失）×适用税率-速算扣除数

=（220 000-150 000-20 000-6 000）×20%-3 750=5 050（元）

（三）对企事业单位的承包经营、承租经营所得

对企事业单位的承包经营、承租经营所得，其个人所得税应纳税额的计算公式为：

应纳税额=应纳税所得额×适用税率-速算扣除数

=（纳税年度收入总额-必要费用）×适用税率-速算扣除数

（1）对企事业单位的承包经营、承租经营所得中的应纳税所得额为每一纳税年度的收入总额，减除必要费用后的余额。

在一个纳税年度中，承包经营或者承租经营期限不足一年的，以其实际经营期为纳税年度。

（2）对企事业单位的承包经营、承租经营所适用的速算扣除数与个体工商户的生产、经营所得适用的速算扣除数相同。

【例4】某人承包经营一玩具厂，根据合同规定，承包期为一年，年终，该承包人从该厂经营利润中分得利润80 000元，同时，每月还从该厂领取工资1 500元，上交全年费用15 000元，计算该承包人应纳个人所得税。

应纳税所得额 = 80 000 + 1 500 × 12 − 15 000 − 3 500 × 12 = 41 000（元）

应纳税额 = 41 000 × 20% − 3 750 = 4 450（元）

（四）劳务报酬所得、特许权使用费所得和财产租赁所得

劳务报酬所得、特许权使用费所得和财产租赁所得，其个人所得税应纳税额的计算公式为：

（1）每次收入不足4 000元的，减除费用800元：

应纳税额 = 应纳税所得额 × 适用税率 =（每次收入额 − 800）× 20%

（2）每次收入在4 000元以上的：

应纳税额 = 应纳税所得额 × 适用税率 = 每次收入额 ×（1 − 20%）× 20%

（3）对每次收入畸高，即应税所得额超过20 000元以上，采用加成方法计算征收，具体见表6－3。

应纳税额 = 应纳税所得额 × 适用税率 − 速算扣除数
　　　　= 每次收入额 ×（1 − 20%）× 适用税率 − 速算扣除数

表6－3　劳务报酬所得个人所得税税率表

级数	每次应纳税所得额	税率（%）	速算扣除数（元）
1	不超过20 000元的部分	20	0
2	超过20 000元至50 000元的部分	30	2 000
3	超过50 000元的部分	40	7 000

注：本表中的每次应纳税所得额是指每次收入额减除费用800元（每次收入额不超过4 000元时）或者减除20%的费用（每次收入额超过4 000元时）后的余额。

【例5】某教师一次从某学校取得讲学收入3 000元。计算该教师的应纳个人所得税税额。

应纳税额 =（3 000 - 800）×20% = 440（元）

【例 6】某高级工程师在专利局申请一项专利，被 A 企业采用，收取该企业特许权使用费 38 000 元。计算该工程师应纳个人所得税税额。

应纳税所得额 = 38 000 ×（1 - 20%）= 30 400（元）

应纳税额 = 30 400 ×30% - 2 000 = 7 120（元）

或应纳税额 = 30 400 ×20% +（30 400 - 20 000）×20% ×50% = 7 120（元）

【例 7】某人将其房屋租给某公司使用，每月租金 3 500 元，该企业按月支付。计算其应纳个人所得税税额。

应纳税额 =（3 500 - 800）×20% = 540（元）

（五）财产转让所得

财产转让所得应纳税额的计算公式为：

应纳税额 = 应纳税所得额 × 适用税率
= （收入总额 - 财产原值 - 合理费用）×20%

【例 8】某居民将私房转让给某公司，转让收入 180 000 元；该房产原值为 100 000 元，修缮费 10 000 元，转让过程中发生其他费用 5 000 元。计算该居民应纳个人所得税税额。

应纳税所得额 = 180 000 - 100 000 - 10 000 - 5 000 = 65 000（元）

应纳税额 = 65 000 × 20% = 13 000（元）

（六）稿酬所得

稿酬所得应纳税额的计算公式为：

（1）每次收入不足 4 000 元的：

应纳税额 = 应纳税所得额 × 适用税率 ×（1 - 30%）
= （每次收入额 - 800）× 20% ×（1 - 30%）

（2）每次收入在 4 000 元以上的：

应纳税额 = 应纳税所得额 × 适用税率 ×（1 - 30%）
= 每次收入额 ×（1 - 20%）×20% ×（1 - 30%）

【例9】某教授在人民出版社出版一部专著，获稿酬收入25 000元。计算该教授应纳个人所得税额。

应纳税额 = 每次收入额 ×（1 − 20%）×20% ×（1 − 30%）

= 25 000 ×（1 − 20%）×20% ×（1 − 30%）

= 2 800（元）

（七）利息、股息、红利所得，偶然所得和其他所得

利息、股息、红利所得，偶然所得和其他所得应纳税额计算公式为：

应纳税额 = 应纳税所得额 × 适用税率 = 每次收入额 ×20%

【例10】陈某在参加商场的有奖销售过程中，中奖所得共计价值20 000元。陈某领奖时告知商场，从中奖收入中拿出4 000元通过教育部门向某希望小学捐赠。请按照规定计算商场代扣代缴个人所得税后，陈某可得实际中奖金额。

根据税法有关规定，陈某的捐赠额可以全部从应纳税所得额中扣除(4 000 ÷ 20 000 = 20%，小于捐赠扣除比例30%)。

应纳税所得额 = 20 000 − 4 000 = 16 000（元）

应纳税额 = 16 000 ×20% = 3 200（元）

陈某实际可得金额 = 20 000 − 4 000 − 3 200 = 12 800（元）

第四节 个人所得税的会计处理

一、账户设置

根据《个人所得税法》规定，以所得人为纳税义务人，以支付所得的单位为个人所得税的扣缴义务人。

根据个人所得税政策，企业为税务部门代扣代缴职工的个人所得税有两种情况：一种是企业职工自己承担的个人所得税，企业只负有扣缴义务；另一种是企业既承担职工的个人所得税，又负有扣缴义务。其中，企业承担又分为企业定额承担、企业全额承担和按照一定比例承担。企业代扣代缴个人所得税，一般设置“应交税费——应交代扣个人所得税”科目核算，贷方反映企业向个人支付工资的同时代扣的税金，借方反映企业实际解缴的税金。期末余额一

般在贷方，表示期末累计已代扣尚未解缴的个人所得税。

对由个人负担的个人所得税通常由企业在计发工资时扣缴，通过“应付职工薪酬”科目反映；而由企业为职工负担的个人所得税一般记入企业“管理费用”科目。

二、账务处理

（一）企业对工资、薪金代扣代缴个人所得税的账务处理

【例1】某公司5月份总经理工资收入7 500元。试计算该公司为其代扣代缴税款。

应纳税所得额＝（7 500－3 500）＝4 000（元）

应纳税额＝4 000×10%－105＝295（元）

借：应付职工薪酬　　295

　贷：应交税费——应交代扣个人所得税　　295

上缴时：

借：应交税费——应交代扣个人所得税　　295

　贷：库存现金（或银行存款）　　295

（二）企业对承包经营、承租经营所得代扣代缴税款的账务处理

税法规定，承包经营、承租经营所得是以每一纳税年度扣除必要费用进行计算的。由于平时的工资已经发放，年终汇算清缴时，可从其应分得的利润中，将应缴的个人所得税一并扣除。

【例2】承包人张某某年承包经营一皮鞋厂，根据合同规定，年终从该厂经营利润中分得承包利润45 000元，同时，每月还从该厂领取工资1 200元。请作出该厂代扣代缴时的会计处理。

应纳税所得额＝承包收入－费用扣除标准

＝45 000＋1 200×12－3 500×12＝17 400（元）

应纳税额＝应纳税所得额×适用税率－速算扣除数

＝17 400×10%－750

＝990（元）

（1）企业在分配利润时：

借：利润分配——应付利润　　45 000

　贷：应付利润　　45 000

(2) 企业分出利润及计算应缴纳的个人所得税时：

借：应付利润 990

贷：应交税费——应交代扣个人所得税 990

(3) 付给承包人利润时：

借：应付利润 44 010

贷：库存现金 44 010

(4) 上缴代扣税款时：

借：应交税费——应交代扣个人所得税 990

贷：银行存款 990

(三) 个体工商业户、独资企业、合伙企业所得的会计处理

借：所得税费用

贷：应交税费——应缴个人所得税

借：应交税费——应缴个人所得税

贷：银行存款

借：本年利润

贷：所得税费用

(四) 企业对劳务报酬等项所得代扣代缴税款的账务处理

支付劳务报酬、稿酬、特许权使用费、财产租赁、财产转让及利息、股息、红利等税法规定所得的企业、事业单位，应按税法规定代扣代缴个人所得税。其账务处理如下：

(1) 计算代扣个人所得税税额时：

借：管理费用

贷：其他应付款——代扣个人所得税

借：其他应付款——代扣个人所得税

贷：应交税费——代扣个人所得税

(2) 上缴税款时：

借：应交税费——代扣个人所得税

贷：银行存款

(3) 企业按代扣个人所得税税额计算收到代扣手续费时：

借：银行存款

贷：营业外收入

此项收入在计征企业所得税时，可以不计入应纳税所得额。

【案例分析】某机械厂主要从事机械加工、汽车零配件业务，据对该企业2×15年度个人所得税情况进行审查，税务人员发现该企业2×15年6月12日收取个人集资款1 584 000元，在“财务费用”账户中发现2×15年12月20日兑现个人集资利息142 560元。经核实，此笔款项为集资款利息。该企业未履行代扣代缴业务。

案例分析如下：

该企业应补缴个人所得税 =142 560×20% =28 512（元）

会计分录如下：

借：其他应收款　　28 512

　贷：应交税费——应交个人所得税　　28 512

借：应交税费——应交个人所得税　　28 512

　贷：银行存款　　28 512

【本章小结】

个人所得税是对自然人取得的各项应税所得征收的一种所得税。它是政府利用税收对个人收入进行调节的一种手段。

个人所得税个人应税项目的会计核算主要通过“应付职工薪酬”进行反映和监督。

企业为职工负担的个人所得税一般计入企业“管理费用”账户。

【关键术语和概念】

个人所得税会计确认　个人所得税计量　个人所得税会计核算特点

【学习参考：文献与法规】

1. 范晓军，朱文英. 个人所得税的会计处理. 经济研究导刊，2014（27）：132～133.

2. 郭月梅. 新会计准则下企业税务会计研究（六）：个人所得税会计核算案例分析——以职工薪酬和股份支付为例. 财政监督，2007（22）：65～67.

3. 盖地. 税务会计研究. 北京：首都经济贸易大学出版社，2004.

4.《企业会计准则第9号——职工薪酬》（2014年1月27日财政部修订发布，自2014年7月1日起在所有执行企业会计准则的企业范围内施行）

5.《企业会计准则应用指南（2006）》（2006年10月30日财政部发布，自2007年1月1日起施行）

6.《中华人民共和国个人所得税法》（2011 年 6 月 30 日中华人民共和国第十一届全国人民代表大会常务委员会第二十一次会议通过修订，自 2011 年 9 月 1 日起施行）

7.《中华人民共和国个人所得税法实施条例》（2011 年 7 月 19 日国务院常务会议通过修订，自 2011 年 9 月 1 日起施行）

8.《小企业会计准则》（2011 年 10 月 18 日财政部发布，自 2013 年 1 月 1 日起施行）

9. 中国注册会计师协会. 税法. 北京：经济科学出版社，2015.

10. 中国注册会计师协会. 会计. 北京：中国财政经济出版社，2015.

11. 财政部会计资格评价中心. 中级会计实务. 北京：经济科学出版社，2015.

12. 国家税务总局的相关税收政策

第七章　其他税种会计

【学习要点】

* 本章各税种的基本内涵
* 本章各税种的会计确认要求
* 本章各税种的会计计量特点
* 本章各税种的会计账务处理

第一节　资源税会计

一、资源税概述

资源，一般是指自然界存在的天然物质财富，它包括的范围很广，如矿产资源、土地资源、动物资源、植物资源、海洋资源、太阳能资源、空气、阳光等。而矿产资源又包括能源矿产、金属矿产、非金属矿产、水气矿产，再细分能源矿产又包括煤、石油、天然气等。

我国地大物博，自然资源比较丰富，资源分布情况却不均衡。资源的自然条件和社会条件差别很大，开采者的盈利水平也因此相差悬殊。以采矿业为例，开采条件好，矿石品位高的矿，开采的费用低，获利大；开采条件不好，矿石品位低的矿，开采的费用高，获利亦小。为了防止开采者追逐利大资源而放弃利小资源，促进国家资源合理、有效地开发，有必要设置资源税，调节因开采条件的差异而产生的级差收入；同时，这也促进企业加强经济核算，使企业的盈利能真正反映其经营成果。1984 年 8 月 18 日，国务院发布《中华人民共和国资源税条例（草案)》，对我国资源正式征税。进入 20 世纪 90 年代，随着我国社会主义市场经济的建立，配合 1994 年全面的税制改革，我国于 1993 年 12 月 25 日在废止原来草案的基础上，发布了《中华人民共和国资源税暂行条例》，于 1994 年 1 月 1 日起施行，并于 1994 年 1 月 8 日由财政部颁布了《中华人民共和国资源税暂行条例实施细则》。2011 年，我国对资源税再次进行改革，于 2011 年 9 月 30 日颁布了新修订的《中华人民共和国资源税暂行条例》（下称《资源税暂行条例》）；2011 年 10 月 28 日，财政部、国家税务总局颁布了新修订的《中华人民共和国资源税暂行条例实施细则》（下称《资源税实施细则》）。

征收资源税的作用为：

（1）促进企业之间开展平等竞争。

（2）促进对自然资源的合理开发利用。

（3）为国家筹集财政资金。

二、资源税的确认

资源税是对在中国境内从事应税矿产品开采和生产盐的单位和个人课征的一种税。其基本要素确认包括：

（一）资源税的纳税人

资源税的纳税义务人是指在中华人民共和国领域和管辖海域从事应税矿产品开采和生产盐的单位和个人。

独立矿山、联合企业和其他收购未税矿产品的单位为资源税的扣缴义务人。

（二）资源税的征收范围

（1）原油，是指开采的天然原油，不包括人造石油。

（2）天然气，是指专门开采或与原油同时开采的天然气。

（3）煤炭，是指原煤，不包括洗煤、选煤及其他煤炭制品。

（4）其他非金属矿原矿，是指上列产品和井矿盐以外的非金属矿原矿。

（5）黑色金属矿原矿，是指纳税人开采后自用、销售的，用于直接入炉冶炼或作为主产品先入选精矿、制造人工矿，并最终入炉冶炼的黑色金属矿石原矿。

（6）有色金属矿原矿，包括铜矿石、铅锌矿石、钨矿石等。

（7）盐，分为两类，一是固体盐，包括海盐原盐、湖盐原盐和井矿盐；二是液体盐（卤水）。

（三）资源税的税目和税率

资源税共有七类税目，在七类税目下面又设有若干个子目。税率采用幅度比例税率和定额税率形式。

表 7－1　资源税税目、税率表

税目		税率
一、原油		销售额的 6%～10%
二、天然气		销售额的 6%～10%
三、煤炭		销售额的 2%～10%
四、其他非金属矿原矿	普通非金属矿原矿	每吨或者每立方米 0.5～20 元
	贵重非金属矿原矿	每千克或者每克拉 0.5～20 元
五、黑色金属矿原矿		每吨 2～30 元
六、有色金属矿原矿	稀土矿	每吨 0.4～60 元
	其他有色金属矿原矿	每吨 0.4～30 元
七、盐	固体盐	每吨 10～60 元
	液体盐	每吨 2～10 元

注：具体适用税率由省级财税部门根据本省具体情况提出建议，报省级人民政府拟定。

其中，扣缴义务人适用的税额按如下规定执行：

（1）独立矿山、联合企业收购未税矿产品的单位，按照本单位应税产品税额、税率标准，依据收购的数量代扣代缴资源税。

（2）其他收购单位收购的未税矿产品，按税务机关核定的应税产品税额、税率标准，依据收购的数量代扣代缴资源税。

（四）资源税的减免税规定

资源税贯彻普遍征收、级差调节的原则思想，因此规定的减免税项目较少。

（1）开采原油过程中用于加热、修井的原油免税。

（2）纳税人开采或者生产应税产品过程中因意外事故或者自然灾害等遭受重大损失的，由省、自治区、直辖市人民政府酌情决定减免税。

（3）铁矿石资源税减按 80% 征收资源税。

（4）尾矿再利用的，不再征收资源税。

（5）国务院规定的其他减税、免税项目。

纳税人的减税、免税项目，应当单独核算销售额或者销售数量；未单独核算或者不能准确提供销售额或者销售数量的，不予减税或者免税。

（五）资源税纳税义务发生时间

纳税义务发生时间是纳税人必须履行纳税义务的开始，资源税纳税义务的发生时间有三种情况：

（1）纳税人销售应税产品，其纳税义务的发生时间为：

①纳税人采取分期收款结算方式的，其纳税义务的发生时间为销售合同规定的收款日期的当天；

②纳税人采取预收货款结算方式的，其纳税义务的发生时间为发出应税产品的当天；

③纳税人采取其他结算方式的，其纳税义务的发生时间为收讫销售款或者取得索取销售款凭据的当天。

（2）纳税人自产自用应税产品的纳税义务发生时间为移送使用应税产品的当天。

（3）扣缴义务人代扣代缴税款的纳税义务发生时间为支付首笔货款或首次开具支付货款凭据的当天。

三、资源税的计量

（一）从价定率征收的计税依据

实行从价定率征收的以销售额为计税依据。销售额为纳税人销售应税产品向购买方收取的全部价款和价外费用，但不包括收取的增值税销项税额。

价外费用，包括价外向购买方收取的手续费、补贴、基金、集资费、返还利润、奖励费、违约金、滞纳金、延期付款利息、赔偿金、代收款项、代垫款项、包装费、包装物租金、储备费、优质费、运输装卸费以及其他各种性质的价外收费。但下列项目不包括在内：

（1）同时符合以下条件的代垫运输费用：

①承运部门的运输费用发票开具给购买方的；

②纳税人将该项发票转交给购买方的。

（2）同时符合以下条件代为收取的政府性基金或者行政事业性收费：

①由国务院或者财政部批准设立的政府性基金，由国务院或者省级人民政府及其财政、价格主管部门批准设立的行政事业性收费；

②收取时开具省级以上财政部门印制的财政票据；

③所收款项全额上缴财政。

（3）纳税人申报的应税产品销售额明显偏低并且无正当理由的、有视同销售应税产品行为而无销售额的，除财政部、国家税务总局另有规定外，按下列顺序确定销售额：

①按纳税人最近时期同类产品的平均销售价格确定。

②按其他纳税人最近时期同类产品的平均销售价格确定。

③按组成计税价格确定。组成计税价格的计算公式为：

$$组成计税价格 = 成本 \times （1 + 成本利润率） \div （1 - 税率）$$

公式中的成本是指应税产品的实际生产成本。公式中的成本利润率由省、自治区、直辖市税务机关确定。

（二）从量定额征收的计税依据

实行从量定额征收的以销售数量为计税依据。销售数量的具体规定为：

（1）销售数量，包括纳税人开采或者生产应税产品的实际销售数量和视同销售的自用数量。

（2）纳税人不能准确提供应税产品销售数量的，以应税产品的产量或者主管税务机关确定的折算比换算成的数量为计征资源税的销售数量。

（3）金属和非金属矿产品原矿，因无法准确掌握纳税人销售的或移送使用原矿数量的，可将其精矿按选矿比折算成原矿数量，以此作为课税数量，其计算公式为：

$$选矿比 = 精矿数量 \div 耗用原矿数量$$

（4）纳税人以自产的液体盐加工固体盐，按固体盐税额征税，以加工的固体盐数量为课税数量。纳税人以外购的液体盐加工成固体盐，其加工固体盐所耗用液体盐的已纳税额准予抵扣。

纳税人开采或者生产不同税目应税产品的，应当分别核算不同税目应税产品的销售额或者销售数量；未分别核算或者不能准确提供不同税目应税产品的销售额或者销售数量的，从高适用税率。

纳税人开采或者生产应税产品，自用于连续生产应税产品的，不缴纳资源税；自用于其他方面的，视同销售，依照《资源税暂行条例》缴纳资源税。

（三）资源税计算的举例

资源税应纳税额，按照从价定率或者从量定额的办法，分别以应税产品的销售额乘以纳税人具体适用的比例税率或者以应税产品的销售数量乘以纳税人具体适用的定额税率计算。

（1）实行从价定率征收的，具体计算公式为：

应纳税额 = 销售额 × 适用税率

【例1】某油田2×15年10月销售原油20 000吨，开具增值税专用发票取得销售额10 000万元、增值税税额1 700万元，按“资源税税目、税率表”，其适用的税率为8%，请计算该油田10月应缴纳的资源税。

应纳税额 = 10 000 × 8% = 800（万元）

（2）实行从量定额征收的，具体计算公式为：

应纳税额 = 课税数量 × 单位税额

代扣代缴应纳税额 = 收购未税矿产品的数量 × 适用的单位税额

【例2】某铜矿山2×15年10月销售铜矿石原矿30 000吨，移送入选精矿4 000吨，选矿比为20%，该矿山铜矿属于五等，按规定适用12元/吨单位税额。请计算该矿山10月应纳资源税税额。

①外销铜矿石原矿的应纳税额：

应纳税额 = 课税数量 × 单位税额 = 30 000 × 12 = 360 000（元）

②因无法准确掌握入选精矿石的原矿数量，按选矿比计算的应纳税额：

应纳税额 = 入选精矿 ÷ 选矿比 × 单位税额 = 4 000 ÷ 20% × 12 = 240 000（元）

③合计应纳税额为：

应纳税额 = 360 000 + 240 000 = 600 000（元）

四、资源税的会计处理

（一）资源税的会计处理规定

根据《资源税暂行条例》及其有关规定，为了全面反映和监督资源税的计算和缴纳情况，纳税人应纳的资源税，应在“应交税费——应交资源税”科目核算。“应交资源税”明细科目的借方发生额，反映企业已交的或按规定允许抵扣的资源税；贷方发生额，反映应交的资源税；期末贷方余额，反映尚未缴纳的资源税。

（1）当企业销售的应税产品应交纳资源税时，作会计分录如下：

借：营业税金及附加

　贷：应交税费——应交资源税

（2）实际缴纳资源税时，作分录如下：

借：应交税费——应交资源税

　贷：银行存款

（3）当企业计算出自用的应税产品应缴纳的资源税时，作分录如下：

借：生产成本

　　制造费用

　贷：应交税费——应交资源税

（4）企业开出支票交纳时，作分录如下：

借：应交税费——应交资源税

　贷：银行存款

（5）对企业外购液体盐加工固体盐的会计处理，当企业购入液体盐时，按所允许抵扣的资源税，借记“应交税费——应交资源税”科目；按外购价款扣除允许抵扣资源税后的数额，借记“材料采购”等科目；按应支付的全部价款，贷记“银行存款”“应付账款”等科目。企业加工成固体盐后，在销售时，按计算出的销售固体盐应交的资源税，借记“营业税金及附加”科目，贷记“应交税费——应交资源税”科目；将销售固体盐应纳资源税抵扣液体盐已纳资源税后的差额上交时，借记“应交税费——应交资源税”科目，贷记“银行存款”科目。

（二）资源税会计处理举例

【例3】某煤炭生产企业，本月销售煤炭1 000吨，每吨售价100元，已开具增值税专用发票。按“资源税税目、税率表”，其适用的税率为5%。要求计算该企业本月应交的资源税（税款已经付清）并作出分录。

计算应纳资源税税额：

应纳税额＝应税煤炭销售额×适用税率＝100 000×5%＝5 000（元）

根据计算结果，作出相应的会计分录如下：

借：营业税金及附加　　　　　　　　5 000

　贷：应交税费——应交资源税　　　　　　5 000

借：应交税费——应交资源税　　　　5 000

　贷：银行存款　　　　　　　　　　　　　5 000

【例4】某企业将自产的煤炭1 000吨用于产品生产，该企业最近时期同类产品的平均销售价格为每吨105元，按“资源税税目、税率表”，其适用的税率为5%。根据这项业务，企业应作出会计分录如下：

应纳税额 = 1 000 × 105 × 5% = 5 250（元）

借：生产成本 5 250

　贷：应交税费——应交资源税 5 250

【例5】某物资企业收购未税矿产品，实际支付的收购款为25万元，代扣代缴的资源税为5万元。根据这项业务作出会计分录（假设不考虑增值税因素）。

借：材料采购 300 000

　贷：银行存款 250 000

　　应交税费——应交资源税 50 000

【例6】某盐厂本月外购液体盐2 000吨，每吨含增值税价款58.5元，液体盐资源税税额为3元/吨，该盐厂将全部液体盐加工成500吨固体盐，每吨含增值税售价为468元，固体盐适用资源税税额25元/吨，作出账务处理如下：

（1）购入液体盐：

借：材料采购 94 000

　应交税费——应交资源税 6 000

　　——应交增值税（进项税额） 17 000

　贷：银行存款 117 000

（2）验收入库：

借：原材料 94 000

　贷：材料采购 94 000

（3）销售固体盐：

借：银行存款 234 000

　贷：主营业务收入 200 000

　　应交税费——应交增值税（销项税额） 34 000

（4）计算固体盐应缴纳的资源税：

借：营业税金及附加 12 500

　贷：应交税费——应交资源税 12 500

借：应交税费——应交资源税 6 500

　贷：银行存款 6 500

第二节　土地增值税会计

一、土地增值税概述

1993 年 12 月 13 日，国务院颁布了《中华人民共和国土地增值税暂行条例》（以下简称《土地增值税暂行条例》），并于 1994 年 1 月 1 日起施行。1995 年 1 月 27 日财政部又发布了《中华人民共和国土地增值税暂行条例实施细则》（以下简称《实施细则》），并自条例发布之日起实施。

土地增值税是对转让国有土地使用权、地上建筑物及其附着物并取得收入的单位和个人，就其转让房地产所取得的增值额征收的一种税。我国开征土地增值税的主要目的是：

（1）征收土地增值税，是适应改革开放的新形式，进一步改革和完善税制，增强国家对房地产开发和房地产市场调控力度的客观需要。

（2）征收土地增值税，主要是为了抑制炒买炒卖土地投机获取暴利的行为。

（3）征收土地增值税，是为了规范国家参与土地增值收益的分配方式，增加国家财政收入。

二、土地增值税的确认

（一）土地增值税的纳税人

土地增值税的纳税义务人为转让国有土地使用权、地上的建筑物及其附着物并取得收入的单位和个人。单位包括各类企业、事业单位、国家机关和社会团体及其他组织；个人包括个体工商户。该税亦适用于外商投资企业、外国企业及外籍纳税人。

（二）土地增值税的征收范围

1. 征收范围

根据《土地增值税暂行条例》及其实施细则的规定，土地增值税的征税范围包括：

（1）转让国有土地使用权。其中，“国有土地”是指按国家规定属于国家的所有土地。

（2）地上的建筑物及其附着物连同国有土地使用权一并转让。这里所说的“地上建筑物”是指建于土地上的一切建筑物，包括地上、地下的各种附属设施。这里所说的“附着物”是指附着于土地上的不能移动或一经移动即遭受损坏的物品。

（3）存量房地产买卖。主要指已经建成并已投入使用的房地产，其房屋所有人将房屋产权和土地使用权一并转让给其他单位和个人。

在实际工作中，准确确认土地增值税的征收范围对正确进行土地增值税的会计核算具有重要的意义。

通常，我们可以通过以下三条标准来判断：

（1）土地增值税是对转让国有土地使用权、地上建筑物及其附着物的行为征税。所以，转让的土地，其使用权是否为国家所有，是判断是否属于土地增值税征收范围的标准之一。

（2）土地增值税是对国有土地使用权、地上建筑物及其附着物转让行为征税。所以，土地使用权、地上建筑物及其附着物的产权是否发生转让，是判断是否属于土地增值税征收范围的标准之二。

（3）土地增值税是对转让房地产并取得收入的行为征税。所以，是否取得收入是判断是否属于土地增值税征收范围的标准之三。

2. 对若干具体情况的判定

根据以上三条判定标准，我们就可对以下若干具体情况是否属于土地增值税的征税范围进行判定：

（1）以出售方式转让国有土地使用权、地上建筑物及其附着物的。这种情况因其同时符合上述三个标准，所以属于土地增值税的征税范围。这里又分为三种情况：

①出售国有土地使用权的。这种情况是指土地使用者通过出让方式，向政府交纳了土地出让金，有偿受让土地使用权后，仅对土地进行通水、通电、通路和平整地面等土地开发，不进行房产开发，即所谓“将生地变熟地”，然后直接将空地出售出去。这属于国有土地使用权的有偿转让，应纳入土地增值税的征税范围。

②取得国有土地使用权后进行房屋开发建造然后出售的。这种情况即一般所说的房地产开发。虽然这种行为通常被称作卖房，但按照国家有关房地产法律和法规的规定，卖房的同时，土地使用权也随之发生转让。因为这种情况既发生了产权的转让又取得了收入，所以应纳入土地增值税的征税范围。

③存量房地产的买卖。这种情况是指已经建成并已投入使用的房地产，其房屋所有人将房屋产权和土地使用权一并转让给其他单位和个人。这种行为按

照国家有关的房地产法律和法规，应当到有关部门办理房产产权和土地使用权的转移变更手续；原土地使用权属于无偿划拨的，还应到土地管理部门补交土地出让金。这种情况既发生了产权的转让又取得了收入，应纳入土地增值税的征税范围。

（2）以继承、赠与方式转让房地产的。这种情况因其只发生房地产产权的转让，没有取得相应的收入，属于无偿转让房地产的行为，所以不能将其纳入土地增值税的征税范围。这里又可分为两种情况：

①房地产的继承。房地产的继承是指房产的原产权所有人、依照法律规定取得土地使用权的土地使用人死亡以后，由其继承人依法承受死者房产产权和土地使用权的民事法律行为。这种行为虽然发生了房地产的权属变更，但作为房产产权、土地使用权的原所有人（即被继承人）并没有因为权属的转让而取得任何收入。因此，这种房地产的继承不属于土地增值税的征税范围。

②房地产的赠与。房地产的赠与是指房产所有人、土地使用权所有人将自己所拥有的房地产无偿地交给其他人的民事法律行为。但这里的“赠与”仅指以下两种情况：

一是房产所有人、土地使用权所有人将房屋产权、土地使用权赠与直系亲属或承担直接赡养义务人的。

二是房产所有人、土地使用权所有人通过中国境内非营利的社会团体、国家机关将房屋产权、土地使用权赠与教育、民政和其他社会福利、公益事业的。

上述“社会团体”是指中国青少年发展基金会、希望工程基金会、宋庆龄基金会、减灾委员会、中国红十字会、中国残疾人联合会、全国老年基金会、老区促进会以及经民政部门批准成立的其他非营利的公益性组织。

（3）房地产的出租。房地产的出租是指房产的产权所有人、依照法律规定取得土地使用权的土地使用人，将房产、土地使用权租赁给承租人使用，由承租人向出租人支付租金的行为。房地产的出租，出租人虽取得了收入，但没有发生房产产权、土地使用权的转让，因此不属于土地增值税的征税范围。

（4）房地产的抵押。房地产的抵押是指房地产的产权所有人、依法取得土地使用权的土地使用人作为债务人或第三人向债权人提供不动产作为清偿债务的担保而不转移权属的法律行为。这种情况由于房产产权、土地使用权在抵押期间并没有发生权属的变更，房产的产权所有人、土地使用权人仍能对房地产行使占有、使用、收益等权利，房产的产权所有人、土地使用权人虽然在抵押期间取得了一定的抵押贷款，但实际上这些贷款在抵押期满后是要连本带利偿还给债权人的。因此，对房地产的抵押，在抵押期间不征收土地增值税。待抵押期满后，视该房地产是否转移占有而确定是否征收土地增值税。对于以房地产抵债而发生房地产权属转让的，应列入土地增值税的征税范围。

（5）房地产的交换。这种情况是指一方以房地产与另一方的房地产进行交换的行为。由于这种行为既发生了房产产权、土地使用权的转移，交换双方又取得了实物形态的收入，按《土地增值税暂行条例》规定，它属于土地增值税的征税范围。但对个人之间互换自有居住用房地产的，经当地税务机关核实，可以免征土地增值税。

（6）以房地产进行投资、联营的。对于以房地产进行投资、联营的，投资、联营的一方以土地（房地产）作价入股进行投资或作为联营条件，将房地产转让到所投资、联营的企业中时，暂免征收土地增值税。对投资、联营企业将上述房地产再转让的，应征收土地增值税。

（7）合作建房。对于一方出地，一方出资金，双方合作建房，建成后按比例分房自用的，暂免征收土地增值税；建成后转让的，应征收土地增值税。

（8）企业兼并转让房地产。在企业兼并中，对被兼并企业将房地产转让到兼并企业中的，暂免征收土地增值税。

（9）房地产的代建房行为。这种情况是指房地产开发公司代客户进行房地产的开发，开发完成后向客户收取代建费用的行为。对于房地产开发公司而言，代建房行为虽然取得了收入，但没有发生房地产权属的转移，其收入属于劳务收入性质，故不属于土地增值税的征税范围。

（10）房地产的重新评估。这主要是指国有企业在清产核资时对房地产进行重新评估而使其升值的情况。这种情况，房地产虽然有增值，但其既没有发生房地产权属的转移，房产产权、土地使用权人也未取得收入，所以不属于土地增值税的征税范围。

（三）土地增值税的税率

土地增值税实行四级超率累进税率：

（1）增值额未超过扣除项目金额50%的部分，税率为30%。

（2）增值额超过扣除项目金额50%，未超过扣除项目金额100%的部分，税率为40%。

（3）增值额超过扣除项目金额100%，未超过扣除项目金额200%的部分，税率为50%。

（4）增值额超过扣除项目金额200%的部分，税率为60%。

上述所列四级超率累进税率，每级“增值额超过扣除项目金额”的比例，均包括本比例数。具体如表7-2所示。

表 7－2　土地增值税四级超率累进税率表

级数	计税依据	适用税率	速算扣除率
1	增值额未超过扣除项目金额 50% 的部分	30%	0
2	增值额超过扣除项目金额 50%，未超过扣除项目金额 100% 的部分	40%	5%
3	增值额超过扣除项目金额 100%，未超过扣除项目金额 200% 的部分	50%	15%
4	增值额超过扣除项目金额 200% 的部分	60%	35%

（四）土地增值税的减免税优惠政策

1. 对建造普通标准住宅的减免税优惠

根据《土地增值税暂行条例》的规定，纳税人建造普通标准住宅出售，增值额未超过扣除项目金额的 20% 的，免征土地增值税。

2. 对国家征用收回的房地产的减免税优惠

根据《土地增值税暂行条例》的规定，因国家建设需要依法征用、收回的房地产，免征土地增值税。

（五）土地增值税的纳税期限

土地增值税的纳税人应在转让房地产合同签订后的 7 日内，到房地产所在地主管税务机关办理纳税申报，并向税务机关提交房屋及建筑物产权、土地使用权证书，土地转让、房产买卖合同，房地产评估报告及其他与转让房地产有关的资料。纳税人因经常发生房地产转让而难以在每次转让后申报的，经主管税务机关审核同意后，可以定期进行纳税申报，具体期限由税务机关根据情况确定。

三、土地增值税的计量

（一）土地增值税的计税依据

土地增值税的计税依据是纳税人转让房地产所取得的土地增值额。而土地增值额为纳税人转让房地产所取得的收入减除《土地增值税暂行条例》规定扣除项目金额后的余额。其中：

（1）纳税人转让房地产取得的收入包括货币收入、实物收入和其他收入，具体包括：

①货币收入。指纳税人转让房地产而取得的库存现金、银行存款、支票、银行本票、汇票等各种信用票据和国库券、金融债券、企业债券、股票等有价证券。这些类型的收入实质是转让方因转让土地使用权、房屋产权而向取得方收取的价款。

②实物收入。指纳税人转让房地产而取得的各种实物形态的收入，如钢材、水泥等建材，房屋、土地等不动产等。实物收入的价值不太容易确定，一般要对这些实物形态的财产进行估价。

③其他收入。指纳税人转让房地产而取得的无形资产收入或具有财产价值的权利，如专利权、商标权、著作权、专有技术使用权、土地使用权、商誉权等。这种类型的收入比较少见，其价值需要进行专门的评估。

（2）纳税人从转让收入中减除的扣除项目，包括以下五方面：

①取得土地使用权所支付的金额。它包括两方面：一是纳税人为取得土地使用权所支付的地价款。如果是以协议、招标、拍卖等出让方式取得土地使用权的，地价款为纳税人所支付的土地出让金；如果是以行政划拨方式取得土地使用权的，地价款为按照国家有关规定补交的土地出让金；如果是以转让方式取得土地使用权的，地价款为向原土地使用者实际支付的地价款。二是纳税人在取得土地使用权时按国家统一规定缴纳的有关费用。

②房地产开发成本。指纳税人房地产开发项目实际发生的成本，包括土地的征用及拆迁补偿费、前期工程费、建筑安装工程费、基础设施费、公共配套设施费、开发间接费用等。其中：

第一，土地的征用及拆迁补偿费，包括土地的征用费、耕地占用税、劳动力安置费，以及有关地上、地下附着物拆迁补偿的净支出、安置动迁用房支出等。

第二，前期工程费，包括规划、设计、项目可行性研究，以及水文、地质、勘察、测绘、“七通一平” 等支出。

第三，建筑安装工程费，是指以出包方式支付给承包单位的建筑安装工程费，以自营方式发生的建筑安装工程费。

第四，基础设施费，包括开发小区内道路、供水、供电、供气、排污、排洪、通信、照明、环卫、绿化等工程发生的支出。

第五，公共配套设施费，包括不能有偿转让的开发小区内公共配套设施发生的支出。

第六，开发间接费用，即直接组织、管理开发项目发生的费用，包括工资、职工福利费、折旧费、修理费、办公费、水电费、劳动保护费、周转房摊销等。

③房地产开发费用。指与房地产开发项目有关的销售费用、管理费用和财务费用。根据现行财务会计制度的规定，这三项费用作为期间费用，直接计入当期损益，不按成本核算对象进行分摊。故作为土地增值税扣除项目的房地产开发费用，不按纳税人房地产开发项目实际发生的费用进行扣除，而按《实施细则》的标准进行扣除。

《实施细则》规定，财务费用中的利息支出，凡能够按转让房地产项目计算分摊并提供金融机构证明的，允许据实扣除，但最高不能超过按商业银行同类同期贷款利率计算的金额。其他房地产开发费用，按《实施细则》第七条中规定的取得土地使用权所支付的金额和房地产开发成本之和的5%以内计算扣除。凡不能按转让房地产项目计算分摊利息支出或不能提供金融机构证明的房地产开发费用，按《实施细则》第七条中规定的取得土地使用权所支付的金额和房地产开发成本之和的10%以内计算扣除。计算扣除的具体比例，由省、自治区、直辖市人民政府规定。

对专门从事房地产开发的纳税人，《实施细则》规定可按第七条中规定的取得土地使用权所支付的金额和房地产开发成本之和，加计20%扣除。

④与转让房地产有关的税金。指在转让房地产时缴纳的营业税、城市维护建设税、印花税。因转让房地产缴纳的教育费附加，也可视为税金予以扣除。

值得注意的是，房地产开发企业按照《施工、房地产开发企业财务制度》有关规定，其在转让时缴纳的印花税因列入管理费用中，故在此不允许扣除。其他纳税人缴纳的印花税（按产权转移数据所载金额的5‰贴花）允许在此抵扣。

⑤旧房及建筑物的评估价格。指在转让已使用的房屋及建筑物时，由政府批准设立的房地产评估机构评定的重置成本价乘以成新度折扣率后的价格。评估价格须经当地税务机关确认。

【例1】一栋房屋已使用近10年，建造时的等价造价为2 000万元，按转让时的建材及人工费用计算，同样的新房屋需花费7 000万元，该房有五成新，则该房的评估价格为：

7 000×50% =3 500（万元）

对纳税人购房时缴纳的契税，凡能提供契税完税凭证的，准予作为“与转让房地产有关的税金”予以扣除，但不作为加计5%的基数。

（二）土地增值税应纳税额的计算

《土地增值税暂行条例》规定，土地增值税按照纳税人转让房地产所取得的增值额和规定的税率计算征收。土地增值税的计算公式是：

$$应纳税额 = \sum（每级距的土地增值额 \times 适用税率）$$

但在实际工作中，为简化计算工作，可采用速算扣除法计算。具体公式如下：

（1）增值额未超过扣除项目金额50%：

$$土地增值税税额 = 增值额 \times 30\%$$

（2）增值额超过扣除项目金额50%，未超过100%：

$$土地增值税税额 = 增值额 \times 40\% - 扣除项目金额 \times 5\%$$

（3）增值额超过扣除项目金额100%，未超过200%：

$$土地增值税税额 = 增值额 \times 50\% - 扣除项目金额 \times 15\%$$

（4）增值额超过扣除项目金额200%：

$$土地增值税税额 = 增值额 \times 60\% - 扣除项目金额 \times 35\%$$

其中，公式中的5%、15%、35%分别为二、三、四级的速算扣除率。

（三）土地增值税计算举例

【例2】某纳税人为工业企业，本年发生转让厂房所取得的收入为600万元，其扣除项目金额为150万元。试计算其应纳土地增值税税额。

方法1：第一步，计算增值额。

增值额 = 600 - 150 = 450（万元）

第二步，计算增值额与扣除项目金额之比。

450 ÷ 150 = 300%

第三步，计算应纳土地增值税税额。

应纳土地增值税税额 = 75 × 30% + 75 × 40% + 150 × 50% + 150 × 60%

= 22.5 + 30 + 75 + 90 = 217.5（万元）

方法2：第一步，计算增值额。

增值额 = 600 - 150 = 450（万元）

第二步，计算增值额与扣除项目金额之比。

$450 \div 150 = 300\%$

第三步，计算应纳土地增值税税额。

$$增值额 \times 60\% - 扣除项目金额 \times 35\% = 450 \times 60\% - 150 \times 35\%$$
$$= 270 - 52.5 = 217.5（万元）$$

从上可知，两种方法的计算结果相同。

【例3】某单位兼营房地产业务，该单位建造并出售一栋写字楼，取得销售收入2 000万元（营业税税率为5%，城市维护建设税税率为7%，印花税税率为5‰，教育费附加征收率为3%）。该单位为建造此楼支付地价款为300万元，房地产开发成本为400万元，房地产开发费用中的利息支出为200万元（能够按转让房地产项目计算分摊并提供工商银行证明），但其中有30万元的加罚利息。单位所在地政府规定的其他房地产开发费用的计算扣除比为5%。请计算该单位应纳土地增值税税额。

（1）计算增值额。

收入额 = 2 000（万元）

$$扣除项目金额 = 300 + 400 + (300 + 400) \times 5\% + (200 - 30) + 2\,000 \times 5\% \times (1 + 7\% + 3\%) + 2\,000 \times 5‰ = 1\,016（万元）$$

增值额 = 2 000 − 1 016 = 984（万元）

增值额与扣除项目金额之比 = 984 ÷ 1 016 = 96.9%

（2）应纳土地增值税税额为：

$984 \times 40\% - 1\,016 \times 5\% = 342.8$（万元）

【例4】某房地产开发公司建造并出售了一栋写字楼，取得销售收入1 000万元（营业税税率为5%，城市维护建设税税率为7%，教育费附加征收率为3%）。该公司为建造该写字楼支付的地价款为100万元，建造该写字楼花费的房地产开发成本为200万元（该公司因同时建造别的商品房而不能按该写字楼计算分摊银行贷款利息支出）。该公司所在地政府确定的费用扣除比为10%。请计算该公司转让该写字楼应纳的土地增值税税额。

确定转让房地产收入为1 000万元。

$$扣除项目金额 = 100 + 200 + (100 + 200) \times 10\% + 1\,000 \times 5\% \times (1 + 7\% + 3\%) + (100 + 200) \times 20\% = 445（万元）$$

增值额 = 1000 − 445 = 555（万元）

增值额与扣除项目金额之比 = 555 ÷ 445 = 124.7%

应纳土地增值税税额 = 555 × 50% − 445 × 15% = 210.75（万元）

四、土地增值税的会计处理

(一) 账户设置

为了反映和监督土地增值额的计算和缴纳情况，会计核算上应设立“应交税费”科目，下设“应交土地增值税”明细科目进行核算。

(二) 会计处理规定

对转让国有土地使用权、地上建筑物及其附着物并取得收入的企业，按规定计算应缴纳的土地增值税，应分别按以下情况进行会计处理：

(1) 主营房地产业务的企业，应由当期营业收入负担的土地增值税，借记“营业税金及附加”科目，贷记“应交税费——应交土地增值税”科目。

(2) 兼营房地产业务的企业，应由当期营业收入负担的土地增值税，借记“其他业务成本”科目，贷记“应交税费——应交土地增值税”科目。

(3) 企业转让的国有土地使用权连同地上建筑物及其附着物一并在“固定资产”或“在建工程”等科目核算的，转让时应缴纳的土地增值税，借记“固定资产清理”“在建工程”科目，贷记“应交税费——应交土地增值税”科目。

企业实际缴纳土地增值税时，借记“应交税费——应交土地增值税”科目，贷记“银行存款”等科目。

对于企业在项目全部竣工结算前转让房地产取得的收入，按税法规定预交土地增值税，借记“应交税费——应交土地增值税”科目，贷记“银行存款”等科目，待该房地产营业收入实现时，再按有关规定进行会计处理；该项目全部竣工并办理结算后进行清算，收到退回多缴的土地增值税，借记“银行存款”等科目，贷记“应交税费——应交土地增值税”科目，补交的土地增值税作相反的会计分录。

(三) 土地增值税会计处理举例

【例5】如例2，作会计分录如下（单位为万元）：

借：固定资产清理　　217.5

　贷：应交税费——应交土地增值税　　217.5

【例6】如例3，作会计分录如下（单位为万元）：

借：其他业务成本　　342.8

　贷：应交税费——应交土地增值税　　342.8

【例7】如例4，作会计分录如下（单位为万元）：

借：营业税金及附加　　210.75

　贷：应交税费——应交土地增值税　　210.75

【案例分析】2×15年相关税务人员受托对某房地产开发公司土地增值税纳税情况进行审核，了解到该房地产开发公司本期转让土地一块，销售收入为1 200万元。申报缴纳土地增值税时，申报取得土地使用权及开发投资400万元，缴纳营业税、城市维护建设税及教育费附加66万元，开发费按购地款和开发成本10%扣除40万元，加计扣除20%即80万元，合计扣除项目金额586万元。应缴土地增值税219.1万元，已缴150万元，欠缴69.1万元。要求：请帮助相关税务人员进行案例分析，并计算调整土地增值税，作出正确的调整分录。

案例分析如下：

税务人员经过对企业调查发现该房地产开发公司存在如下问题：

（1）取得13 000平方米土地使用权，支付金额500万元，未曾进行任何开发，便将7 000平方米转让取得收入1 200万元。

（2）因为转让的土地没有开发，计征土地增值税时不能享受20%加计扣除。根据以上两点，核实其扣除项目金额：

①取得土地使用权支付金额 $=500\div13\ 000\times7\ 000=269.23$（万元）

②其开发费按购地款和开发成本10%予以扣除26.92万元。

③核实扣除项目金额 $=269.23+66+26.92=362.15$（万元）

④增值额 $=1\ 200-362.15=837.85$（万元）

⑤增值额与扣除项目金额之比 $=837.85\div362.15=231\%$

⑥应缴纳土地增值税 $=837.85\times60\%-362.15\times35\%$

$=502.71-126.75=375.96$（万元）

⑦企业已缴纳土地增值税150万元。

⑧应补缴土地增值税 $=375.96-150=225.96$（万元）

⑨企业少计提土地增值税 $=375.96-219.1=156.86$（万元）

企业应作相关调账分录；

借：营业税金及附加　　1 568 600

　贷：应交税费——应交土地增值税　　1 568 600

第三节 印花税会计

一、印花税概述

印花税是对经济活动和经济交往中书立、使用、领受具有法律效力的凭证的单位和个人征收的一种税。

新中国成立后，我国政务院于1950年12月公布《印花税暂行条例》，它包括25个税目。1958年税制改革时，印花税并入工商统一税，印花税停征。改革开放以后，随着经济的发展，国家先后颁布了一系列的经济法规，在经济活动和经济交往中书立的各种凭证已成为客观需要。于是，国务院于1988年8月6日颁布了《中华人民共和国印花税暂行条例》（下称《印花税暂行条例》），决定从1988年10月1日起在全国范围内恢复征收印花税。而后，国家税务总局规定从1994年1月1日起，《印花税暂行条例》同样适用于外商投资企业和外国企业。印花税收入列入地方预算。

印花税具有以下特点：

（1）兼有凭证税和行为税性质。一方面，印花税是对单位和个人书立、领受的应税凭证征收的一种税，具有凭证税性质。另一方面，任何一种应税经济凭证反映的都是某种特定的经济行为。因此，对凭证征税，实质上是对经济行为的课税。

（2）征税范围广泛。印花税的征税对象包括经济活动和经济交往中的各种应税凭证，凡书立和领受这些凭证的单位和个人都要缴纳印花税，其征税范围是极其广泛的。随着市场经济的发展和经济法制的逐步健全，依法书立经济凭证的现象将会越来越普遍。因此，印花税的征收面将更加广。

（3）税率低，税负轻。印花税与其他税种比较，税率要低得多，税负较轻，具有广集资金、积少成多的财政效应。

（4）由纳税人自行完成纳税义务。纳税人通过自行计算、购买并粘贴印花税票的方法完成纳税义务并在印花税票和凭证的骑缝处自行盖戳注销或画销。这也与其他税种的缴纳方法有较大区别。

二、印花税的确认

（一）印花税的纳税人

在中华人民共和国境内书立、领受《印花税暂行条例》所列举凭证的单位和个人，都是印花税的纳税义务人，应当按本条例规定缴纳印花税。

根据书立、使用、领受应纳税凭证不同，纳税人可以分别确定为立合同人、立据人、立账簿人、领受人和使用人。对合同、书据等由两方或两方以上当事人共同书立的凭证，其当事人各方都是纳税人，各自就所持凭证的金额纳税。对政府部门发给的权力许可证照，领受人为纳税人。对某些应税凭证由当事人的代理人代为书立，则代理人有代为纳税的义务。

（二）印花税的征收范围

（1）购销、加工承揽、建设工程承包、财产租赁、货物运输、仓储保管、借款、财产保险、技术合同或者具有合同性质的凭证。

（2）产权转移书据。指单位和个人产权的买卖、继承、赠与、交换、分割等所立的书据，包括财产所有权、版权、商标专用权、专利权、专有技术使用权等转移书据。

（3）营业账簿。指单位或者个人记载生产经营活动的财务会计核算账簿。营业账簿按其反映内容的不同，可分为记载资金的账簿和其他账簿。税率税目表中记载资金的账簿，是指载有固定资产原值和自有流动资金的总分类账簿；其他账簿，是指除上述账簿以外的账簿，包括日记账簿和各明细分类账簿。

（4）权利、许可证照。包括政府部门发给的房屋产权证、工商营业执照、商标注册证、专利证、土地使用证。

（5）经财政部确定征税的其他凭证。

（三）印花税的税率

印花税有两种税率：一是比例税率，二是固定税率。

（1）比例税率。在印花税的13个税目中，各类合同以及具有合同性质的凭证、产权转移书据、营业账簿中记载资金的账簿，适用比例税率。印花税的比例税率分为四个档次，分别是0.5‰、3‰、5‰、1‰。

（2）定额税率。印花税的13个税目中，“权利、许可证照”和“营业账簿”税目中的其他账簿，适用定额税率，均为按件贴花，税额为5元。

（四）计税依据

1. 计税依据的一般规定

印花税的计税依据为各种应税凭证上所记载的计税金额。具体规定为：

（1）购销合同的计税依据为合同记载的购销金额。

（2）加工承揽合同的计税依据是加工或承揽收入的金额。具体规定如下：

①对于由受托方提供原材料的加工、定做合同，凡在合同中分别记载加工费金额和原材料金额的，应分别按“加工承揽合同”“购销合同”计税。两项税额相加数，即为合同应贴印花；若合同中未分别记载，则应就全部金额依照加工承揽合同计税贴花。

②对于由委托方提供主要材料或原料，受托方只提供辅助材料的加工合同，无论加工费和辅助材料金额是否分别记载，均以辅助材料与加工费的合计数，依照加工承揽合同计税贴花。对委托方提供的主要材料或原料金额不计税贴花。

（3）建设工程勘察设计合同的计税依据为收取的费用。

（4）建筑安装工程承包合同的计税依据为承包金额。

（5）财产租赁合同的计税依据为租赁金额；经计算，税额不足 1 元的，按 1 元贴花。

（6）货物运输合同的计税依据为取得的运输费金额（即运费收入），不包括所运货物的金额、装卸费和保险费等。

（7）仓储保管合同的计税依据为收取的仓储保管费用。

（8）借款合同的计税依据为借款金额。针对实际借贷活动中不同的借款形式，税法规定了不同的计税方法：

①凡是一项信贷业务，既签订借款合同，又一次或分次填开借据的，只以借款合同所载金额为计税依据计税贴花；凡是只填开借据并作为合同使用的，应以借据所载金额为计税依据计税贴花。

②借贷双方签订的流动资金周转性借款合同，一般按年（期）签订，规定最高限额，借款人在规定的期限和最高限额内随借随还。为避免加重借贷双方的负担，对这类合同只以其规定的最高额为计税依据，在签订时贴花一次，在限额内随借随还不签订新合同的，不再另贴印花。

③对借款方以财产作抵押，从贷款方取得一定数量抵押贷款的合同，应按借款合同贴花；在借款方因无力偿还借款而将抵押财产转移给贷款方时，应再就双方书立的产权书据，按产权转移书据的有关规定计税贴花。

④对银行及其他金融组织的融资租赁业务签订的融资租赁合同，应按合同所载租金总额，暂按借款合同计税。

⑤在贷款业务中，如果贷方系由若干银行组成的银团，银团各方均承担一定的贷款数额。借款合同由借款方与银团各方共同书立，各执一份合同正本。对这类合同借款方与贷款银团各方应分别在所执的合同正本上，按各自的借款金额计税贴花。

⑥在基本建设贷款中，如果按年度用款计划分年签订借款合同，在最后一

年按总概算签订借款总合同，且总合同的借款金额包括各个分合同的借款金额的，对这类基建借款合同，应按分合同分别贴花，最后签订的总合同，只就借款总额扣除分合同借款金额后的余额计税贴花。

（9）财产保险合同的计税依据为支付（收取）的保险费，不包括所保财产的金额。

（10）技术合同的计税依据为合同所载的价款、报酬或使用费。为了鼓励技术研究开发，对技术开发合同，只就合同所载的报酬金额计税，研究开发经费不作为计税依据。单对合同约定按研究开发经费一定比例作为报酬的，应按一定比例的报酬金额贴花。

（11）产权转移书据的计税依据为所载金额。

（12）营业账簿税目中记载资金的账簿的计税依据为“实收资本”与“资本公积”两项的合计金额。

实收资本，包括库存现金、实物、无形资产和材料物资。库存现金，按实际收到或存入纳税人开户银行的金额确定。实物，指房屋、机器等，按评估确认的价值或者合同、协议约定的价格确定。无形资产和材料物资，按评估确认的价值确定。

资本公积，包括接受捐赠、法定财产重估增值、资本折算差额、资本溢价等。如果是实物捐赠，则按同类资产的市场价格或有关凭据确定。

其他账簿的计税依据为应税凭证件数。

（13）权利、许可证照的计税依据为应税凭证件数。

2. 计税依据的特殊规定

（1）上述凭证以“金额”“收入”“费用”作为计税依据的，应当全额计税，不得作任何扣除。

（2）同一凭证，载有两个或两个以上经济事项而适用不同税目税率，如分别记载金额的，应分别计算应纳税额，相加后按合计税额贴花；如未分别记载金额的，按税率高的计税贴花。

（3）按金额比例贴花的应税凭证，未标明金额的，应按照凭证所载数量及国家牌价计算金额；没有国家牌价的，按市场价格计算金额，然后按规定税率计算应纳税额。

（4）应税凭证所载金额为外国货币的，应按照凭证书立当日国家外汇管理局公布的外汇牌价折合成人民币，然后计算应纳税额。

（5）应纳税额不足 1 角的，免纳印花税；1 角以上的，其税额尾数不满 5 分的不计，满 5 分的按 1 角计算。

（6）有些合同，在签订时无法确定计税金额，如技术转让合同中的转让收入，是按销售收入的一定比例收取或是按实现利润分成的；财产租赁合同，只是规定了月（天）租金标准却无租赁期限。对这类合同，可在签订时先按定额5元贴花，以后结算时再按实际金额计税，补贴印花。

(7) 应税合同在签订时纳税义务即已产生，应计算应纳税额并贴花。所以，不论合同是否兑现或是否按期兑现，均应贴花。对已履行并贴花的合同，所载金额与合同履行后实际结算金额不一致的，只要双方未修改合同金额，一般不再办理完税手续。

(8) 对有经营收入的事业单位，凡属由国家财政拨付事业经费，实行差额预算管理的单位，其记载经营业务的账簿，按其他账簿定额贴花，不记载经营业务的账簿不贴花；凡属经费来源实行自收自支的单位，其营业账簿应对记载资金的账簿和其他账簿分别计算应纳税额。

跨地区经营的分支机构使用的营业账簿，应由各分支机构于其所在地计算贴花。对上级单位核拨资金的分支机构，其记载资金的账簿按核拨的账面资金额计税贴花，其他账簿按定额贴花；对上级单位不核拨资金的分支机构，只就其他账簿按件定额贴花。为避免对同一资金重复计税贴花，上级单位记载资金的账簿，应按扣除拨给下属机构资金数额后的其余部分计税贴花。

企业发生分立、合并和联营等变更后，凡依法办理法人登记的新企业所设立的资金账簿，应于启用时计税贴花；凡无须重新进行法人登记的企业原有资金账簿，已贴印花继续有效。

(9) 商品购销活动中，采用以货换货方式进行商品交易签订的合同，是反映既购又销双重经济行为的合同。对此，应按合同所载的购、销合计金额计税贴花。合同未列明金额的，应按合同所载购、销数量依照国家牌价或者市场价格计算应纳税额。

(10) 施工单位将自己承包的建设项目，分包或者转包给其他施工单位所签订的分包合同或者转包合同，应按新的分包合同或转包合同所载金额计算应纳税额。这是因为印花税是一种具有行为税性质的凭证税，尽管总承包合同已依法计税贴花，但新的分包或转包合同是一种新的凭证，又发生了新的纳税义务。

(11) 从2008年9月19日起，有关部门对证券交易印花税政策进行了调整，由双边征收改为单边征收，即只对卖出方（或继承、赠与A股、B股股权的出让方）征收证券（股票）交易印花税，对买入方（受让方）不再征税。税率仍保持1‰。

(12) 对国内各种形式的货物联运，凡在起运地统一结算全程运费的，应以全程运费作为计税依据，由起运地运费结算双方缴纳印花税；凡分程结算运费的，应以分程的运费作为计税依据，分别由办理运费结算的各方缴纳印花税。

对于国际货运，凡由我国运输企业运输的，不论在我国境内、境外起运或中转分程运输，我国运输企业所持的一份运费结算凭证，均按本程运费计算应纳税额；托运方所持的一份运费结算凭证，按全程运费计算应纳税额。由外国运输企业运输进出口货物的，外国运输企业所持的一份运费结算凭证免纳印花税；托运方所持的一份运费结算凭证应缴纳印花税。国际货运运费结算凭证在国外办理的，应在凭证转回我国境内时按规定缴纳印花税。

印花税税目、税率具体参见表7－3。

表7－3　印花税税目、税率表

	税目	范围	税率	纳税人	说明
1	购销合同	包括供应、预购、采购、购销、结合及协作、调剂等合同	按购销金额的3‱贴花	立合同人	
2	加工承揽合同	包括加工、定做、修缮、修理、印刷广告、测绘、测试等合同	按加工或承揽收入的5‱贴花	立合同人	
3	建设工程勘察设计合同	包括勘察、设计合同	按收取费用的5‱贴花	立合同人	
4	建筑安装工程承包合同	包括建筑、安装工程承包合同	按承包金额的3‱贴花	立合同人	
5	财产租赁合同	包括租赁房屋、船舶、飞机、机动车辆、机械、器具、设备等合同	按租赁金额的1‰贴花，税额不足1元的，按1元贴花	立合同人	
6	货物运输合同	包括民用航空运输、铁路运输、海上运输、联运合同	按运输费用的5‱贴花	立合同人	单据作为合同使用的，按合同贴花
7	仓储保管合同	包括仓储、保管合同	按仓储保管费用的1‰贴花	立合同人	仓单或栈单作为合同使用的，按合同贴花

（续上表）

	税目	范围	税率	纳税人	说明
8	借款合同	银行及其他金融组织和借款人	按借款金额的0.5‱贴花	立合同人	单据作为合同使用的，按合同贴花
9	财产保险合同	包括财产、责任、保证、信用等保险合同	按保险费收入的1‰贴花	立合同人	单据作为合同使用的，按合同贴花
10	技术合同	包括技术开发、转让、咨询、服务等合同	按所载金额的3‱贴花	立合同人	
11	产权转移书据	包括财产所有权、版权、商标专用权、专利权、专有技术使用权、土地使用权出让合同、商品房销售合同等	按所载金额的5‱贴花	立据人	
12	营业账簿	生产、经营用账册	记载资金的账簿，按实收资本和资本公积的合计金额的5‱贴花；其他账簿按件计税5元/件	立账簿人	
13	权利、许可证照	包括政府部门发给的房屋产权证、工商营业执照、商标注册证、专利证、土地使用证	按件贴花5元	领受人	

应明确的是，印花税票为有价证券，其票面金额以人民币为单位，分为1角、2角、5角、1元、2元、5元、10元、50元、100元9种。

（五）印花税的减免税规定

下列凭证免征印花税：

（1）已缴纳印花税凭证的副本或者抄本。

（2）财产所有人将财产赠给政府、社会福利单位（指抚养孤老伤残的社会福利单位）、学校所立的书据。

（3）财政部批准免税的其他凭证。

（六）纳税方法的规定

印花税的纳税办法，根据税额大小、贴花次数以及税收征收管理的需要，分别采用以下三种纳税办法。

1. 自行贴花办法

这种办法一般适用于应税凭证较少或者贴花次数较少的纳税人。纳税人书立、领受或者使用印花税法列举的应税凭证的同时，纳税义务即已产生，应当根据应纳税凭证的性质和适用的税目税率，自行计算应纳税额，自行购买印花税票，自行一次贴足印花税票并加以注销或画销，纳税义务才算全部履行完毕。值得注意的是，纳税人购买了印花税票，支付了税款，国家就取得了财政收入。但就印花税来说，纳税人支付了税款并不等于已履行了纳税义务。纳税人必须自行贴花并注销或画销，这样才算完整地完成了纳税义务。这也就是通常所说的“三自”纳税办法。

对已贴花的凭证，修改后所载金额增加的，其增加部分应当补贴印花税票。凡多贴印花税票者，不得申请退税或者抵用。

2. 汇贴或汇缴办法

这种办法一般适用于应纳税额较大或者贴花次数频繁的纳税人。

一份凭证应纳税额超过 500 元的，应向当地税务机关申请填写缴款书或者完税证，将其中一联粘贴在凭证上或者由税务机关在凭证上加注完税标记代替贴花。这就是通常所说的“汇贴”办法。

同一种类应纳税凭证需频繁贴花的，应向当地税务机关申请按期汇总缴纳印花税。获准汇总缴纳印花税的纳税人，应持有税务机关发给的汇缴许可证。汇总缴纳的限期限额由当地税务机关确定，但最长期限不得超过 1 个月。

实行印花税按期汇总缴纳的单位，对征税凭证和免税凭证汇总时，凡分别汇总的，按本期征税凭证的汇总金额计算缴纳印花税；凡确属不能分别汇总的，应按本期全部凭证的实际汇总金额计算缴纳印花税。

凡汇总缴纳印花税的凭证，应加注税务机关指定的汇缴戳记、编号并装订成册后，将已贴印花或者缴款书的一联黏附册后，盖章注销，保存备查，经税务机关核准，持有代售许可证的代售户，代售印花税票取得的税款须专户存储，并按照规定的期限，向当地税务机关结报，或者填开专用缴款书直接向银行缴纳，不得逾期不缴或者挪作他用。代售户领存的印花税票及所售印花税票的税款，如有损失，应负责赔偿。

3. 委托代征办法

这一办法主要是通过税务机关的委托，经由发放或者办理应纳税凭证的单位代为征收印花税税款。税务机关应与代征单位签订代征委托书。所谓发放或者办理应纳税凭证的单位，是指发放权利、许可证照的单位和办理凭证的鉴证、公证及其他有关事项的单位。如按照印花税法规定，工商行政管理机关核发各类营业执照和商标注册证的同时，负责代售印花税票，征收印花税税款，并监督领受单位或个人负责贴花。税务机关委托工商行政管理机关代售印花税票，按代售金额5%的比例支付代售手续费。

纳税人不论采用哪一种纳税办法，均应对纳税凭证妥善保存。凭证的保存期限，凡国家已有明确规定的，按规定办理；其余凭证均应在履行完毕后保存1年。

（七）纳税环节的规定

印花税应当在书立或领受时贴花，具体是指在合同签订时、账簿启用时和证照领受时贴花。如果合同是在国外签订，并且不便在国外贴花的，应在将合同带入境时办理贴花纳税手续。

三、印花税的计量

纳税人的应纳税额，按应纳税凭证的性质，以比例税率或定额税率计算。

（1）适用比例税率的应税凭证，计税依据为凭证上所记载的金额，计税公式为：

$$应纳税额 = 应税凭证计税金额 \times 适用的比例税率$$

【例1】甲乙双方签订钢材购销合同一份，合同金额为350 000元，则甲乙双方分别应纳印花税计算如下：

应纳税额 $=350\ 000\times 3‱=105$（元）

（2）适用定额税率的应税凭证计税依据为凭证件数，计税公式为：

$$应纳税额 = 应税凭证件数 \times 固定税额（5元）$$

【例2】某公司2×15年3月开业，领受工商营业执照及商标注册证各一件，则应纳印花税计算如下：

应纳税额 $=2\times 5=10$（元）

【例3】某企业2×15年一季度有购销合同金额50 000 000元，借款合同4 000 000元，有经营账册20本，其中实收资本30 000 000元、资本公积7 000 000元。计算该企业的应纳印花税税额。

根据《印花税暂行条例》，购销合同适用税率为3‱，借款合同税率为0.5‱，记载资金的账簿税率为5‱，其他账簿每册5元。

应纳税额 = 50 000 000 × 3‱ + 4 000 000 × 0.5‱ +（30 000 000 + 7 000 000）× 5‱ +（20 − 2）× 5

= 15 000 + 200 + 18 500 + 90 = 33 790（元）

四、印花税的会计处理

企业缴纳的印花税，一般不通过"应交税费"账户核算，而直接在"管理费用"账户中列支。如果一次购买印花税和一次缴纳税额较大时，需长期分期摊入成本，可通过"长期待摊费用"账户核算。

仍以例3为例，企业购买印花税税票时：

借：管理费用——印花税　　33 790

　贷：银行存款或库存现金　　33 790

如采用"长期待摊费用"的会计核算（分12个月以上期间摊销）：

借：长期待摊费用——印花税　　33 790

　贷：银行存款　　33 790

以后各期摊销时（假设分16个月摊销）：

借：管理费用——印花税　　2 111.88

　贷：长期待摊费用　　2 111.88

第四节　房产税会计

一、房产税的概述

房产税是以房产为征税对象，依据房产的计税价值或房产租金收入向房产所有人或经营人征收的一种财产税。房产税是在1950年开征的，1951年国家公布了《城市房地产税暂行条例》，该税种与地产税合并，称为"城市房地产税"。1973年税制改革时，把对国营企业和集体企业征收的城市房地产税并入工商税，只对房产的个人、外商独资企业和房地产管理部门继续征收城市房地产税。1984 年 10 月第二步“利改税”和工商税制改革时，确定恢复征收房产税，将城市房地产税分为房产税和土地使用税两个税种。1986 年 9 月 15 日，国务院颁布了《中华人民共和国房产税暂行条例》，并从 1986 年 10 月 1 日开始施行。从此，对国内的单位和个人在全国范围内全面征收房产税。原城市房地产税只对涉外企业和外籍人员征收。2008 年 12 月 31 日，国务院下令，自 2009 年 1 月 1 日起，外商投资企业、外国企业和组织以及外籍个人，依照《中华人民共和国房产税暂行条例》缴纳房产税。至此，房产税在我国实现了内外资企业的统一。

房产税有如下特点：

(1) 它是地方税，不仅收入归地方财政，而且地方政府有权据其实际情况或客观需要制定细则、解释税法和选用适当税率。

(2) 房产属于不动产，是对纳税人拥有的各类财产实行综合课征的税收，税源稳定，易于征收管理。

(3) 征收面广，同时随着房地产业的兴起，潜在的税源大。

【前沿新闻导读】

房地产税法正式列入中国立法规划

新华社北京 8 月 5 日电（记者韩洁、任峰、陈菲）　一段时间从公众视野“淡化”的房地产税有了新动向。最新调整过的第十二届全国人大常委会立法规划本周向社会公布，包括房地产税法在内的 34 项立法任务亮相其中，这意味着备受关注的房地产税法正式进入全国人大的立法规划。

除了房地产税法，一并被补充进第十二届全国人大常委会立法规划的还有环境保护税法、增值税法、资源税法、关税法、船舶吨位税法、耕地占用税法六大税法，向外界释放出税收法定进程提速的重要信号。

“这回应了前一阵市场上关于‘房地产税还该不该征’的争议，表明房地产税的立法工作正按计划稳步推进。写入本届人大五年立法规划，意味着这些税法通常会在 2017 年底前获得通过。”中国政法大学财税金融法研究所教授施正文对记者说。

中国于 2011 年在上海和重庆两地率先试点向居民住宅征收房产税。十八届三中全会将房产税改革上升为房地产税体系建设，提出加快房地产税立法并适时推进改革。

施正文说，此次调整表明，落实税收法定原则之下，房地产税迟早是要开征的。改革进程可以推迟，但立法进程不能拖延，立法后并不意味着就会在全国马上开征，但开征前必须做好立法准备。

中国社会科学院城市与竞争力研究中心主任倪鹏飞认为，房地产税作为未来地方重要税种，在地方组织收入和调节财富分配、抑制房地产市场投机等方面有重要作用，开征势在必行。但同时也要看到，未来开征之路会比较漫长，包括立法还需要很多工作，有必要尽早启动，为开征做好准备。

据悉，目前房地产税法草案正由全国人大预工委牵头抓紧起草，财政部配合立法。专家表示，房地产税牵一发而动全身，由全国人大主导房地产税立法，有助于立法草案更加客观权威、更能代表广大民意。

针对当前围绕房地产税改革的诸多争议，中国社科院财经战略研究院税收研究室主任张斌认为，在立法和改革过程中，需处理好房地产税对楼市短期冲击与地方经济发展的关系、处理好房地产税与土地增值税等其他税费的关系等。此外，未来开征时机、如何开征、要不要设“免征额”等都是当下的改革难点。

“从长远看，房地产税立法的目的是在开发交易环节减轻税负，增加保有环节税负，进而完善房价形成机制。”张斌说，未来，随着中国城乡土地制度改革的推进和房地产市场的变化，房地产税立法也要为下一步农村住房和土地改革预留空间。

倪鹏飞说，未来何时开征房地产税必须结合现实时机情况和社会发展情况考虑，并让市场提前有预期。从当前看，开征房地产税对房地产市场有影响，但不是市场变化的主要因素。

中原地产首席分析师张大伟说，鉴于当前开征房地产税的必要前提——不动产登记还未全面完成，房地产税短期内落地的可能性很小，目前看对市场影响非常小。

“立法规划越清晰、税收政策越透明，人们就会对未来提早规划，如针对房地产税的开征而对房地产投资等经济生活做出预期安排，更有助经济发展和社会稳定。”施正文说。

对于此次一并推进立法的其他税种，专家表示既是中国税收法定进程提速的表现，也与中国深化财税体制改革总体方案的重点相吻合。

张斌说，环境保护税法、资源税法经过前期探索论证，目前看这两个税种立法难度不大，而关税、船舶吨位税、耕地占用税等在税收体系中都属于小税种，立法条件相对成熟。如果今年“营改增”顺利完成，随后推进的增值税法则难度较大，简并税率、优化税制结构、重新划分中央和地方收入分配等难题都需要伴随立法考虑。

“总体来看，七大税种的立法安排体现了落实税收法定‘先易后难’的稳妥推进思路。”中央民族大学法学院教授熊文钊说，目前，中国以法律形式存在的税法只有三部，其余15个税种都是依据国务院条例的形式存在。要在2020年全面落实税收法定原则，意味着未来平均每年要制定三部法律，立法工作量非常大。

不仅如此，随着改革向深水区迈进，个人所得税法等难度更大的综合税种立法也将提上日程。施正文说，税收涉及广大社会公众的切身利益，立法面临重重挑战。但中国推进税收法定的改革列车已经出发，将伴随税制改革的攻坚克难，推动中国财税体制向现代化转型，更好为经济健康发展保驾护航。

（资料来源：新华网，2015年8月6日）

二、房产税的确认

（一）房产税的纳税人

凡在中华人民共和国境内拥有房屋产权的单位或个人，都是房产税的纳税义务人。

我国房产的产权所有人，主要分为国家（全民）、集体和个人。产权属于国家所有的，由经营管理的单位缴纳；产权属于集体和个人所有的，由集体单位和个人缴纳。

（二）房产税的征收范围

房产税的征收对象是房屋。房产税的征收范围为城市、县城、建制镇和工矿区。

（1）城市，是指经国务院批准设立的市。其征税范围为市区、郊区和市辖县县城，不包括农村。

（2）县城，是指未设立建制镇的县人民政府所在地的地区。

（3）建制镇，是指经省、自治区、直辖市人民政府批准设立的建制镇。其征税范围为镇人民政府所在地的地区，不包括镇政府所辖的行政村。

（4）工矿区，是指工商业比较发达、人口比较集中、符合国务院规定的建制镇标准，但尚未设立镇建制的大中型工矿企业所在地。

（三）税率和计税依据

我国现行房产税采用的是比例税率。由于房产税的计税依据分为从价计征和从租计征两种形式，所以，房产税的税率也有两种：一种是按房产原值一次扣除10%～30%后的余值计征的，税率为1.2%；一种是按房产出租的租金收入计征的，税率为12%。自2008年3月1日起，对个人出租住房，不区分用途，按4%的税率征收房产税。

其中，房产原值是指纳税人按照会计制度规定，在账簿“固定资产”科目中记载的房屋原价。因此，凡按会计制度规定在账簿中记载有房屋原价的，应以房屋原价按规定减除一定比例后作为房产余值计征房产税；没有记载房屋原价的，按照上述原则，并参照同类房屋，确定房产原值，按规定计征房产税。

房产原值应包括与房屋不可分割的各种附属设备或一般不单独计算价值的配套设施，主要有暖气、卫生、通风、照明、煤气等设备；各种管线，如蒸气、压缩空气、石油、给水排水等管道及电力、电信、电缆导线；电梯、升降机、过道、晒台等。属于房屋附属设备的水管、下水道、暖气管、煤气管等应从最近的探视井或三通管起，计算原值；电灯网、照明线从进线盒连接管起，计算原值；纳税人对原有房屋进行改建、扩建的，要相应增加房屋的原值。

（四）房产税的减免税规定

依照税法的规定，下列房产免缴房产税：

（1）国家机关、人民团体、军队自用的房产免征房产税。

（2）由国家财政部门拨给事业经费的单位自用的房产免征房产税。

（3）宗教寺庙、公园、名胜古迹自用的房产免征房产税。

（4）个人所有非经营用房免征房产税。

（5）经财政部批准的其他房产。

（五）纳税义务发生时间和纳税期限

（1）纳税人将原有房产用于生产经营，从生产经营之月起缴纳房产税。

（2）纳税人自行新建房屋用于生产经营，从建成之次月起缴纳房产税。

（3）委托施工企业建设的房屋，从办理验收手续之日的次月起计征房产税。对于在办理验收手续前已使用或出租、出借的新建房屋，应从使用或出租、出借的当月起按规定计征房产税。

（4）购置新建商品房，自房屋交付使用之次月起计征房产税。

（5）购置存量房，自办理房屋权属转移、变更登记手续，房地产权属登记机关签发房屋权属证书之次月起计征房产税。

（6）出租、出借房产，自交付出租、出借房产之次月起计征房产税。

（7）房地产开发企业自用、出租、出借本企业建造的商品房，自房屋使用或交付之次月起计征房产税。

（8）自2009年1月1日起，纳税人因房产的实物或权利状态发生变化而依法终止房产税纳税义务的，其应纳税款的计算应截至房产的实物或权利状态发生变化的当月末。

房产税实行按年计算、分期缴纳的征收方法，具体纳税期限由省、自治区、直辖市人民政府确定。

三、房产税的计量

房产税的计税依据有房产的价值和房产出租的租金收入两种。按房产价值征税的叫从价计征，按房产出租租金征税的叫从租计征。

（一）从价计征的计算

按房产的原值减除一定比例后的余值计征，其公式为：

$$应纳税额 = 房产原值 \times (1 - 扣除比例) \times 1.2\%$$

房产原值是“固定资产”账户中记载的房屋原价；扣除比例是省、自治区、直辖市人民政府规定的10%～30%。

【例1】 某公司拥有的经营用房原价为60 000 000元，当地规定允许减除20%后计税，适用税率为1.2%。计算该企业应缴纳的房产税税额。

年应纳房产税税额＝60 000 000×（1－20%）×1.2%＝576 000（元）

（二）从租计征的计算

按房产出租的租金收入（指房屋产权所有人出租房产使用权所得的报酬，包括货币收入和实物收入）计征，其公式为：

$$应纳税额 = 租金收入 \times 12\%$$

【例2】 某公民出租房屋4间，年租金收入为50 000元，适用税率为12%。其应纳房产税税额计算如下：

应纳税额＝50 000×12%＝6 000（元）

四、房产税的账务处理

企业应按现行会计规定，设置“应交税费——应交房产税”账户和“管理费用”账户进行核算。

月末，企业计提应缴纳房产税税额，作分录如下：

借：管理费用

　　贷：应交税费——应交房产税

按期限缴纳房产税时，作分录如下：

借：应交税费——应交房产税

　　贷：银行存款

【例3】甲公司2×15年1月1日“固定资产——房产”账面原价为3 000 000元，2月1日，企业将房产原价为1 500 000元的房屋租给其他单位使用，每年收取租金收入140 000元。当地政府规定，按房产原值扣除30%后作为房产余值，适用税率1.2%纳税；租金收入按年税率12%纳税；房产税按月计算，按季缴纳。试计算该年1—3月应纳房产税并作出相关账务处理。

（1）1月份按房产余值计算全年应纳税额为：

年应纳税额＝3 000 000×（1－30%）×1.2%＝25 200（元）

月应纳税额＝25 200÷12＝2 100（元）

1月末计提时，作会计分录如下：

借：管理费用——房产税　　2 100

　　贷：应交税费——应交房产税　　2 100

（2）2月份按房产余值和租金收入分别计算应纳税款：

按房产余值计算：

年应纳税额＝（3 000 000－1 500 000）×（1－30%）×1.2%

　　　　　＝12 600（元）

月应纳税额＝12 600÷12＝1 050（元）

按租金收入计算：

年应纳税额＝140 000×12%＝16 800（元）

月应纳税额＝16 800÷12＝1 400（元）

2月、3月每月应纳税额＝1 050＋1 400＝2 450（元）

2月末、3月末作分录如下：

借：管理费用——房产税　　2 450

　　贷：应交税费——应交房产税　　2 450

4月初企业缴纳一季度税款时：

借：应交税费——应交房产税　　7 000

　　贷：银行存款　　7 000

第五节 契税会计

契税是以在中华人民共和国境内转移土地、房屋权属为征税对象，向产权承受人征收的一种财产税。具体分为买契税、典契税、赠与契税三种。

契税是一种古老的税种，它起源于东晋时期的“估税”。新中国成立后，政务院于1950年4月3日发布了《契税暂行条例》。1954年6月，政府对《契税暂行条例》的部分条文进行了修改，缩小了契税的课征范围。至1956年，契税征收工作大量减少，有的地方停征此税。改革开放以后，旧契税已不能适应经济发展的要求。因此，1997年7月7日，国务院重新颁布了《中华人民共和国契税暂行条例》（下称《契税暂行条例》），并于1997年10月1日起实施。

一、契税的确认

（一）契税的纳税人

契税的纳税义务人是指在中华人民共和国境内转移土地、房屋权属，承受的单位和个人。

境内是指中华人民共和国实际税收行政管辖范围内。土地、房屋权属是指土地使用权和房屋所有权。单位是指企业单位、事业单位、国家机关、军事单位和社会团体以及其他组织。个人是指个体工商户及其他个人，包括中国公民和外籍人员。

（二）契税的征税对象

契税的征税对象是转移土地、房屋权属。具体包括：

（1）国有土地使用权出让。国有土地使用权出让是指土地使用者向国家交付土地使用权出让费用，国家将国有土地使用权在一定年限内让予土地使用者的行为。

（2）土地使用权的转让。土地使用权的转让是指土地使用者以出售、赠与、交换或者其他方式将土地使用权转移给其他单位和个人的行为。土地使用权转让不包括农村集体土地承包经营权的转移。

（3）房屋买卖。即以货币为媒介，出卖者向购买者过渡房产所有权的交易行为。以下几种特殊情况，视同买卖房屋：

①以房产抵债或实物交换房屋。经当地政府和有关部门批准，以房产抵债和实物交换房屋，均视同房屋买卖，应由产权承受人，按房屋现值缴纳契税。例如，甲某因无力偿还乙某债务，而以自有的房产折价抵偿债务。经双方同意，有关部门批准，乙某取得甲某的房屋产权，在办理产权过户手续时，按房产折价款缴纳契税。又如，以实物（金银首饰等等价物品）交换房屋，应视同以货币购买房屋。

②以房产作投资或作股权转让。这种交易业务属房屋产权转移，应根据国家房地产管理的有关规定，办理房屋产权交易和产权变更登记手续，视同房屋买卖，由产权承受方按契税税率计算缴纳契税。例如，甲某以自有房产，投资于乙某企业。其房屋产权变为乙某企业所有，故产权所有人发生变化，因此，乙某企业在办理产权登记手续后，按甲某入股房产现值（国有企事业房产须经国有资产管理部门评估核价）缴纳契税。如丙某以股份方式购买乙某企业房屋产权，丙某在办理产权登记后，按取得房产买价缴纳契税。

以自有房产作股投入本人独资经营企业，免纳契税。因为以自有的房地产投入本人独资经营的企业，产权所有人和使用权使用人未发生变化，不需办理房产变更手续，也不办理契税手续。

③买房拆料或翻建新房，应照章征收契税。例如，甲某购买乙某房产，不论其目的是取得该房产的建筑材料或是翻建新房，实际都构成房屋买卖。甲某应首先办理房屋产权变更手续，并按买价缴纳契税。

（4）房屋赠与。房屋赠与是指房屋产权所有人将房屋无偿转让给他人所有。其中，将自己的房屋转交给他人的法人和自然人称作房屋赠与人，接受他人房屋的法人和自然人称为受赠人。房屋赠与的前提必须是，产权无纠纷，赠与人和受赠人双方自愿。

由于房屋是不动产，价值较大，故法律要求赠与房屋应有书面合同（契约），并到房地产管理机关或农村基层政权机关办理登记过户手续，才能生效。

如果房屋赠与行为涉及涉外关系，还需公证处证明和外事部门认证，才能有效。房屋的受赠人要按规定缴纳契税。

以获奖方式取得房屋产权的，其实质是接受赠与房产，应照章缴纳契税。

（5）房屋交换。房屋交换是指房屋所有者之间互相交换房屋的行为。

随着经济形势的发展，有些特殊方式转移土地、房屋权属的，也将视同土地使用权转让、房屋买卖或者房屋赠与：一是以土地、房屋权属作价投资、入股；二是以土地、房屋权属抵债；三是以获奖方式承受土地、房屋权属；四是以预购方式或者预付集资建房款方式承受土地、房屋权属。

(三) 契税的税率和计税依据

1. 税率

契税实行3% ~5%的幅度比例税率。由省、自治区、直辖市人民政府在规定的3% ~5%幅度内按照本地区的实际情况确定，并报财政部和国家税务总局备案。

2. 计税依据

契税的计税依据为不动产的价格。由于土地、房屋权属转移方式不同，定价方法不同，因而具体计税依据视不同情况而定。

(1) 国有土地使用权出让、土地使用权出售、房屋买卖，以成交价格为计税依据；成交价格是指土地、房屋权属转移合同确定的价格，包括承受者应交付的货币、实物、无形资产或者其他经济利益。

(2) 土地使用权赠与、房屋赠与，由征收机关参照土地使用权出售、房屋买卖的市场价格核定。

(3) 土地使用权交换、房屋交换，为所交换的土地使用权、房屋的价格的差额。即交换价格相等时，免征契税；交换价格不等时，由多交付的货币、实物、无形资产或者其他经济利益的一方缴纳契税。

(4) 以划拨方式取得土地使用权，经批准转让房地产时，由房地产转让者补交契税。计税依据为补交的土地使用权出让费用或者土地收益。

(5) 个人无偿赠与不动产行为（法定继承人除外），应对受赠人全额征收契税。

(四) 契税的减免税规定

《契税暂行条例》规定，下列情形之一可减征或者免征契税：

(1) 国家机关、事业单位、社会团体、军事单位承受土地、房屋用于办公、教学、医疗、科研和军事设施的，免征契税。

(2) 城镇职工按规定第一次购买公有住房的免征契税。

(3) 因不可抗力灭失住房而重新购买住房的，酌情准予减免。

(4) 财政部规定的其他减征、免征契税的项目，如法定继承人继承土地、房屋权属，不征收契税。

以上经批准减免契税的纳税人改变有关土地、房屋的用途，不再属于减免契税范围的，应当补缴已经减征、免征的税款。

（五）契税的纳税义务发生时间、纳税期限

契税的纳税义务发生时间是纳税人签订土地、房屋权属转移合同的当天，或者纳税人取得其他具有土地、房屋权属转移合同性质凭证的当天。

纳税人应当自纳税义务发生之日起 10 日内，向土地、房屋所在地的契税征收机关办理纳税申报，并在契税征收机关核定的期限内缴纳税款。

二、契税的计量

契税采取比例税率，当计税依据确定后，契税应纳税额的计算公式如下：

应纳税额 = 计税依据 × 适用税率

【例 1】 华侨李某将自己的一幢楼房赠与某公司，经评估确认价值为人民币 4 500 000 元，适用税率为 4%，计算李某应纳契税税额。

应纳契税税额 = 4 500 000 × 4% = 180 000（元）

【例 2】 居民甲有两套住房，将一套出售给居民乙，成交价格为 200 000 元，将另一套两室住房与居民丙交换成两处一室住房，并支付给丙换房差价款 60 000 元。试计算甲、乙、丙相关行为应纳契税税额（假定税率为 4%）。

（1）甲应纳契税税额 = 60 000 × 4% = 2 400（元）

（2）乙应纳契税税额 = 200 000 × 4% = 8 000（元）

（3）丙不缴纳契税。

三、契税的账务处理

企业计算、缴纳契税时，应设置“应交税费——应交契税”账户核算。企业的房屋属于固定资产的范围。按会计政策规定，购入的固定资产，按照买价加上支付的运输费、保险费、包装费、安装费、调试费和缴纳的税金等计价，因此，企业缴纳的契税应通过“固定资产”账户进行核算。如果契税为一次性征收，就不存在与税务机关结算清缴的问题，可不通过“应交税费”账户核算，当企业缴纳契税时，借记“固定资产”账户，贷记“银行存款”账户。

（1）购入固定资产时，计算其契税，作会计分录：

借：固定资产

　贷：应交税费——应交契税

（2）缴纳契税时，作会计分录：

借：应交税费——应交契税

　贷：银行存款

第六节 车船税会计

一、车船税概述

车船税是指在中华人民共和国境内的车辆、船舶（下称“车船”）的所有人或者管理人依照《中华人民共和国车船税法》应缴纳的一种税。1951 年，我国就颁布了《车船使用牌照税暂行条例》。1973 年税制改革时，将国营企业、集体企业缴纳的车船使用牌照税并入工商税。至此，仅对个人和外侨以及外资企业、中外合资、中外合作经营企业的车船继续征收此税。1984 年第二步“利改税”和工商税制改革时确立了“车船使用税”这一税种。1986 年 9 月 15 日，国务院颁布了《中华人民共和国车船使用税暂行条例》，并从 1986 年 10 月 1 日开始施行。这样，车船使用牌照税属涉外税种，对涉外企业和外籍人员征收；车船使用税则对内资企业和中国公民征收。2006 年 12 月 29 日，国务院颁布第 482 号令，公布了《中华人民共和国车船税暂行条例》（下称《车船税暂行条例》），自 2007 年 1 月 1 日起施行。该条例是在原车船使用税和车船使用牌照税的基础上合并修订而成的。2011 年 2 月 25 日，中华人民共和国第十一届全国人民代表大会常务委员会第十九次会议通过了《中华人民共和国车船税法》（下称《车船税法》），自 2012 年 1 月 1 日起施行。

二、车船税的确认

（一）车船税的纳税人

车船税的纳税人是指在中华人民共和国境内车船的所有人或者管理人为车船税的纳税人，应当依照《车船税法》的规定缴纳车船税。

（二）车船税的征收范围

车船税的征税范围是指在中华人民共和国境内属于《车船税法》所附的“车船税税目税额表”规定的车辆、船舶。车辆、船舶是指：①依法应当在车船登记管理部门登记的机动车辆和船舶；②依法不需要在车船登记管理部门登记的在单位内部场所行驶或者作业的机动车辆和船舶。

（三）车船税的税额和计税依据

1. 税率

车船税实行定额税率。定额税率计算简便，适宜从量计征的税种。省、自治区、直辖市人民政府根据《车船税法》所附的“车船税税目税额表”确定车辆具体适用税额，应当遵循以下原则：①乘用车依排气量从小到大递增税额；②客车按照核定载客人数 20 人以下和 20 人（含）以上两档划分，递增税额。

省、自治区、直辖市人民政府确定的车辆具体适用税额，应当报国务院备案。

“车船税税目税额表”见表 7－4。

表 7－4　车船税税目税额表

税目		计税单位	年基准税额	备注
乘用车［按发动机气缸容量（排气量）分档］	1.0 升（含）以下的	每辆	60～360 元	核定载客人数 9 人（含）以下
	1.0 升以上至 1.6 升（含）的		300～540 元	
	1.6 升以上至 2.0 升（含）的		360～660 元	
	2.0 升以上至 2.5 升（含）的		660～1 200 元	
	2.5 升以上至 3.0 升（含）的		1 200～2 400 元	
	3.0 升以上至 4.0 升（含）的		2 400～3 600 元	
	4.0 升以上的		3 600～5 400 元	
商用车	客车	每辆	480～1 440 元	核定载客人数 9 人以上，包括电车
	货车	整备质量每吨	16～120 元	包括半挂牵引车、三轮汽车和低速载货汽车等

（续上表）

税目		计税单位	年基准税额	备注
挂车		整备质量每吨	按照货车税额的50%计算	
其他车辆	专用作业车	整备质量每吨	16～120元	不包括拖拉机
	轮式专用机械车			
摩托车		每辆	36～180元	
船舶	机动船舶	净吨位每吨	3～6元	拖船、非机动驳船分别按照机动船舶税额的50%计算
	游艇	艇身长度每米	600～2 000元	

（1）机动船舶具体适用税额为：

①净吨位不超过200吨的，每吨3元；

②净吨位超过200吨但不超过2 000吨的，每吨4元；

③净吨位超过2 000吨但不超过10 000吨的，每吨5元；

④净吨位超过10 000吨的，每吨6元。

拖船按照发动机功率每1千瓦折合净吨位0.67吨计算征收车船税。

（2）游艇具体适用税额为：

①艇身长度不超过10米的，每米600元；

②艇身长度超过10米但不超过18米的，每米900元；

③艇身长度超过18米但不超过30米的，每米1 300元；

④艇身长度超过30米的，每米2 000元；

⑤辅助动力帆艇，每米600元。

（3）《中华人民共和国车船税法实施条例》规定："车船税法和本条例所涉及的排气量、整备质量、核定载客人数、净吨位、千瓦、艇身长度，以车船登记管理部门核发的车船登记证书或者行驶证所载数据为准。

依法不需要办理登记的车船和依法应当登记而未办理登记或者不能提供车船登记证书、行驶证的车船，以车船出厂合格证明或者进口凭证标注的技术参数、数据为准；不能提供车船出厂合格证明或者进口凭证的，由主管税务机关参照国家相关标准核定，没有国家相关标准的参照同类车船核定。”

2. 计税依据

纳税人按照纳税地点所在的省、自治区、直辖市人民政府确定的具体适用税额缴纳车船税。车船税的计税依据一般按车船类别确定，实行从量定额征收，其中，乘用车、客车和摩托车以辆数为计税依据；规定的货车和专用作业车、轮式专用机械车以整备质量吨位为计税依据；机动船舶以净吨位每吨为计税依据；游艇以艇身长度每米为计税依据。

（四）车船税的减免税规定

1. 法定减免

（1）捕捞、养殖渔船。

（2）军队、武装警察部队专用的车船。

（3）警用车船。

（4）依照法律规定应当予以免税的外国驻华使领馆、国际组织驻华代表机构及其有关人员的车船。

（5）对节约能源、使用新能源的车船可以减征或者免征车船税；对受严重自然灾害影响纳税困难以及有其他特殊原因确需减税、免税的，可以减征或者免征车船税。具体办法由国务院规定，并报全国人民代表大会常务委员会备案。

（6）省、自治区、直辖市人民政府根据当地实际情况，可以对公共交通车船，农村居民拥有并主要在农村地区使用的摩托车、三轮汽车和低速载货汽车定期减征或者免征车船税。

2. 特定减免

（1）经批准临时入境的外国车船和香港特别行政区、澳门特别行政区、台湾地区的车船，不征收车船税。

（2）按照规定缴纳船舶吨税的机动船舶，自《车船税法》实施之日起5年内免征车船税。

（3）依法不需要在车船登记管理部门登记的机场、港口、铁路站场内部行驶或者作业的车船，自《车船税法》实施之日起5年内免征车船税。

（五）车船税的纳税期限和纳税申报

（1）《车船税法》第八条所称“取得车船所有权或者管理权的当月”，应当以购买车船的发票或者其他证明文件所载日期的当月为准。

（2）税务机关可以在车船登记管理部门、车船检验机构的办公场所集中办理车船税征收事宜。

公安机关交通管理部门在办理车辆相关登记和定期检验手续时，经核查，对没有提供依法纳税或者免税证明的，不予办理相关手续。

（3）车船税按年申报，分月计算，一次性缴纳。纳税年度为公历1月1日至12月31日。

三、车船税的计量

（1）购置的新车船，购置当年的应纳税额自纳税义务发生的当月起按月计算。应纳税额为年应纳税额除以12再乘以应纳税月份数。计算公式为：

$$应纳税额=（年应纳税额\div 12）\times 应纳税月份数$$

$$应纳税月份数=12-纳税义务发生时间（取月份）+1$$

（2）在一个纳税年度内，已完税的车船被盗抢、报废、灭失的，纳税人可以凭有关管理机关出具的证明和完税凭证，向纳税所在地的主管税务机关申请退还自被盗抢、报废、灭失月份起至该纳税年度终了期间的税款。

（3）已办理退税的被盗抢车船失而复得的，纳税人应当从公安机关出具相关证明的当月起计算缴纳车船税。

（4）从事机动车第三者责任强制保险业务的保险机构为机动车车船税的扣缴义务人，应当在收取保险费时依法代收车船税，并出具代收税款凭证。

（5）已缴纳车船税的车船在同一纳税年度内办理转让过户的，不另纳税，也不退税。

【例1】某运输公司拥有载货汽车15辆（货车整备质量全部为10吨），乘人大客车20辆，小客车10辆。计算该公司应纳车船税税额（注：载货汽车按每吨年税额80元，乘人大客车每辆年税额800元，小客车每辆年税额700元）。

载货汽车应纳税额 = 15×10×80 = 12 000（元）

乘人汽车应纳税额 =20×800 + 10×700 = 23 000（元）

全年应纳车船税税额 = 12 000 + 23 000 = 35 000（元）

【例2】某航运公司拥有机动船30艘（其中净吨位为180吨的12艘，2 000吨的有8艘，5 000吨的有10艘），180吨的单位税额3元，2 000吨的单位税额4元，5 000吨的单位税额5元。请计算该航运公司的年应纳车船税税额。

该公司应纳车船税税额 $= 12 \times 180 \times 3 + 8 \times 2\ 000 \times 4 + 10 \times 5\ 000 \times 5$
$= 320\ 480$（元）

四、车船税的会计处理

企业应设置“应交税费——应交车船税”账户，以反映车船税的计提和缴纳情况。企业计提车船税时，应借记“管理费用”账户，贷记本账户。企业缴纳车船税时，应借记本账户，贷记“银行存款”账户。

【例3】承例1，该公司全年应缴车船税35 000元，作会计分录如下：

借：管理费用——车船税　　35 000
　贷：应交税费——应交车船税　　35 000

缴纳时，作会计分录如下：

借：应交税费——应交车船税　　35 000
　贷：银行存款　　35 000

【前沿政策导读】

中华人民共和国国务院令
第610号

《中华人民共和国船舶吨税暂行条例》已经2011年11月23日国务院第182次常务会议通过，现予公布，自2012年1月1日起施行。

总　理　温家宝

二〇一一年十二月五日

中华人民共和国船舶吨税暂行条例

第一条　自中华人民共和国境外港口进入境内港口的船舶（以下称应税船舶），应当依照本条例缴纳船舶吨税（以下简称吨税）。

第二条　吨税的税目、税率依照本条例所附的《吨税税目税率表》执行。《吨税税目税率表》的调整，由国务院决定。

第三条　吨税设置优惠税率和普通税率。

中华人民共和国籍的应税船舶，船籍国（地区）与中华人民共和国签订含有相互给予船舶税费最惠国待遇条款的条约或者协定的应税船舶，适用优惠税率。

其他应税船舶，适用普通税率。

第四条　吨税按照船舶净吨位和吨税执照期限征收。

应税船舶负责人在每次申报纳税时，可以按照《吨税税目税率表》选择申领一种期限的吨税执照。

第五条　吨税的应纳税额按照船舶净吨位乘以适用税率计算。

第六条　吨税由海关负责征收。海关征收吨税应当制发缴款凭证。

应税船舶负责人缴纳吨税或者提供担保后，海关按照其申领的执照期限填发吨税执照。

第七条　应税船舶在进入港口办理入境手续时，应当向海关申报纳税领取吨税执照，或者交验吨税执照。应税船舶在离开港口办理出境手续时，应当交验吨税执照。

应税船舶负责人申领吨税执照时，应当向海关提供下列文件：

（一）船舶国籍证书或者海事部门签发的船舶国籍证书收存证明；

（二）船舶吨位证明。

第八条　吨税纳税义务发生时间为应税船舶进入港口的当日。

应税船舶在吨税执照期满后尚未离开港口的，应当申领新的吨税执照，自上一次执照期满的次日起续缴吨税。

第九条　下列船舶免征吨税：

（一）应纳税额在人民币50元以下的船舶；

（二）自境外以购买、受赠、继承等方式取得船舶所有权的初次进口到港的空载船舶；

（三）吨税执照期满后24小时内不上下客货的船舶；

（四）非机动船舶（不包括非机动驳船）；

（五）捕捞、养殖渔船；

（六）避难、防疫隔离、修理、终止运营或者拆解，并不上下客货的船舶；

（七）军队、武装警察部队专用或者征用的船舶；

（八）依照法律规定应当予以免税的外国驻华使领馆、国际组织驻华代表机构及其有关人员的船舶；

（九）国务院规定的其他船舶。

第十条　在吨税执照期限内，应税船舶发生下列情形之一的，海关按照实际发生的天数批注延长吨税执照期限：

（一）避难、防疫隔离、修理，并不上下客货；

（二）军队、武装警察部队征用。

应税船舶因不可抗力在未设立海关地点停泊的，船舶负责人应当立即向附近海关报告，并在不可抗力原因消除后，依照本条例规定向海关申报纳税。

第十一条　符合本条例第九条第五项至第八项、第十条规定的船舶，应当提供海事部门、渔业船舶管理部门或者卫生检疫部门等部门、机构出具的具有法律效力的证明文件或者使用关系证明文件，申明免税或者延长吨税执照期限的依据和理由。

第十二条　应税船舶负责人应当自海关填发吨税缴款凭证之日起 15 日内向指定银行缴清税款。未按期缴清税款的，自滞纳税款之日起，按日加收滞纳税款 0.5‰的滞纳金。

第十三条　应税船舶到达港口前，经海关核准先行申报并办结出入境手续的，应税船舶负责人应当向海关提供与其依法履行吨税缴纳义务相适应的担保；应税船舶到达港口后，依照本条例规定向海关申报纳税。

下列财产、权利可以用于担保：

（一）人民币、可自由兑换货币；

（二）汇票、本票、支票、债券、存单；

（三）银行、非银行金融机构的保函；

（四）海关依法认可的其他财产、权利。

第十四条　应税船舶在吨税执照期限内，因修理导致净吨位变化的，吨税执照继续有效。应税船舶办理出入境手续时，应当提供船舶经过修理的证明文件。

第十五条　应税船舶在吨税执照期限内，因税目税率调整或者船籍改变而导致适用税率变化的，吨税执照继续有效。

因船籍改变而导致适用税率变化的，应税船舶在办理出入境手续时，应当提供船籍改变的证明文件。

第十六条　吨税执照在期满前毁损或者遗失的，应当向原发照海关书面申请核发吨税执照副本，不再补税。

第十七条　海关发现少征或者漏征税款的，应当自应税船舶应当缴纳税款之日起 1 年内，补征税款。但因应税船舶违反规定造成少征或者漏征税款的，海关可以自应当缴纳税款之日起 3 年内追征税款，并自应当缴纳税款之日起按日加征少征或者漏征税款 0.5‰的滞纳金。

海关发现多征税款的，应当立即通知应税船舶办理退还手续，并加算银行同期活期存款利息。

应税船舶发现多缴税款的，可以自缴纳税款之日起 1 年内以书面形式要求海关退还多缴的税款并加算银行同期活期存款利息；海关应当自受理退税申请之日起 30 日内查实并通知应税船舶办理退还手续。

应税船舶应当自收到本条第二款、第三款规定的通知之日起 3 个月内办理有关退还手续。

第十八条　应税船舶有下列行为之一的，由海关责令限期改正，处 2 000 元以上 3 万元以下罚款；不缴或者少缴应纳税款的，处不缴或者少缴税款 50% 以上 5 倍以下的罚款，但罚款不得低于 2 000 元：

（一）未按照规定申报纳税、领取吨税执照的；

（二）未按照规定交验吨税执照及其他证明文件的。

第十九条　吨税税款、滞纳金、罚款以人民币计算。

第二十条　本条例下列用语的含义：

净吨位，是指由船籍国（地区）政府授权签发的船舶吨位证明书上标明的净吨位。

非机动船舶，是指自身没有动力装置，依靠外力驱动的船舶。

非机动驳船，是指在船舶管理部门登记为驳船的非机动船舶。

捕捞、养殖渔船，是指在中华人民共和国渔业船舶管理部门登记为捕捞船或者养殖船的船舶。

拖船，是指专门用于拖（推）动运输船舶的专业作业船舶。拖船按照发动机功率每 1 千瓦折合净吨位 0.67 吨。

吨税执照期限，是指按照公历年、日计算的期间。

第二十一条　本条例自 2012 年 1 月 1 日起施行。1952 年 9 月 16 日政务院财政经济委员会批准、1952 年 9 月 29 日海关总署发布的《中华人民共和国海关船舶吨税暂行办法》同时废止。

附：

吨税税目税率表

税目 （按船舶净吨位划分）	税率（元/净吨）						备注
	普通税率 （按执照期限划分）			优惠税率 （按执照期限划分）			
	1 年	90 日	30 日	1 年	90 日	30 日	
不超过 2 000 净吨	12.6	4.2	2.1	9.0	3.0	1.5	拖船和非机动驳船分别按相同净吨位船舶税率的 50% 计征税款
超过 2 000 净吨，但不超过 10 000 净吨	24.0	8.0	4.0	17.4	5.8	2.9	
超过 10 000 净吨，但不超过 50 000 净吨	27.6	9.2	4.6	19.8	6.6	3.3	
超过 50 000 净吨	31.8	10.6	5.3	22.8	7.6	3.8	

（资料来源：中华人民共和国中央人民政府网，2011 年 12 月 9 日）

第七节　车辆购置税会计

一、车辆购置税概述

（一）车辆购置税的概念

车辆购置税是以在中国境内购置规定的车辆为课税对象，在特定的环节向车辆购置者征收的一种税。就其性质而言，属于直接税的范畴。

车辆购置税于 2001 年 1 月 1 日开始在我国实施，是一个新的税种。它是在原交通部门收取的车辆购置附加费的基础上，通过“费改税”方式演变而来的。车辆购置税基本保留了原车辆购置附加费的特点。

（二）车辆购置税的特点

车辆购置税作为一个特殊税种，除具有税收的共同特点外，还有其自身的特点：

（1）征收范围单一。车辆购置税以购置的特定车辆为课税对象，而不是对所有的财产或消费财产征税，范围窄，属于特种财产税。

（2）征收环节单一。车辆购置税实行一次性课征制，它不是在生产、经营和消费的每个环节道道征收，而是在消费领域中的特定环节一次性征收。

（3）税率单一。车辆购置税只确定一个统一比例税率征收，税率具有不随课税对象数额变动的特点，计征简便，负担稳定，有利于依法治税。

（4）征收方法单一。车辆购置税根据纳税人购置应税车辆的计税价格实行从价计征，以价格为计税标准，课税与价值直接发生关系，价值大者多征税，价值小者少征税。

（5）征税具有特定目的。车辆购置税为中央税，它取之于应税车辆，用之于交通建设，其征税具有专门用途，不准挪作他用，由中央财政根据国家交通建设投资计划，统筹安排。这种特定目的的税收，可以保证国家财政支出的需要，既有利于统筹合理地安排资金，又有利于保证特定事业和建设支出的需要。

（6）价外征收，不转嫁税负。也就是说，征收车辆购置税的商品价格中不含车辆购置税税额，车辆购置税是附加在价格之外的，且税收的缴纳者即为最终的税收负担者，税负没有转嫁性。

二、车辆购置税的确认

（一）车辆购置税的纳税义务人

车辆购置税的纳税义务人是指在中华人民共和国境内购置应税车辆的单位和个人。车辆购置税的应税行为是指在中华人民共和国境内购置应税车辆的行为。具体来讲，这种应税行为包括以下几种情况：购买使用行为；进口使用行为；受赠使用行为；自产自用行为；获奖使用行为；拍卖、抵债、走私、罚没等方式取得并使用的行为。这些都属于车辆购置税的应税行为。

（二）征税对象和征税范围

1. 车辆购置税的征税对象

车辆购置税以列举的车辆为征税对象。未列举的不纳税。

2. 车辆购置税的征税范围

车辆购置税的征收范围包括汽车、摩托车、电车、挂车、农用运输车。具体范围按“车辆购置税征收范围表”（表7-5）执行。

表7-5 车辆购置税征收范围表

应税车辆	具体范围	注 释
汽 车	各类汽车	
摩托车	轻便摩托车	最高设计时速不大于50km/h，发动机汽缸总排量不大于50cm³ 的两个或者三个车轮的机动车
	二轮摩托车	最高设计车速大于50km/h，或者发动机汽缸总排量大于50cm³ 的两个车轮的机动车
	三轮摩托车	最高设计车速大于50km/h，或者发动机汽缸总排量大于50cm³，空车重量不大于400kg的三个车轮的机动车
电 车	无轨电车	以电能为动力，由专用输电电缆线供电的轮式公共车辆
	有轨电车	以电能为动力，在轨道上行驶的公共车辆
挂 车	全挂车	无动力设备，独立承载，由牵引车辆牵引行驶的车辆
	半挂车	无动力设备，与牵引车辆共同承载，由牵引车辆牵引行驶的车辆

（续上表）

应税车辆	具体范围	注　释
汽　车	各类汽车	
农用运输车	三轮农用运输车	柴油发动机，功率不大于7.4kw，载重量不大于500kg，最高车速不大于40km/h的三个车轮的机动车
	四轮农用运输车	柴油发动机，功率不大于28kw，载重量不大于1 500kg，最高车速不大于50km/h的四个车轮的机动车

为了体现税法的统一性、固定性、强制性和法律的严肃性特点，车辆购置税征收范围的调整由国务院决定，其他任何部门、单位和个人只能认真执行政策规定，无权擅自扩大或缩小车辆购置税的征税范围。

（三）税率与计税依据

1. 车辆购置税的税率

我国车辆购置税实行统一比例税率，税率为10%。

2. 车辆购置税的计税依据

车辆购置税以应税车辆为征税对象，考虑到我国车辆市场供求的矛盾，价格差异变化，计量单位不规范以及征收车辆购置附加费的做法，实行从价定率、价外征收的方法计算应纳税额，应税车辆的价格即计税价格就成为车辆购置税的计税依据。但是，由于应税车辆购置的来源不同，应税行为的发生不同，计税价格的组成也就不一样。车辆购置税计税依据有以下几种情况。

（1）购买自用应税车辆计税依据的确定。

纳税人购买自用的应税车辆以计税价格为计税依据。计税价格的组成为纳税人购买应税车辆而支付给销售者的全部价款和价外费用（不包括增值税税款）。换句话说，计税价格是由销货方销售应税车辆向购买者收取的、除增值税税款以外的全部价款和价外费用组成的。全部价款即为销售发票上注明的不含增值税税款的实际销售价格。

这里的“购买自用的应税车辆”，包括购买自用的国产应税车辆和购买自用的进口应税车辆，如从国内汽车市场、汽车贸易公司购买自用的进口应税车辆等。“价外费用”是指销售方价外向购买方收取的手续费、基金、违约金、包装费、运输费、保管费、代收款项、代垫款项和其他各种性质的价外收费，但不包括增值税税款。

由于纳税人购买自用的应税车辆是按不含增值税的计税价格征收车辆购置

税的，因此，当纳税人购车发票的价格未扣除增值税税款，或者因不得开具机动车销售统一发票（或开具其他普通票据）而发生价款与增值税税款合并收取的，在确定车辆购置税计税依据时，应将其换算为不含增值税的销售价格。其换算公式为：

计税价格 = 含增值税的销售价格 ÷ （1 + 17%）

（2）进口自用应税车辆计税依据的确定。

纳税人进口自用的应税车辆以组成计税价格为计税依据。组成计税价格的计算公式为：

组成计税价格 = 关税完税价格 + 关税 + 消费税

这里的“进口自用的应税车辆”是指纳税人直接从境外进口或委托代理进口自用的应税车辆，即非贸易方式进口自用的应税车辆。公式中的“关税完税价格”是指海关核定的关税计税价格。其中，“关税”是指由海关课征的进口车辆的关税。计算公式为：

应纳关税 = 关税完税价格 × 关税税率

公式中的“消费税”是指进口车辆应由海关代征的消费税。计算公式为：

应纳消费税 = 组成计税价格 × 消费税税率

组成计税价格 = （关税完税价格 + 关税） ÷ （1 − 消费税税率）

进口自用应税车辆的计税价格，应根据纳税人提供的，经海关审查确认的有关完税证明资料确定。

（3）其他自用应税车辆计税依据的确定。

按现行政策规定，纳税人自产、受赠、获奖和以其他方式取得并自用的应税车辆的计税价格，凡不能提供或不能准确提供车辆价格的，由主管税务机关参照国家税务总局规定不同类型应税车辆的最低计税价格核定。因此，纳税人自产自用、受赠使用、获奖使用和以其他方式取得并自用的应税车辆以核定的最低计税价格为计税依据。

（4）以最低计税价格为计税依据的确定。

现行政策规定："纳税人购买自用或者进口自用应税车辆，申报的计税价格低于同类型应税车辆的最低计税价格，又无正当理由的，按照最低计税价格征收车辆购置税。"这就是说，纳税人购买和进口自用的应税车辆，首先应分别按前述计税价格、组成计税价格计税。当申报的计税价格偏低，又提不出正当理由的，应以最低计税价格为计税依据，按照核定的最低计税价格征税。实际工作中，通常是当纳税人申报的计税价格等于或高于最低计税价格时，按申报的价格计税；当纳税人申报的计税价格低于最低计税价格时，按最低计税价格计税。

根据纳税人购置应税车辆的不同情况，国家税务总局对以下三种特殊情形应税车辆的最低计税价格规定如下：

①对已缴纳车辆购置税并办理了登记注册手续的车辆，其底盘发生更换的（包括单一更换底盘，或底盘与发动机同时更换），其最低计税价格按同类型新车最低计税价格的70%计算。

②免税、减税条件消失的车辆，其最低计税价格的确定方法为：

$$最低计税价格=同类型新车最低计税价格\times[1-(已使用年限\div规定使用年限)]\times100\%$$

其中，规定使用年限为：国产车辆按10年计算，进口车辆按15年计算。超过使用年限的车辆，不再征收车辆购置税。

③非贸易渠道进口车辆的最低计税价格，为同类型新车最低计税价格。

（5）车辆购置税计税依据使用统一货币单位计算。

不同来源取得并自用的应税车辆价款的结算，有按人民币结算的，也有按外汇结算的。人民币是我国的法定货币，因此，车辆购置税的计税依据和应纳税款应以人民币计算。根据现行政策规定，纳税人以外汇结算应税车辆价款的，按照申报纳税之日中国人民银行公布的人民币基准汇价折合成人民币计算应纳税额。

（四）税收优惠

1. 车辆购置税减税、免税的具体规定

我国车辆购置税实行法定减免税。减税、免税范围的具体规定是：

（1）外国驻华使馆、领事馆和国际组织驻华机构及其外交人员自用车辆免税。

（2）中国人民解放军和中国人民武装警察部队列入军队武器装备订货计划的车辆免税。

（3）设有固定装置的非运输车辆免税。

（4）有国务院规定予以免税或者减税的其他情形的，按照规定免税或者减税。如防汛部门和森林消防部门用于指挥、检查、调度、报汛（警）、联络的，由指定厂家生产的设有固定装置的指定型号的车辆；回国服务的在外留学人员用现汇购买一辆个人自用国产小汽车；长期来华定居专家进口一辆自用小汽车。

2. 车辆购置税的退税

纳税人已经缴纳车辆购置税但在办理车辆登记注册手续前需要办理退还车辆购置税的，由纳税人申请，原代征机构审查后办理退还车辆购置税手续。

（五）车辆购置税的纳税环节、纳税期限

根据2015年2月1日起开始试行的《车辆购置税征收管理办法》，车辆购置税实行一车一申报制度。

1. 车辆购置税的纳税环节

车辆购置税是对应税车辆的购置行为课征的，因此，征税环节应选择在使用环节（即最终消费环节）。现行政策规定，纳税人应当在向公安机关等车辆管理机构办理车辆登记注册手续前缴纳车辆购置税，即车辆购置税是在应税车辆上牌登记注册前的使用环节征收。

2. 车辆购置税纳税期限

纳税人购买自用的应税车辆，自购买之日起60日内申报纳税；进口自用的应税车辆，应当自进口之日起60日内申报纳税；自产、受赠、获奖和以其他方式取得并自用应税车辆的，应当自取得之日起60日内申报纳税。车辆购置税税款于纳税人办理纳税申报时一次缴清。

三、车辆购置税的计量

车辆购置税实行从价定率的办法计算应纳税额，应纳税额的计算公式为：

$$应纳税额=计税依据\times 税率$$

由于应税车辆购置来源、应税行为发生以及计税依据组成的不同，车辆购置税应纳税额的计算方法也有区别。

（一）购买自用应税车辆应纳税额的计算

纳税人购买自用的应税车辆，其计税价格由纳税人支付给销售者的全部价款（不包括增值税税款）和价外费用组成。

在应纳税额的计算中，应注意以下费用的计税规定：

（1）购买者购买车辆支付的工具件和零部件价款应作为购车价款的一部分，并入计税依据中征收车辆购置税。

（2）支付的车辆装饰费应作为价外费用并入计税依据中计税。

（3）代收款项应区别征税。凡使用代收单位（受托方）票据收取的款项，应视为代收单位价外收费，购买者支付的价费款，应并入计税依据中一并征税；凡使用委托方票据收取，受托方只履行代收义务和收取代收手续费的款项，应按其他税收政策规定征税。

（4）销售单位开给购买者的各种发票金额中包含增值税税款，因此，计算车辆购置税时，应换算为不含增值税的计税价格。

（5）购买者支付的控购费是政府部门的行政性收费，不属于销售者的价外费用范围，不应并入计税价格计税。

（6）销售单位开展优质销售活动所开票收取的有关费用，应属于经营性收入。

【例1】某公司2×15年11月8日从上海大众汽车有限公司购买一辆厂牌型号为桑塔纳330K8B LOL的轿车供企业使用，支付含增值税车价款106 000元，另支付代收临时牌照费150元，代收保险费352元，支付购买工具件和零配件价款2 035元，车辆装饰费250元。支付的各项价费款均由上海大众汽车有限公司开具机动车销售统一发票和有关票据。请计算该公司的车辆购置税应纳税额。

（1）计税价格 = （106 000 + 150 + 352 + 2 035 + 250）÷（1 + 17%）
≈92 980.34（元）

（2）应纳税额 = 92 980.34 × 10% ≈9 298.03（元）

【例2】某环保局于2×15年12月19日从江南汽车贸易中心（增值税一般纳税人）购买日本本田公司生产的5座极品ACVRA轿车一辆，该车型号为ACVRA 2.5TL，排量2 451毫升。该环保局按江南汽车贸易中心开具的机动车销售统一发票金额支付价款371 000元，支付控购部门控购费44 520元，并取得收款收据。江南汽车贸易中心开展“一条龙”销售服务，代环保局办理车辆上牌等事宜，并向环保局开票收取新车登记费、上牌办证费、代办手续费、仓储保管费、送车费等共计36 000元。试计算该车应纳车辆购置税税额。

应纳税额 = (371 000 + 36 000) ÷ (1 + 17%) × 10%

≈347 863.25 × 10%

≈34 786.33(元)

(二)进口自用应税车辆应纳税额的计算

纳税人进口自用的应税车辆以组成计税价格为计税依据。组成计税价格的计算公式为:

组成计税价格 = 关税完税价格 + 关税 + 消费税

【例3】某外贸进出口公司2×15年11月12日从国外进口十辆宝马公司生产的宝马BMW 3181型小轿车,气缸容量为1 800毫升。该公司报关进口这批小轿车时,经报关地口岸海关对有关报关资料的审查,确定关税计税价格为198 000元/辆(人民币),海关按关税政策规定课征关税217 800元/辆,并按消费税、增值税有关规定分别代征进口消费税21 884元/辆,增值税74 406元/辆。由于业务工作的需要,该公司将两辆小轿车用于本单位使用。试根据纳税人提供的有关报关进口资料和经海关审查确认的有关完税证明资料,计算应纳的车辆购置税。

(1) 组成计税价格 = 关税完税价格 + 关税 + 消费税

= 198 000 + 217 800 + 21 884

= 437 684(元)

(2) 应纳税额 = 自用数量 × 组成计税价格 × 税率

= 2 × 437 684 × 10%

= 87 536.80(元)

(三)其他自用应税车辆应纳税额的计算

纳税人自产自用、受赠使用、获奖使用和以其他方式取得并自用应税车辆的,以国家税务总局核定的最低计税价格为计税依据计算征收车辆购置税。

【例4】某客车制造厂将自产的一辆19座"三湘"牌CK6560型客车用于本厂后勤生活服务,该厂在办理车辆上牌落籍前,出具该车的发票注明金额为44 300元,并按此金额向主管税务机关申报纳税。经审核,国家税务总局对该车同类型车辆核定的最低计税价格为47 000元。该厂对作价问题提不出正当理由。试计算该车应纳的车辆购置税。

应纳税额 = 最低计税价格 × 税率 = 47 000 × 10% = 4 700(元)

【例5】某中美合资公司将一辆富豪公司生产的富豪 VOLVO 牌 240GLE 型小轿车赠送给我国某儿童基金会，该车排量为 2 300 毫升，经国家税务总局核定的最低计税价格为 380 000 元。试计算该车应纳的车辆购置税。

应纳税额 = 最低计税价格 × 税率 = 380 000 × 10% = 38 000（元）

【例6】申某在某公司举办的有奖销售活动中，抽中一辆昌河 CH6328 型微型汽车，举办公司开具的销售发票金额为 68 700 元。申某申报纳税时，经主管税务机关审核，国家税务总局核定该车型的最低计税价格为 73 500 元。计算申某应缴纳的车辆购置税。

应纳税额 = 最低计税价格 × 税率 = 73 500 × 10% = 7 350（元）

四、车辆购置税的账务处理

企业应设置“应交税费——应交车船税”账户，以反映车辆购置税的计提和缴纳情况。企业计提车辆购置税时，应借记“固定资产”账户，贷记本账户。企业缴纳车辆购置税时，应借记本账户，贷记“银行存款”账户。

承例2，环保局应作会计分录如下：

借：固定资产　　34 786.33

　贷：应交税费——应缴车辆购置税　　34 786.33

实际上缴时：

借：应交税费——应缴车辆购置税　　34 786.33

　贷：银行存款　　34 786.33

例1、例3、例4 的分录同上。

承例5，某儿童基金会接受捐赠后，应作会计分录如下：

借：固定资产　　380 000

　贷：应交税费——应缴车辆购置税　　38 000

　　营业外收入——接受捐赠非现金资产准备　　342 000

实际上缴税款时：

借：应交税费——应缴车辆购置税　　38 000

　贷：银行存款　　38 000

第八节 城镇土地使用税会计

城镇土地使用税，是以国有土地或集体土地为征税对象，对拥有土地使用权的单位和个人征收的一种税。

我国在1988年9月颁布了《中华人民共和国城镇土地使用税暂行条例》，并规定自1988年11月1日起执行。2006年12月31日，国务院修改并颁布了新的《中华人民共和国城镇土地使用税暂行条例》。2013年12月4日，国务院第三十二次常务会议对该条例作了部分修改（2013年12月7日起实施），其实施办法由省、自治区、直辖市人民政府制定。这一税种的开征并修订完善，在保护土地资源、调节土地的级差收入、促进土地的合理开发和利用等方面起了一定的作用。

城镇土地使用税是一种行为税，归地方财政收入。它的特点是：征税对象是国有土地，征收范围广；实行差别幅度税额，税率较灵活，可由地方确定单位税额。

一、城镇土地使用税的确认

（一）城镇土地使用税的纳税人

城镇土地使用税的纳税人是凡在中国境内的城市、县城、建制镇、工矿区范围内使用土地的单位和个人。为确保将城镇土地使用税及时、足额地征收入库，税法根据用地者的不同情况，对纳税人作了如下具体规定：

（1）城镇土地使用税由拥有土地使用权的单位或个人缴纳。

（2）土地使用权未确定或权属纠纷未解决的，由实际使用人纳税。

（3）土地使用权共有的，由共有各方分别纳税。例如，某城市的甲与乙共同拥有一块土地的使用权，这块土地面积为1 500平方米，甲实际使用1/3，乙实际使用2/3，则甲应是其所占的土地500平方米（1 500×1/3）的城镇土地使用税的纳税人，乙是其所占的土地1 000平方米（1 500×2/3）的城镇土地使用税的纳税人。

（二）城镇土地使用税的征收范围

城镇土地使用税在城市、县城、建制镇、工矿区内的国家所有和集体所有的土地开征。在国家规定范围以外的工矿企业则不需要缴纳城镇土地使用税。

（三）城镇土地使用税的税率和计税依据

1. 税率

城镇土地使用税采用定额税率，即采用有幅度的差别税额征收。税额按大、中、小城市和县城、建制镇、工矿区分别规定。城镇土地使用税每平方米年应纳税额的具体规定如下：

（1）大城市，1.5元至30元；

（2）中等城市，1.2元至24元；

（3）小城市，0.9元至18元；

（4）县城、建制镇、工矿区，0.6元至12元。

上述大、中、小城市以登记在册的非农业正式户口人数为依据，其中，市区及郊区非农业人口在50万以上的，称为大城市；市区及郊区非农业人口在20万至50万的，称为中等城市；市区及郊区非农业人口在20万以下的称为小城市。

2. 计税依据

城镇土地使用税实行从量定额征税，以纳税人实际占用的土地面积为计税依据，按照每平方米规定的年纳税定额计算征税。纳税人实际占用的土地面积的测量和单位平方米税额由各省、自治区、直辖市人民政府确定。

（四）城镇土地使用税的减免税规定

1. 下列用地免征城镇土地使用税

（1）国家机关、人民团体、军队自用的土地。

（2）由国家财政部门拨付事业经费的单位自用的土地。

（3）宗教寺庙、公园、名胜古迹自用的土地。

（4）市政街道、广场、绿化地带等公共用地。

（5）直接用于农、林、牧、渔业的生产用地。

（6）非营利性医疗机构、疾病控制机构和妇幼保健机构等卫生机构自用的土地。

（7）企业办的学校、医院、托儿所、幼儿园，其用地能与企业其他用地明确区分的，免征城镇土地使用税。

（8）免税单位无偿使用纳税单位的土地（如公安、海关等单位使用铁路、民航等单位的土地），免征城镇土地使用税。纳税单位无偿使用免税单位的土地，纳税单位应照章缴纳城镇土地使用税。纳税单位与免税单位共同使用、共有使用权土地上的多层建筑，对纳税单位可按其占用的建筑面积占建筑总面积的比例计征城镇土地使用税。

(9) 行使国家行政管理职能的中国人民银行总行（含国家外汇管理局）所属分支机构自用的土地。

(10) 财政部另行规定免征的能源、交通、水利设施用地和其他用地。

2. 省、自治区、直辖市地方税务局确定减免土地收益所得优惠

(1) 个人所有的居住房屋及院落用地。

(2) 房产管理部门在房租调整改革前经租的居民住房用地。

(3) 免税单位职工家属的宿舍用地。

(4) 民政部门举办的安置残疾人员占一定比例的社会福利生产企业的用地。

(五) 土地使用税的纳税期限

城镇土地使用税实行按年计算、分期缴纳的征收方法，具体纳税期限由省、自治区、直辖市人民政府确定。

二、城镇土地使用税的计量

城镇土地使用税的应纳税额可通过纳税人实际占用的土地面积乘以该土地所在地段的适用税额求得。其应纳税额的计算公式如下：

年应纳税额 = 实际占用土地面积 × 年适用税额（每平方米税额）

【例1】某企业在某大城市占用土地面积为7 000平方米，在县城占用土地面积为4 000平方米。经该市人民政府和税务机关核定，该企业城市土地使用税年适用税额为每平方米15元，县城每平方米年纳税额为3元。计算其全年应纳的土地使用税。

年应纳城镇土地使用税税额 = 7 000 × 15 + 4 000 × 3 = 117 000（元）

三、城镇土地使用税的账务处理

企业为了正确核算城镇土地使用税的应纳税额，应设置“管理费用”账户和“应交税费”账户，并在“应交税费”账户下设置“应交城镇土地使用税”二级明细科目。当企业计算出应纳的城镇土地使用税时，应进行账务处理。

(1) 月末计提城镇土地使用税时：

借：管理费用——城镇土地使用税

　贷：应交税费——应交城镇土地使用税

（2）下月初解缴入库时：

借：应交税费——应交城镇土地使用税

　贷：银行存款

（3）如果出现错、漏缴税款时，应及时补税款时：

①补缴错、漏税款入库：

借：应交税费——应交城镇土地使用税

　贷：银行存款

②结转错、漏税款：

a. 当补缴的错、漏税款属当年度时：

借：管理费用——城镇土地使用税

　贷：应交税费——应交城镇土地使用税

b. 当补缴的错、漏税款属以前年度时：

借：以前年度损益调整

　贷：应交税费——应交城镇土地使用税

由于应缴的城镇土地使用税，可以在缴纳所得税前列支，故必须计算调减以往年度应缴的企业所得税，并冲减应缴所得税，账务处理为：

借：应交税费——应交所得税

　贷：以前年度损益调整

在收到退还税款时：

借：银行存款

　贷：应交税费——应交所得税

（4）企业因多交或免税等而收到退回的已纳税款时的账务处理：

①收到所退的城镇土地使用税税款：

借：银行存款

　贷：应交税费——应交城镇土地使用税

a. 多缴的税款属当年度的，则：

借：应交税费——应交城镇土地使用税

　贷：管理费用——城镇土地使用税

b. 多缴的税款属以往年度的，则：

借：应交税费——应交城镇土地使用税

　贷：以前年度损益调整

②调增应缴的企业所得税，账务处理为：

借：以前年度损益调整

　贷：应交税费——应交所得税

③上交企业所得税时：
借：应交税费——应交所得税
　贷：银行存款
(5) 如果企业偷税、被处罚款，加收罚款、滞纳金时：
借：营业外支出
　贷：银行存款
承例1，应作会计分录：

借：管理费用——城镇土地使用税	117 000	
贷：应交税费——应交城镇土地使用税		117 000

解缴入库时：

借：应交税费——应交城镇土地使用税	117 000	
贷：银行存款		117 000

第九节 耕地占用税会计

耕地占用税是对占用耕地建房或从事其他非农业建设的单位和个人，就其实际占用的耕地面积征收的一种税，它属于对特定土地资源占用课税。

为了合理利用土地资源，加强土地管理，保护耕地，1987 年 4 月 1 日，国务院发布了《中华人民共和国耕地占用税暂行条例》。2007 年 12 月 1 日，为了进一步加强耕地占用的管理，国务院重新修订并颁布了新的《中华人民共和国耕地占用税暂行条例》。

耕地占用税是一种行为税，是对特定的土地资源课征的税种，它具有以下特点：①兼具资源税与特定行为税的性质。②采用地区差别比例税率。③在占用耕地环节一次性课税。④税收收入专用于耕地开发与改良。

一、耕地占用税的确认

（一）耕地占用税的纳税人和征收范围

占用耕地建房或者从事非农业建设的单位或者个人，为耕地占用税的纳税人，应当依照条例规定缴纳耕地占用税。

所称单位，包括国有企业、集体企业、私营企业、股份制企业、外商投资企业、外国企业以及其他企业和事业单位、社会团体、国家机关、军队及其他单位。所称个人，包括个体工商户以及其他个人。所称耕地，是指用于种植农作物的土地。

（二）耕地占用税的计税依据和税率

耕地占用税以纳税人占用耕地的面积为计税依据，以每平方米为计量单位。

考虑到不同地区之间客观条件的差别以及与此相关的税收调节力度和纳税人负担能力方面的差别，耕地占用税在税率设计上采用了地区差别定额税率。税率规定如下：

（1）人均耕地不超过1亩的地区（以县级行政区域为单位，下同），每平方米为10元至50元；

（2）人均耕地超过1亩但不超过2亩的地区，每平方米为8元至40元；

（3）人均耕地超过2亩但不超过3亩的地区，每平方米为6元至30元；

（4）人均耕地超过3亩的地区，每平方米为5元至25元。

国务院财政、税务主管部门根据人均耕地面积和经济发展情况确定各省、自治区、直辖市的平均税额。

各地适用税额，由省、自治区、直辖市人民政府在规定的税额幅度内根据本地区情况核定。各省、自治区、直辖市人民政府核定的适用税额的平均水平，不得低于规定的平均税额。

对于经济特区、经济技术开发区和经济发达且人均耕地特别少的地区，适用税额可以适当提高，但是提高的部分最高不得超过上述规定的当地适用税额的50%。

占用基本农田的，适用税额应当在《中华人民共和国耕地占用税暂行条例》规定的当地适用税额的基础上提高50%。

（三）耕地占用税的减免税规定

1. 下列情形免征耕地占用税

（1）军事设施占用耕地；

（2）学校、幼儿园、养老院、医院占用耕地。

2. 特殊规定

（1）铁路线路、公路线路、飞机场跑道、停机坪、港口、航道占用耕地，减按每平方米2元的税额征收耕地占用税。

根据实际需要，国务院财政、税务主管部门商国务院有关部门并报国务院批准后，可以对前款规定的情形免征或者减征耕地占用税。

（2）农村居民占用耕地新建住宅，按照当地适用税额减半征收耕地占用税。

农村烈士家属、残疾军人、鳏寡孤独以及革命老根据地、少数民族聚居区和边远贫困山区生活困难的农村居民，在规定用地标准以内新建住宅缴纳耕地占用税确有困难的，经所在地乡（镇）人民政府审核，报经县级人民政府批准后，可以免征或者减征耕地占用税。

(3) 依照规定免征或者减征耕地占用税后，纳税人改变原占地用途，不再属于免征或者减征耕地占用税情形的，应当按照当地适用税额补缴耕地占用税。

(4) 纳税人临时占用耕地，应当依照本条例的规定缴纳耕地占用税。纳税人在批准临时占用耕地的期限内恢复所占用耕地原状的，全额退还已经缴纳的耕地占用税。

(5) 占用林地、牧草地、农田水利用地、养殖水面以及渔业水域滩涂等其他农用地建房或者从事非农业建设的，比照《中华人民共和国耕地占用税暂行条例》的规定征收耕地占用税。

建设直接为农业生产服务的生产设施占用前款规定的农用地的，不征收耕地占用税。

(四) 耕地占用税的纳税义务发生时间、纳税期限

土地管理部门在通知单位或者个人办理占用耕地手续时，应当同时通知耕地所在地同级地方税务机关。获准占用耕地的单位或者个人应当在收到土地管理部门的通知之日起30日内缴纳耕地占用税。

二、耕地占用税的计量

耕地占用税以纳税人实际占用耕地面积为计税依据，以每平方米为计税单位，按适用的定额税率计税，计算公式如下：

应纳税额＝实际占用耕地面积（平方米）×适用定额税率

【例1】某企业新占用19 800平方米耕地用于工业建设，所占耕地适用的定额税率为20元/平方米。计算该企业应纳的耕地占用税。

应纳税额＝19 800×20＝396 000（元）

三、耕地占用税的账务处理

企业计算、缴纳耕地占用税时，应设置“在建工程”或“固定资产”，若占用耕地不是用于工程建设，也可设置“管理费用”账户。按规定，计缴耕地占用税是一次清缴的。企业缴纳的耕地占用税不通过“应交税费”，而是直接通过“银行存款”。

【例2】甲企业占用符合国家规定的耕地8 000平方米建造生产车间，该地区适用的耕地占用税单位税额是10元/平方米。计算耕地占用税并作出会计处理。

耕地占用税 = 8 000 × 10 = 80 000（元）

会计处理如下：

借：在建工程　　80 000

　贷：银行存款　　80 000

第十节　城市维护建设税和教育费附加会计

一、城市维护建设税的确认

城市维护建设税是对缴纳增值税、消费税、营业税的单位和个人，以其实际缴纳的增值税、消费税、营业税的税额为计税依据征收的一种税。

现行实施的《中华人民共和国城市维护建设税暂行条例》，是国务院1985年2月发布的。2010年10月18日，国务院发布了《关于统一内外资企业和个人城市维护建设税和教育费附加制度的通知》，通知中指出，为了进一步统一税制，公平税负，创造平等竞争的外部环境，根据第八届全国人民代表大会常务委员会第五次会议通过的《全国人民代表大会常务委员会关于外商投资企业及外国企业适用增值税、消费税、营业税等税收暂行条例的决定》，国务院决定统一内外资企业及个人城市维护建设税和教育费附加制度。具体规定如下：“自2010年12月1日起，外商投资企业、外国企业及外籍个人适用国务院1985年发布的《中华人民共和国城市维护建设税暂行条例》和1986年发布的《征收教育费附加的暂行规定》。1985年及1986年以来国务院及国务院财税主管部门发布的有关城市维护建设税和教育费附加的法规、规章、政策同时适用于外商投资企业、外国企业及外籍个人。凡与本通知相抵触的各项规定同时废止。”

城市维护建设税（简称“城建税”）属于特定目的税，是国家为加强城市的维护建设，扩大和稳定城市维护建设资金的来源而采取的一项税收措施。城建税具有以下四个显著特点：

（1）它是一种附加税。它以纳税人实际缴纳的增值税、消费税和营业税税额为计税依据，附加于“三税”税额，本身并没有特定的、独立的征税对象。

（2）具有特定目的。税款专款专用，城建税税款专门用于城市公用事业和公共设施的维护建设。

（3）根据城镇规模设计不同的比例税率。

（4）征收范围较广。城建税以增值税、消费税、营业税税额作为税基，从这个意义上看，城建税几乎是对所有纳税人征税，因此，其征税范围比其他任何税种的征税范围广。

（一）城市维护建设税的纳税人

城市维护建设税的纳税人，是指负有缴纳增值税、消费税、营业税义务的单位和个人。但海关进口产品代征的增值税、消费税、营业税，不再征收城市维护建设税。

（二）城市维护建设税的征收范围

城市维护建设税的征收范围，重点是在城市、县城或镇，但对于纳税人所在地虽然不在城市、县城或镇的，也必须缴纳一定数额的城市维护建设税。可以说，城市维护建设税的征收范围遍及全国各地。

（三）城市维护建设税的税率

城市维护建设税的税率是采用地区差别比例税率，按纳税人所在地的不同设置税率：①纳税人所在地为市区的，其税率为7%；②纳税人所在地为县城、镇的，其税率为5%；③纳税人所在地不在市区、县城或镇的，其税率为1%。

城建税的适用税率，应当按纳税人所在地的规定税率执行。但是，对下列两种情况，可按缴纳“三税”所在地的规定税率就地缴纳城建税：

第一种情况是：由受托方代征代扣“三税”的单位和个人，其代征代扣的城建税按受托方所在地适用税率执行。

第二种情况是：流动经营等无固定纳税地点的单位和个人，在经营地缴纳

“三税”的，其城建税的缴纳按经营地适用税率执行。

（四）计税依据

城市维护建设税的计税依据是纳税人实际缴纳的增值税、消费税、营业税税额。对纳税人违反增值税、消费税、营业税有关税法而加收的滞纳金和罚款，是税务机关对纳税人违法行为的经济制裁，不作为城建税的计税依据，但纳税人在被查补增值税、消费税、营业税和被处以罚款时，应同时对其偷、漏的城建税进行补税和罚款。

城建税以“三税”税额为计税依据并同时征收，如果要免征或者减征“三税”，就要同时免征或者减征城建税。

但对出口产品退还增值税、消费税的，不退还已缴纳的城建税。

（五）税收优惠

城建税原则上不单独减免，但因城建税又具附加税性质，所以当主税发生减免时，城建税相应发生税收减免。城建税的税收减免具体有以下四种情况：

（1）城建税按减免后实际缴纳的“三税”税额计征，即随“三税”的减免而减免。

（2）对于因减免税而需进行“三税”退库的，城建税也可同时退库。

（3）海关对进口产品代征的增值税、消费税，不征收城建税。

（4）对“三税”实行先征后返、先征后退、即征即退办法的除另有规定外，对随“三税”附征的城市维护建设税和教育费附加，一律不予退（返）还。

（六）纳税环节

城建税的纳税环节，是指城建税法规定的纳税人应当缴纳城建税的环节。城建税的纳税环节，实际就是纳税人缴纳“三税”的环节。纳税人只要发生“三税”的纳税义务，就要在同样的环节，分别计算缴纳城建税。

二、城市维护建设税计量

城市维护建设税是根据纳税人实际缴纳的增值税、消费税、营业税的税额和适用的税率进行计算，其计算公式是：

应纳城市维护建设税税额 =（实纳的增值税 + 实纳的增值税 + 实纳的增值税）×适用税率

【例1】某公司某月实际缴纳增值税40 000元，消费税25 000元，营业税3 000元。适用税率为7%。计算该企业应缴纳的城市维护建设税的税额。

应纳城市维护建设税税额 =（40 000 +25 000 +3 000）×7% =4 760（元）

三、城市维护建设税账务处理

城市维护建设税的核算，需设置“应交税费——应交城市维护建设税”账户，缴纳的城市维护建设税应从商品销售收入或经营收入中补偿，计入“营业税金及附加”或“其他业务成本”账户。

计算出应缴税款时，作会计分录如下：

借：营业税金及附加

　　其他业务成本

　贷：应交税费——应交城市维护建设税

缴纳税款时，作会计分录如下：

借：应交税费——应交城市维护建设税

　贷：银行存款

四、教育费附加原理及账务处理

为了加快教育事业的发展，提高人民的文化素质，扩大我国教育经费的资金来源，国务院于1986年4月28日发布了《征收教育费附加的暂行规定》，于1986年7月1日开始施行。2010年12月1日起，按国务院《关于统一内外资企业和个人城市维护建设税和教育费附加制度的通知》的相关要求，外国企业及外籍个人适用国务院1986年发布的《征收教育费附加的暂行规定》。2010年11月7日，财政部下发了《关于统一地方教育附加政策有关问题的通知》，对各省、自治区、直辖市的地方教育附加的开征和征收标准进行了统一。

教育费附加是指按照纳税人实际缴纳的增值税、消费税和营业税税额的一定比例征收的附加费。

（一）教育费附加的确认

1. 教育费附加的纳税人及征收范围

凡是缴纳增值税、消费税和营业税的纳税人都应依照规定缴纳教育费附加。

2．教育费附加的计税依据及征收率

教育费附加是以各单位和个人实际缴纳的增值税、消费税、营业税税额为计征依据。

教育费附加的征收率也称为附加率，根据1994年2月7日《国务院关于教育费附加征收问题的紧急通知》规定，现行教育费附加率为3%，地方教育附加征收率统一为2%。

3．教育费附加的减免规定

（1）对海关进口的产品征收的增值税、消费税，不征收教育费附加。

（2）对由于减免增值税、消费税和营业税而发生退税的，可同时退还已征收的教育费附加。但对出口产品退还增值税、消费税的，不退还已征的教育费附加。

（二）教育费附加的计量

纳税人缴纳的教育费附加，应当按照其实际缴纳的增值税、消费税、营业税的税额之和的3%计征。其计算公式为：

应纳教育费附加＝（实纳的增值税＋实纳的增值税＋实纳的增值税）×附加率

【例2】 某企业本月实际缴纳增值税50 000元，消费税15 000元，营业税20 000元，国家规定的教育费附加率为3%，则该企业应缴纳的教育费附加计算如下：

应纳教育费附加＝（50 000＋15 000＋20 000）×3%＝2 550（元）

（三）教育费附加的账务处理

教育费附加的核算应通过“应交税费——应交教育费附加”账户进行反映和监督。

企业按规定计算当月教育费附加时，作会计分录如下：

借：营业税金及附加

其他业务成本

贷：应交税费——应交教育费附加

缴纳税款时，作会计分录如下：

借：应交税费——应交教育费附加

贷：银行存款

第十一节 烟叶税会计

2006年4月28日，国务院颁布了《中华人民共和国烟叶税暂行条例》(下称《暂行条例》)，并自公布之日起施行。此举主要为取消农业税后针对烟叶征收税费提供了法律依据。改征烟叶税，不会影响烟草价格，理由是原烟叶特产农业税是在烟叶收购环节由烟草收购公司缴纳的。这次改征烟叶税后，纳税人、纳税环节、计税依据等都保持了原烟叶特产农业税的规定不变。另外，烟叶税的税率与原烟叶特产农业税的税率相同，也是20%，税率没有改变。因此，征收烟叶税不会增加农民负担。

一、烟叶税的确认

（一）烟叶税的纳税人及征收范围

中华人民共和国境内收购烟叶的单位为烟叶税的纳税人。纳税人应当依照《暂行条例》的规定缴纳烟叶税。其中，烟叶是指晾晒烟叶（包括列入名晾晒烟名录的晾晒烟叶和未列入名晾晒烟名录的其他晾晒烟叶）、烤烟叶；而收购烟叶的单位，是指依照《中华人民共和国烟草专卖法》的规定有权收购烟叶的烟草公司或者受其委托收购烟叶的单位。

依照《中华人民共和国烟草专卖法》查处没收的违法收购的烟叶，由收购罚没烟叶的单位按照购买金额计算缴纳烟叶税。

（二）烟叶税的计税依据及征收率

（1）烟叶税是以纳税人收购烟叶的收购金额为计税依据，包括纳税人支付给烟叶销售者的烟叶收购价款和价外补贴。按照简化手续、方便征收的原则，对价外补贴统一暂按烟叶收购价款的10%计入收购金额征税。收购金额计算公式如下：

$$收购金额 = 收购价款 \times (1 + 10\%)$$

（2）烟叶税实行比例税率，税率为20%，其税率的调整由国务院决定。

（三）烟叶税的纳税时间、纳税期限

烟叶税的纳税义务发生时间为纳税人收购烟叶的当天。当天是指纳税人向烟叶销售者付讫收购烟叶款项或者开具收购烟叶凭据的当天。纳税人应当自纳税义务发生之日起30日内申报纳税。具体纳税期限由主管税务机关核定。

二、烟叶税的计量

（一）烟叶税计算规定

纳税人缴纳的烟叶税，应当按照纳税人收购烟叶的收购金额和《暂行条例》规定的税率计算。应纳税额的计算公式为：

应纳税额＝烟叶收购金额×税率

另外，根据《财政部、国家税务总局关于购进烟叶的增值税抵扣政策的通知》（财税〔2006〕140号），对烟叶税纳税人按规定缴纳的烟叶税，准予并入烟叶产品的买价计算增值税的进项税额，并在计算缴纳增值税时予以抵扣，即购进烟叶准予抵扣的增值税进项税额，按照《暂行条例》及《财政部、国家税务总局印发〈关于烟叶税若干具体问题的规定〉的通知》（财税〔2006〕64号）规定的烟叶收购金额和烟叶税及法定扣除率（13%）计算。用公式表示为：

烟叶准予抵扣的进项税额＝（烟叶收购金额＋烟叶税）×13%

（二）应纳税额计算举例

【例1】某卷烟八厂向烟农收购烟叶，支付款项70 000元，其中含按照烟草专卖局规定的价款支付的收购价款60 000元、价外补贴费8 000元，向保险公司支付烟叶的保费2 000元。计算卷烟八厂的烟叶税。

该企业应纳烟叶税税额计算如下：

应纳烟叶税税额＝60 000（1＋10%）× 20%＝13 200（元）

【例2】某烟厂向烟农收购烟叶，符合税局规定的收购凭证上注明收购价款为40 000元，则该企业应缴纳的烟叶税和可抵扣的进项税额计算如下：

烟叶收购价格＝40 000（1＋10%）＝44 000（元）

应纳烟叶税税额 =44 000×20% =8 800（元）

烟厂可计算抵扣进项税额 =（44 000 +8 800）×13% =6 864（元）

三、烟叶税的账务处理

（一）账务处理规定

按现行的企业会计制度规定，涉及核算烟叶收购环节业务的会计科目主要有“在途物资”或“材料采购”，“库存商品”“银行存款”和“应交税费”等。由于烟草公司从烟农那里收购烟叶时无法取得增值税专用发票，因此，烟草公司在进行会计处理时要注意进项税额是根据烟叶收购金额和烟叶税及法定扣除率加以确定的。企业按规定计算当月烟叶税时，作会计分录如下：

借：在途物资

　贷：应交税费——应交烟叶税

（二）账务处理举例

【例3】某烟草公司系增值税一般纳税人，7月末收购烟叶20 000斤，烟叶收购价格3.5元/斤（含支付价外补贴10%），总计70 000元，货款已全部支付。8月初商品提回并验收入库，则相关账务处理如下：

烟叶准予抵扣的增值税进项税额 =（70 000 +70 000×20%）×13% =10 920（元）

7月末，烟叶尚未提回时，根据有关收购凭证等作账务处理如下：

借：在途物资	73 080	
应交税费——应交增值税（进项税额）	10 920	
贷：银行存款		70 000
应交税费——烟叶税		14 000

8月初，烟叶提回入库时，根据收货单等凭证作账务处理如下：

借：库存商品	73 080	
贷：在途物资		73 080

【本章小结】

资源税是对在中国境内从事资源开发条件差异形成的级差收入征收的一种税。

土地增值税是对转让国有土地使用权、地上建筑物及其附着物并取得收入的单位和个人，就其转让房地产所取得的增值额征收的一种税。

企业计提印花税、房产税、车船税时，应计入“管理费用”账户的借方。

企业计提契税、车辆购置税时，应计入“固定资产”账户的借方。

城镇土地使用税是一种行为税，归地方财政收入。它的特点是：征税对象是国有土地，征收范围广；实行差别幅度税额，税率较灵活，可由地方确定单位税额。

企业计算、缴纳耕地占用税时，应设置“在建工程”或“固定资产”。若占用耕地不是用于工程建设，也可设置“管理费用”账户。

城市维护建设税和教育费附加是对缴纳增值税、消费税、营业税的单位和个人，以其实际缴纳的增值税、消费税、营业税税额为计税依据征收的一种税。

纳税人缴纳的烟叶税，应当按照纳税人收购烟叶的收购金额和《暂行条例》规定的税率计算。

【关键术语和概念】

资源税会计　土地增值税会计　印花税会计　房产税会计　契税会计
车船税会计　车辆购置税会计　城镇土地使用税会计　耕地占用税
城市维护建设税和教育费附加　烟叶税会计

【学习参考：文献与法规】

1. 赵海龙. 煤炭企业资源税费会计核算及信息披露问题探讨. 税务研究，2010（3）：93~95.

2. 郭月梅. 土地增值税制度与会计准则的差异分析及协调. 税务研究，2012（12）：66~70.

3.《关于资源税会计处理的规定》（财政部 1994 年 2 月 21 日发布）

4.《关于印发企业交纳土地增值税会计处理的规定的通知》（财政部 1995 年 3 月 7 日发布）

5.《关于国营工业企业交纳印花税、土地使用税有关会计处理的通知》（财政部 1988 年 11 月 30 日发布）

6.《关于对契税会计处理办法请示的复函》（财政部 1998 年 10 月 14 日发布）

7.《关于印发〈车辆购置税会计处理规定〉的通知》（财政部 2000 年 11 月 30 日发布）

8.《企业会计准则应用指南（2006）》（2006 年 10 月 30 日财政部发布，自 2007 年 1 月 1 日起施行）

9.《中华人民共和国资源税暂行条例》（2011 年 9 月 30 日国务院颁布，

自 2011 年 11 月 1 日起施行）

10.《中华人民共和国资源税暂行条例实施细则》（2011 年 10 月 28 日财政部、国家税务总局颁布，自 2011 年 11 月 1 日起施行）

11.《中华人民共和国土地增值税暂行条例》（1993 年 12 月 13 日国务院颁布，自 1994 年 1 月 1 日起施行）

12.《中华人民共和国印花税暂行条例》（1988 年 8 月 6 日国务院颁布，自 1988 年 10 月 1 日起施行）

13.《中华人民共和国房产税暂行条例》（1986 年 9 月 15 日国务院颁布，自 1986 年 10 月 1 日起施行）

14.《中华人民共和国契税暂行条例》（1997 年 7 月 7 日国务院颁布，自 1997 年 10 月 1 日起施行）

15.《中华人民共和国车船税法》（2011 年 2 月 25 日财政部、国家税务总局颁布，自 2012 年 1 月 1 日起施行）

16.《中华人民共和国车辆购置税暂行条例》（2000 年 10 月 22 日国务院颁布，自 2001 年 1 月 1 日起施行）

17.《中华人民共和国城镇土地使用税暂行条例》（2013 年 12 月 4 日国务院会议通过修订，自 2013 年 12 月 17 日起施行）

18.《中华人民共和国耕地占用税暂行条例》（2007 年 12 月 1 日国务院重新颁布，自 2008 年 1 月 1 日起施行）

19.《中华人民共和国城市维护建设税暂行条例》（1985 年 2 月 8 日国务院颁布，自 1985 年度起施行）

20.《征收教育费附加的暂行规定》（1986 年 4 月 28 日国务院颁布，自 1986 年 7 月 1 日起施行）

21.《中华人民共和国烟叶税暂行条例》（2006 年 4 月 28 日国务院颁布，自公布之日起施行）

22. 中国注册会计师协会. 税法. 北京：经济科学出版社，2015.

23. 中国注册会计师协会. 会计. 北京：中国财政经济出版社，2015.

24. 财政部会计资格评价中心. 中级会计实务. 北京：经济科学出版社，2015.

25. 国家税务总局的相关税收政策

第八章　关税会计

【学习要点】

* 关税的内涵
* 关税的确认
* 关税计量的特点
* 关税的会计处理

第一节　关税概述

关税是海关依法对进出境货物、物品征收的一种税。所谓“境”指关境，又称“海关境域”或“关税领域”，是《中华人民共和国海关法》全面实施的领域。在通常情况下，一国关境与国境是一致的，包括国家全部的领土、领海、领空。但当某一国家在国境内设立了自由港、自由贸易区等，这些区域就进出口关税而言处在关境之外，这时，该国家的关境小于国境，如我国。根据《中华人民共和国香港特别行政区基本法》和《中华人民共和国澳门特别行政区基本法》，香港和澳门保持自由港地位，为我国单独的关税地区，即单独关境区。单独关境区是不完全适用该国海关法律、法规或实施单独海关管理制度的区域。当几个国家结成关税同盟，组成一个共同的关境，实施统一的关税法令和统一的对外税则时，这些国家彼此之间货物进出国境不征收关税，只对来自或运往其他国家的货物进出共同关境时征收关税，这些国家的关境大于国境，如欧洲联盟。

1951 年 4 月，我国中央人民政府政务院发布了《中华人民共和国暂行海关法》，同时发布实施了《中华人民共和国海关进出口税则》和《中华人民共和国海关出口税则暂行实施条例》。随着我国经济的发展，为适应我国对外贸易的发展，参与国际经济竞争，国务院于 1985 年 3 月重新发布了《中华人民共和国海关进出口关税条例》和《中华人民共和国海关进出口税则》。1987 年 7 月起实施《中华人民共和国海关法》。1987 年 9 月，国务院根据《中华人民共和国海关法》修订发布了《中华人民共和国进出口关税条例》（下称《进出口条例》）1992 年 3 月，国务院对其进行了第二次修订。随着我国市场经济建设不断地深化改革，全国人民代表大会又于 2000 年 7 月修正颁布了《中华人民共和国海关法》（下称《海关法》），2003 年 11 月，国务院发布了《中华人民共和国进出口关税条例》，同时，由国务院关税税则委员会审定并报国务院批准，将《中华人民共和国海关进出口税则》和《中华人民共和国海关入境旅客行李物品和个人邮递物品征收进口税办法》作为条例的组成部分。2013 年 6 月 29 日，第十二届全国人民代表大会常务委员会第三次会议对《海关法》作出修改。2013 年 12 月 28 日，第十二届全国人民代表大会常务委员会第六次会议时对《海关法》第三次作出修订。这些基本法规构成我国关税体系的整体内容，从而使我国关税制度日趋完善。

关税具有以下特点：

（1）关税是在统一的国境或关境内征税。货物在进出国境或关境时才征收关税，而且在统一的国境或关境内，按照统一实施的关税税则征收一次关税以后，货物即可在全国境内或整个关境内流通，不再征收关税。

（2）关税是对进出国境或关境的货物和物品征税。

（3）关税具有涉外性，对同一出口货物采用复式税则制，分别设置优惠和普通两种税率，具有维护国家主权、平等互利、发展国际贸易往来或技术经济合作的特点。

（4）关税由国家专设的海关机构负责征收。监督管理、征收关税、查缉走私是我国海关的三项基本任务。

海关是贯彻对外经济贸易政策的重要手段。它在调节经济、促进改革开放方面，在正确保护国内民族工业发展、防止国外的经济侵袭、争取关税互利互惠、促进对外贸易发展、增加国家财政收入方面，都具有重要作用。

第二节 关税的确认

一、关税的纳税人

进口货物的收货人、出口货物的发货人、进出境物品的所有人，是关税的纳税义务人。进出口货物的收、发货人是依法取得对外贸易经营权，并进口或者出口货物的法人或者其他社会团体。进出境物品的所有人包括该物品的所有人和推定为所有人的人。一般情况下，对携带进境的物品，推定其携带人为所有人；对分离运输的行李，推定相应的进出境旅客为所有人；对以邮递方式进境的物品，推定其收件人为所有人；以邮递或其他运输方式出境的物品，推定其寄件人或托运人为所有人。

二、关税的征税对象

关税的征税对象是准许进出境的货物和物品。货物是指贸易性商品；物品是指入境旅客随身携带的行李物品、个人邮递物品、各种运输工具上的服务人员携带进口的自用物品、馈赠物品以及以其他方式进境的个人物品。

三、关税的税则、税目及税率

（一）关税的税则、税目

进出口税则是一国政府根据国家关税政策和经济政策，通过一定的立法程序制定公布实施的进出口货物和物品应税的关税税率表。进出口税则以税率表为主体，通常还包括实施税则的法令、使用税则的有关说明和附录等。《中华人民共和国海关进出口税则》是我国海关凭以征收关税的法律依据，也是我国关税政策的具体体现。我国现行税则包括《中华人民共和国进出口关税条例》《税率适用说明》《中华人民共和国海关进口税则》《中华人民共和国海关出口税则》《进口商品从量税、复合税、滑准税税目税率表》《进口商品关税配额税目税率表》《进口商品税则暂定税率表》《出口商品税则暂定税率表》《非全税目信息技术产品税率表》等附录。

税率表作为税则主体，包括税则商品分类目录和税率栏两大部分。税则商品分类目录是把种类繁多的商品加以综合，按照其不同特点分门别类地简化成数量有限的商品类目，分别编号，按序排列，称为税则号列，并逐号列出该号列中应列入的商品名称。商品分类的原则即归类规则，包括归类总规则和各类、章、目的具体注释。税率栏是按商品分类目录逐项订出的税率栏目。我国现行进口税则为四栏税率，出口税则为一栏税率。按税则商品分类目录体系划分，新中国成立以来，我国分别于 1951 年、1985 年、1992 年先后实施了三部进出口税则，进出口商品都采用同一税则目录分类。20 世纪后，随着中国加入 WTO（世界贸易组织），中国与其他各国的贸易联系不断加深，进出口情况不断发生变化。因此，海关总署对进出口税则不时作出修订，并设立专门的海关进出口税则统委会负责相关修订工作及税则出版事宜。现最新一版《中华人民共和国海关进出口税则》为 2014 年 1 月由经济日报出版社出版的。

（二）关税的税率

关税的税率分为进口关税税率和出口关税税率。

（1）进口关税税率设置在我国加入 WTO 之前，进口税则设有两栏税率，即普通税率和优惠税率。对原产于与我国未订有关税互惠协议的国家或者地区的进口货物，按照普通税率征税；对原产于与我国订有关税互惠协议的国家或者地区的进口货物，按照优惠税率征税。在我国加入 WTO 之后，为履行我国在加入 WTO 关税减让谈判中承诺的有关义务，享有 WTO 成员应有的权利，自 2002 年 1 月 1 日起，我国进口税则设有最惠国税率、协定税率、特惠税率、普通税率四栏税率。

最惠国税率适用原产于与我国共同适用最惠国待遇条款的 WTO 成员国或地区的进口货物，或原产于与我国签订有相互给予最惠国待遇条款的双边贸易协定的国家或地区进口的货物，以及原产于我国境内的进口货物。协定税率适用原产于我国参加的含有关税优惠条款的区域性贸易协定有关缔约方的进口货物，目前对原产于韩国、斯里兰卡和孟加拉 3 个曼谷协定成员的 739 个税目进口商品实行协定税率（即曼谷协定税率）。特惠税率适用原产于与我国签订有特殊优惠关税协定的国家或地区的进口货物，目前对原产于孟加拉的 18 个税目进口商品实行特惠税率（即曼谷协定特惠税率）。普通税率适用于原产于上述国家或地区以外的其他国家或地区的进口货物。按普通税率征税的进口货物，经国务院关税税则委员会特别批准，可以适用最惠国税率。适用最惠国税率、协定税率、特惠税率的国家或地区名单，由国务院关税税则委员会决定。

（2）暂定税率与关税配额税率。

根据经济发展需要，国家对部分进口原材料、零部件、农药原药和中间体、乐器及生产设备实现暂定税率。现行税则对 700 多个税目进口商品实行了暂定税率，对小麦、玉米等 7 种农产品和尿素等 3 种化肥产品实行关税配额税率。

（3）在我国出口税则中有一栏税率，即出口税率。国家仅对少数资源性产品及易于竞相杀价、盲目进口、需要规范出口秩序的半制成品征收出口关税。现行税则对 100 余种商品计征关税，主要是鳗鱼苗、部分有色金属矿砂及其精矿、生锑、磷、氟钽酸钾、苯、山羊板皮、部分铁合金、钢铁废碎料、铜和铝原料及其制品、镍锭、锌锭、锑锭。出口商品税则税率一直未予调整，但对上述范围内的 23 种商品实行 0% ~25% 的暂定税率。此外，根据需要还对其他 200 多种商品征收暂定税率。与进口暂定税率一样，出口暂定税率优先适用于出口税则中规定的出口税率。

（4）特别关税包括报复性关税、反倾销税、反补贴税、保障性关税。征收特别关税的货物、适用国别、税率、期限和征收办法，由国务院关税税则委员会决定，海关总署负责实施。

①报复性关税。任何国家或者地区对其进口的原产于我国的货物征收歧视性关税或者给予其他歧视性待遇的，我国对原产于该国家或者地区的进口货物征收报复性关税。

②反倾销税与反补贴税。在激烈的市场竞争中，倾销和补贴行为在国际贸易中时常发生，且有愈演愈烈之势，其危害是使用不公平手段抢占市场份额，抑制我国相关产业的发展。为保护我国产业，根据《中华人民共和国反倾销条例》和《中华人民共和国反补贴条例》规定，进口产品经初裁确定倾销或者补贴成立，并由此对国内产业造成损害的，可以采取临时反倾销或反补贴措施，实施期限为自决定公告规定实施之日起，不超过4个月。采取临时反补贴措施在特殊情形下，可以延长至9个月。经终裁确定倾销或者补贴成立，并由此对国内产业造成损害的，可以征收反倾销税和反补贴税，征收期限一般不超过5年；但经复审确定终止征收反倾销税或反补贴税有可能导致倾销或补贴以及损害的继续或再度发生的，征收期限可以适当延长。反倾销税和反补贴税的纳税人为倾销或补贴产品的进口经营者。采取以上措施，由外经贸部（对外贸易经济合作部）提出建议，国务院关税税则委员会根据外经贸部的建议作出决定，由外经贸部予以公告。采取临时反补贴措施要求提供现金保证金、保函或者其他形式的担保，由外经贸部作出决定并予以公告。海关自公告规定实施之日起执行。

③保障性关税。当某类商品进口量剧增，对我国相关产业带来巨大威胁或损害时，按照WTO有关规则，可以启动一般保障措施，即在与有实质利益关系的国家或地区进行磋商后，在一定时期内提高该项商品的进口关税或采取数量限制措施，以保护国内相关产业不受损害。根据《中华人民共和国保障措施条例》规定，有明确证据表明进口产品数量增加，在不采取临时保障措施将对国内产业造成难以补救的损害的紧急情况下，可以作出初裁决定，并采取临时保障措施。临时保障措施采取提高关税的形式。终裁决定确定进口产品数量增加，并由此对国内产业造成损害的，可以采取保障措施。保障措施可采取提高关税、数量限制等形式，针对正在进口的产品实施，不区分产品来源国家或地区。其中，采取提高关税形式的，由外经贸部提出建议，国务院关税税则委员会根据建议作出决定，由外经贸部予以公告。

四、关税的计税依据

《海关法》规定，进出口货物的完税价格，由海关以该货物的成交价格为基础审查确定。成交价格不能确定时，完税价格由海关依法估定。自我国加入WTO后，我国海关已全面实施《世界贸易组织估价协定》，遵循客观、公平、统一的估价原则，并依据2002年1月1日起实施的《中华人民共和国海关审定进出口货物完税价格办法》（下称《完税价格办法》），审定进出口货物的完税价格。

（一）一般进口货物的完税价格

1. 以成交价格为基础的完税价格

根据《海关法》，进口货物的完税价格包括货物的货价、货物运抵我国境内输入地点起卸前的运输及其相关费用、保险费。我国境内输入地为入境海关地，包括内陆河、江口岸，一般为第一口岸。货物的货价以成交价格为基础。进口货物的成交价格是指买方为购买该货物，并按《完税价格办法》有关规定调整后的实付或应付价格。

（1）对进口货物成交价格的要求。

①买方对进口货物的处置或使用不受限制，但国内法律、行政法规规定的限制和对货物转售地域的限制，以及对货物价格无实质影响的限制除外；

②货物的价格不得受到使该货物成交价格无法确定的条件或因素的影响；

③卖方不得直接或间接获得因买方转售、处置或使用进口货物而产生的任何收益，除非能够按照《完税价格办法》有关规定作出调整；

④买卖双方之间没有特殊关系，如果有特殊关系，应当符合《完税价格办法》的有关规定。

（2）对实付或应付价格进行调整的有关规定。

实付或应付价格，是指买方为购买进口货物直接或间接支付的总额，即作为卖方销售进口货物的条件，由买方向卖方或为履行卖方义务向第三方已经支付或将要支付的全部款项。

①如下列费用或者价值未包括在进口货物的实付或者应付价格中，应当计入完税价格：

a. 由买方负担的除购货佣金以外的佣金和经纪费。购货佣金，是指买方为购买进口货物向自己的采购代理人支付的劳务费用。经纪费，是指买方为购买进口货物向代表买卖双方利益的经纪人支付的劳务费用。

b. 由买方负担的与该货物视为一体的容器费用。

c. 由买方负担的包装材料和包装劳务费用。

d. 可以按照适当比例分摊的，由卖方直接或间接免费提供，或以低于成本价方式销售给买方，或有关方的下列货物或服务的价值：该货物包含的材料、部件、零件和类似货物；在生产该货物过程中使用的工具、模具和类似货物；在生产该货物过程中消耗的材料；在境外进行的为生产该货物所需的工程设计、技术研发、工艺及制图等。

e. 与该货物有关并作为卖方向我国销售该货物的一项条件，应当由买方直接或间接支付的特许权使用费。特许权使用费，是指买方为获得与进口货物相关的、受著作权保护的作品、专利、商标、专有技术和其他权利的使用许可而支付的费用。但是在估定完税价格时，进口货物在境内的复制权费不得计入该货物的实付或应付价格之中。

f. 卖方直接或间接从买方对该货物进口后转售、处置或使用所得中获得的收益。

上列所述的费用或价值，应当由进口货物的收货人向海关提供客观量化的数据资料。如果没有客观量化的数据资料，完税价格由海关按《完税价格办法》规定的方法进行估定。

②下列费用，如能与该货物实付或者应付价格区分，不得计入完税价格：

a. 厂房、机械、设备等货物进口后的基建、安装、装配、维修和技术服务的费用；

b. 货物运抵境内输入地点之后的运输费用；

c. 进口关税及其他国内税；

d. 为在境内复制进口货物而支付的费用；

e. 境内外技术培训及境外考察费用。

（3）对买卖双方之间有特殊关系的规定。

买卖双方之间有特殊关系的，经海关审定其特殊关系未对成交价格产生影响，或进口货物的收货人能证明其成交价格与同时或大约同时发生的下列任一价格相近，该成交价格海关应当接受：

①向境内无特殊关系的买方出售的相同或类似货物的成交价格；

②按照使用倒扣价格有关规定所确定的相同或类似货物的完税价格；

③按照使用计算价格有关规定所确定的相同或类似货物的完税价格。

海关在使用上述价格作比较时，应当考虑商业水平和进口数量的不同，以及实付或者应付价格的调整规定所列各项目和交易中，买卖双方有无特殊关系造成的费用差异。

有下列情形之一的，应当认定买卖双方有特殊关系：买卖双方为同一家族成员；买卖双方互为商业上的高级职员或董事；一方直接或间接地受另一方控制；买卖双方都直接或间接地受第三方控制；买卖双方共同直接或间接地控制第三方；一方直接或间接地拥有、控制或持有对方5%或以上公开发行的有表决权的股票或股份；一方是另一方的雇员、高级职员或董事；买卖双方是同一合伙的成员；买卖双方在经营上相互有联系，一方是另一方的独家代理；经销或受让人。

2. 进口货物海关估价方法

进口货物的价格不符合成交价格条件或者成交价格不能确定的，海关应当依次以相同货物成交价格方法、类似货物成交价格方法、倒扣价格方法、计算价格方法及其他合理方法确定的价格为基础，估定完税价格。如果进口货物的收货人提出要求，并提供相关资料，经海关同意，可以选择倒扣价格方法和计算价格方法的适用次序。

(1) 相同或类似货物成交价格方法。

相同或类似货物成交价格方法，即以与被估的进口货物同时或大约同时（在海关接受申报进口之日的前后各45日以内）进口的相同或类似货物的成交价格为基础，估定完税价格。

以该方法估定完税价格时，应使用与该货物相同商业水平且进口数量基本一致的相同或类似货物的成交价格，但对因运输距离和运输方式不同，在成本和其他费用方面产生的差异应当进行调整。在没有上述的相同或类似货物的成交价格的情况下，可以使用不同商业水平，或不同进口数量的相同或类似货物的成交价格，但对因商业水平、进口数量、运输距离和运输方式不同，在价格、成本和其他费用方面产生的差异应当作出调整。

以该方法估定完税价格时，应当首先使用同一生产商生产的相同或类似货物的成交价格，只有在没有这一成交价格的情况下，才可以使用同一生产国或地区生产的相同或类似货物的成交价格。如果有多个相同或类似货物的成交价格，应当以最低的成交价格为基础，估定进口货物的完税价格。

上述“相同货物”指与进口货物在同一国家或地区生产的，在物理性质、质量和信誉等所有方面都相同的货物，但表面的微小差异允许存在；“类似货物”指与进口货物在同一国家或地区生产的，虽不是在所有方面都相同，却具有相似的特征、相似的组成材料、同样的功能，且在商业中可以互换的货物。

(2) 倒扣价格方法。

倒扣价格方法即以被估的进口货物、相同或类似进口货物在境内销售的价格为基础估定完税价格。按该价格销售的货物应当同时符合五个条件：①在被估货物进口时或大约同时销售；②按照进口时的状态销售；③在境内第一环节销售；④合计的货物销售总量最大；⑤向境内无特殊关系方的销售。

以该方法估定完税价格时，下列各项应当扣除：

①该货物的同等级或同种类货物，在境内销售时的利润和一般费用及通常支付的佣金。

②货物运抵境内输入地点之后的运费、保险费、装卸费及其他相关费用。

③进口关税、进口环节税和其他与进口或销售上述货物有关的国内税。

(3) 计算价格方法。

计算价格方法即按下列各项的总和计算出的价格估定完税价格。有关项为：

①生产该货物所使用的原材料价值和进行装配或其他加工的费用；

②与向境内出口销售同等级或同种类货物的利润、一般费用相符的利润和一般费用；

③货物运抵境内输入地点起卸前的运输及相关费用、保险费。

(4) 其他合理方法。

使用其他合理方法时，应当根据《完税价格办法》规定的估价原则，以在境内获得的数据资料为基础估定完税价格，但不得使用以下价格：

①境内生产的货物在境内的销售价格；

②可供选择的价格中较高的价格；

③货物在出口地市场的销售价格；

④以计算价格方法规定的有关各项之外的价值或费用计算的价格；

⑤出口到第三国或地区的货物的销售价格；

⑥最低限价或武断虚构的价格。

(二) 出口货物的完税价格

1. 以成交价格为基础的完税价格

出口货物的完税价格，由海关以该货物向境外销售的成交价格为基础审查确定，并应包括货物运至我国境内输出地点装载前的运输及其相关费用、保险费，但其中包含的出口关税税额应当扣除。

出口货物的成交价格，是指该货物出口销售到我国境外时买方向卖方实付或应付的价格。出口货物的成交价格中含有支付给境外的佣金的，如果单独列明，应当扣除。

2. 出口货物海关估价方法

出口货物的成交价格不能确定时，完税价格由海关依次使用下列方法估定：

（1）同时或大约同时向同一国家或地区出口的相同货物的成交价格；

（2）同时或大约同时向同一国家或地区出口的类似货物的成交价格；

（3）根据境内生产相同或类似货物的成本、利润和一般费用，境内发生的运输及其相关费用、保险费计算所得的价格；

（4）按照合理方法估定的价格。

（三）进出口货物完税价格中的运输及相关费用、保险费的计算

1. 以一般海运、陆运、空运方式进口的货物

在进口货物的运输及相关费用、保险费计算中，海运进口货物，计算至该货物运抵境内的卸货口岸；如果该货物的卸货口岸是内河（江）口岸，则应当计算至内河（江）口岸。陆运进口货物，计算至该货物运抵境内的第一口岸；如果运输及其相关费用、保险费支付至目的地口岸，则计算至目的地口岸。空运进口货物，计算至该货物运抵境内的第一口岸；如果该货物的目的地为境内的第一口岸外的其他口岸，则计算至目的地口岸。

海运、陆运和空运进口货物的运费和保险费，应当按照实际支付的费用计算。如果进口货物的运费无法确定或未实际发生，海关应当按照该货物进口同期运输行业公布的运费率（额）计算运费；按照“货价加运费”两者总额的3‰计算保险费。

2. 以其他方式进口的货物

邮运的进口货物，应当以邮费作为运输及其相关费用、保险费；以境外边境口岸价格条件成交的铁路或公路运输进口货物，海关应当按照货价的1%计算运输及其相关费用、保险费；作为进口货物的自驾进口的运输工具，海关在审定完税价格时，可以不另行计入运费。

3. 出口货物

出口货物的销售价格如果包括离境口岸至境外口岸之间的运费、保险费的，该运费、保险费应当扣除。

五、关税的减免税规定

关税减免是对某些纳税人和征税对象给予鼓励和照顾的一种特殊调节手段，它是贯彻国家关税政策的一项重要措施。关税减免分为法定减免税、特定减免税和临时减免税。根据《海关法》规定，除法定减免税外的其他减免税均由国务院决定。减征关税在我国加入WTO之前以税则规定税率为基准，在

我国加入WTO之后以最惠国税率或者普通税率为基准。

（一）法定减免税

法定减免税是税法中明确列出的减税或免税。符合税法规定可予减免税的进出口货物，纳税义务人无须提出申请，海关可按规定直接予以减免税。海关对法定减免税货物一般不进行后续管理。

我国《海关法》和《进出口条例》明确规定，下列货物、物品予以减免关税：

（1）关税税额在人民币10元以下的一票货物，可免征关税。

（2）无商业价值的广告品和货样，可免征关税。

（3）外国政府、国际组织无偿赠送的物资可予免税。

（4）进出境运输工具装载的途中必需的燃料、物料和饮食用品，可予免税。

（5）经海关核准暂时进境或者暂时出境，并在6个月内复运出境或者复运进境的货样、展览品、施工机械、工程车辆、工程船舶、供安装设备时使用的仪器和工具、电视或者电影摄制器械、盛装货物的容器以及剧团服装道具，在货物收发货人向海关缴纳相当于税款的保证金或者提供担保后，可予暂时免税。

（6）为境外厂商加工、装配成品和为制造外销产品而进口的原材料、辅料、零件、部件、配套件和包装物料，海关按照实际加工出口的成品数量免征进口关税；或者对进口料、件先征进口关税，再按照实际加工出口的成品数量予以退税。

（7）因故退还的中国出口货物，经海关审查属实，可予免征进口关税，但已征收的出口关税不予退还。

（8）因故退还的境外进口货物，经海关审查属实，可予免征出口关税，但已征收的进口关税不予退还。

（9）进口货物如有以下情形，经海关查明属实，可酌情减免进口关税：

①在境外运输途中或者在起卸时，遭受损坏或者损失的；

②起卸后海关放行前，因不可抗力遭受损坏或者损失的；

③海关查验时已经破漏、损坏或者腐烂，经证明不是保管不慎造成的。

（10）无代价抵偿货物，即进口货物在征税放行后，发现货物残损、短少或品质不良，而由国外承运人、发货人或保险公司免费补偿或更换的同类货物，可以免税。但有残损或质量问题的原进口货物如未退运国外，其进口的无代价抵偿货物应照章征税。

（11）我国缔结或者参加的国际条约规定减征、免征关税的货物、物品，按照规定予以减免关税。

（12）法律规定减征、免征的其他货物。

（二）特定减免税

特定减免税也称政策性减免税。在法定减免税之外，国家按照国际通行规则和我国实际情况，制定发布的有关进出口货物减免关税的政策，称为特定或政策性减免税。特定减免税货物一般有地区、企业和用途的限制，海关需要进行后续管理，也需要进行减免税统计。

1．科教用品

为有利于我国科研、教育事业发展，国务院制定了《科学研究和教学用品免征进口税收暂行规定》，对科学研究机构和学校，不以营利为目的，在合理数量范围内进口国内不能生产的科学研究和教学用品，直接用于科学研究或者教学的，免征进口关税和进口环节增值税、消费税。此《规定》对享受该优惠的科研机构和学校资格、类别以及可以免税的物品都作了明确规定。

2．残疾人专用品

为支持残疾人的康复工作，国务院制定了《残疾人专用品免征进口税收暂行规定》，对规定的残疾人个人专用品，免征进口关税和进口环节增值税、消费税；对康复、福利机构，假肢厂和荣誉军人康复医院进口国内不能生产的但此《规定》明确的残疾人专用品，免征进口关税和进口环节增值税。此《规定》对可以免税的残疾人专用品种类和品名作了明确规定。

3．扶贫、慈善性捐赠物资

为促进公益事业的健康发展，经国务院批准，财政部、国家税务总局、海关总署发布了《扶贫、慈善性捐赠物资免征进口税收的暂行办法》。对境外自然人、法人或者其他组织等境外捐赠人，无偿向经国务院主管部门依法批准成立的，以人道救助和发展扶贫、慈善事业为宗旨的社会团体以及国务院有关部门和各省、自治区、直辖市人民政府捐赠的，直接用于扶贫、慈善事业的物资，免征进口关税和进口环节增值税。所称扶贫、慈善事业是指非营利的扶贫济困、慈善救助等社会慈善和福利事业。此《办法》对可以免税的捐赠物资种类和品名作了明确规定。

4．加工贸易产品

（1）加工装配和补偿贸易。

加工装配即来料加工、来样加工及来件装配，是指由境外客商提供全部或部分原辅料、零配件和包装物料，必要时提供设备，由我方按客商要求进行加工装配，成品交外商销售，我方收取工缴费。客商提供的作价设备价款，我方用工缴费偿还。补偿贸易是指由境外客商提供或国内单位利用国外出口信贷进口生产技术或设备，由我方生产，以返销产品方式分期偿还对方技术、设备价款或贷款本息的交易方式。因有利于较快地提高出口产品生产技术，改善我国产品质量和品种，扩大出口，增加我国外汇收入，国家给予一定的关税优惠：进境料件不予征税，准许在境内保税加工为成品后返销出口；进口外商的不作价设备和作价设备，分别比照外商投资项目和国内投资项目的免税规定执行；剩余料件或增产的产品，经批准转内销时，价值在进口料件总值2%以内，且总价值在3 000元以下的，可予免税。

（2）进料加工。

经批准有权经营进出口业务的企业使用进料加工专项外汇进口料件，并在一年内加工或装配成品外销出口的业务，称为进料加工业务。对其关税优惠为：对专为加工出口商品而进口的料件，海关按实际加工复出口的数量，免征进口税；加工的成品出口，免征出口税，但内销料件及成品照章征税；对加工过程中产生的副产品、次品、边角料，海关根据其使用价值分析估价征税或者酌情减免税；剩余料件或增产的产品，经批准转内销时，价值在进口料件总值2%以内，且总价值在5 000元以下的，可予免税。

5. 边境贸易进口物资

为了鼓励我国边境地区积极发展与我国毗邻国家间的边境贸易与经济合作，国家制定了有关扶持、鼓励边境贸易和边境地区发展对外经济合作的政策措施。

边境贸易有边民互市贸易和边境小额贸易两种形式。边民互市贸易指边境地区边民在边境线20公里以内、经政府批准的开放点或指定的集市上进行的商品交换活动。边民通过互市贸易进口的商品，每人每日价值在3 000元以下的，免征进口关税和进口环节增值税。边境小额贸易指沿陆地边境线经国家批准对外开放的边境县（镇）、边境城市辖区内经批准有边境小额贸易经营权的企业，通过国家指定的陆地边境口岸，与毗邻国家边境地区的企业或其他贸易机构之间进行的贸易活动。边境小额贸易企业通过指定边境口岸进口原产于毗邻国家的商品，除烟、酒、化妆品以及国家规定必须照章征税的其他商品外，进口关税和进口环节增值税减半征收。

6. 保税区进出口货物

为了创造完善的投资、运营环境，开展为出口贸易服务的加工整理、包装、运输、仓储、商品展出和转口贸易，国家在境内设立了保税区，即与外界隔离的全封闭方式，在海关监控管理下进行存放和加工保税货物的特定区域。保税区的主要关税优惠政策有：进口供保税区使用的机器、设备、基建物资、生产用车辆，为加工出口产品进口的原材料、零部件、元器件、包装物料，供储存的转口货物以及在保税区内加工运输出境的产品免征进口关税和进口环节税；保税区内企业进口专为生产加工出口产品所需的原材料、零部件、包装物料，以及转口货物予以保税；从保税区运往境外的货物，一般免征出口关税，等等。

7. 出口加工区进出口货物

为加强与完善加工贸易管理，严格控制加工贸易产品内销，保护国内相关产业，并为出口加工企业提供更宽松的经营环境，带动国产原材料、零配件的出口，国家设立了出口加工区。出口加工区的主要关税优惠政策有：从境外进入区内生产性的基础设施建设项目所需的机器、设备，建设生产厂房、仓储设施所需的基建物资，区内企业生产所需的机器、设备、模具及其维修用零配件，区内企业和行政管理机构自用合理数量的办公用品，予以免征进口关税和进口环节税；区内企业为加工出口产品所需的原材料、零部件、元器件、包装物料及消耗性材料，予以保税；对加工区运往区外的货物，海关按照对进口货物的有关规定办理报关手续，并按照制成品征税；对从区外进入加工区的货物视同出口，可按规定办理出口退税。

8. 进口设备

为进一步扩大利用外资，引进国外先进技术和设备，促进产业结构的调整和技术进步，保持国民经济持续、快速、健康发展，国务院决定自 1998 年 1 月 1 日起，对国家鼓励发展的国内投资项目和外商投资项目进口设备，在规定范围内免征进口关税和进口环节增值税。具体为：对符合《外商投资产业指导目录》鼓励类和限制乙类，并转让技术的外商投资项目，在投资总额内进口的自用设备，以及外国政府贷款和国际金融组织贷款项目进口的自用设备、加工贸易外商提供的不作价进口设备，除《外商投资项目不予免税的进口商品目录》所列商品外，免征进口关税和进口环节增值税；对符合《当前国家重点鼓励发展的产业、产品和技术目录》的国内投资项目，在投资总额内进口的自用设备，除《国内投资项目不予免税的进口商品目录》所列商品外，免征进口关税和进口环节增值税；对符合上述规定的项目，按照合同随设备进口的技术及配套件、备件，也免征进口关税和进口环节增值税。

9. 特定行业或用途的减免税政策

为鼓励、支持部分行业或特定产品的发展，国家制定了部分特定行业或用途的减免税政策，这类政策一般对可减免税的商品列有具体清单。如为支持我国海洋和陆上特定地区石油、天然气开采作业，对相关项目进口国内不能生产或性能不能满足要求的，直接用于开采作业的设备、仪器、零附件、专用工具，免征进口关税和进口环节增值税，等等。

（三）临时减免税

临时减免税是指以上法定和特定减免税以外的其他减免税，即由国务院根据《海关法》对某个单位、某类商品、某个项目或某批进出口货物的特殊情况，给予特别照顾，一案一批，专文下达的减免税。一般有单位、品种、期限、金额或数量等限制，不能比照执行。

我国已经加入 WTO，为遵循统一、规范、公平、公开的原则，有利于统一税法、公平税负、平等竞争，国家严格控制减免税，一般不办理个案临时性减免税，对特定减免税也在逐步规范、清理，对不符合国际惯例的税收优惠政策将逐步予以废止。

六、关税缴纳

进口货物自运输工具申报进境之日起 14 日内，出口货物在货物运抵海关监管区后装货的 24 小时以前，应由进出口货物的纳税义务人向货物进（出）境地海关申报，海关根据税则归类和完税价格计算应缴纳的关税和进口环节代征税，并填发税款缴款书。纳税义务人应当自海关填发税款缴款书之日起 15 日内，向指定银行缴纳税款。如关税缴纳期限的最后 1 日是周末或法定节假日，则关税缴纳期限顺延至周末或法定节假日过后的第 1 个工作日。为方便纳税义务人，经申请且海关同意，进（出）口货物的纳税义务人可以在设有海关的指运地（启运地）办理海关申报、纳税手续。

因不可抗力或者在国家税收政策调整的情形下，不能按期缴纳税款的，经海关总署批准，可以延期缴纳税款，但最长不得超过 6 个月。

纳税义务人未在关税缴纳期限内缴纳税款，即构成关税滞纳。为保证海关征收关税决定的有效执行和国家财政收入的及时入库，《海关法》赋予海关对滞纳关税的纳税义务人强制执行的权利。强制措施主要有两类：

一是征收关税滞纳金。滞纳金自关税缴纳期限届满之次日起，至纳税义务人缴纳关税之日止，按滞纳税款 5 ‱比例按日征收，周末或法定节假日不予扣除。具体计算公式为：

$$关税滞纳金金额 = 滞纳关税税额 \times 滞纳金征收比率 \times 滞纳天数$$

二是强制征收。如纳税义务人自海关填发缴款书之日起 3 个月仍未缴纳税款，经海关关长批准，海关可以采取强制扣缴、变价抵缴等强制措施。强制扣缴即海关从纳税义务人在开户银行或者其他金融机构的存款中直接扣缴税款。变价抵缴即海关将应税货物依法变卖，以变卖所得抵缴税款。

第三节 关税的计量

我国对进口商品基本上都实行从价税，即以进口货物的完税价格作为计税依据，以应征税额占货物完税价格的百分比作为税率。从 1997 年 7 月 1 日起，我国对部分产品实行从量税、复合税和滑准税。

从价税应纳税额计算公式如下：

关税税额 = 应税进（出）口货物数量 × 单位完税价格 × 税率

从量税是以进口商品的重量、长度、面积、容量等计量单位为计税依据。从量税使每一种进口商品的单位应税额固定，不受该商品进口价格的影响，因此，这种计税方法的特点是税额计算简便，通关手续快捷，并能起到抑制质次价廉商品或故意低瞒价格的商品的进口。目前，我国对石油、部分鸡产品、啤酒、胶卷进口分别以重量、容量、面积计征从量税。

从量税应纳税额计算公式如下：

关税税额 = 应税进（出）口货物数量 × 单位货物税额

复合税是对某种进口商品同时使用从价和从量计征的一种计征关税的方法，如现行进口税则中“广播级录像机”的最惠国税率为：当每台价格不高于2 000美元时，执行 36% 的单一从价税；当每台价格高于 2 000 美元时，每台征收 5 480 元的从量税，再加上 3% 的从价税。复合税既可发挥从量税抑制质次价廉商品进口的特点，又可发挥从价税税负合理、稳定的特点。目前，我国对录像机、放像机、摄像机、数字照相机和摄录一体机实行复合税。

复合税应纳税额的计算公式如下：

关税税额 = 应税进（出）口货物数量 × 单位完税价格 × 税率 + 应税进（出）口货物数量 × 单位货物税额

滑准税是一种关税税率随进口商品价格由高到低而由低到高设置计税关税

的方法，可以使进口商品价格越高，其进口关税税率越低；进口商品的价格越低，其进口关税税率越高。滑准税的主要特点是可保持滑准税商品的国内市场价格的相对稳定，尽可能减少国际市场价格波动的影响。目前，我国对新闻纸实行滑准税。

滑准税应纳税额的计算公式如下：

关税税额 = 应税进（出）口货物数量 × 单位完税价格 × 滑准税税率

【例1】 某进口公司从某国进口了一批货物，进口申报价格为 CIF 大连 US $60 000，当时外汇折合率为 US $100 = ¥680。该进口货物的适用税率为 12%。计算该公司的应纳税额。

进口关税应纳税额 = 完税价格 × 进口关税税率

= 60 000 × 6.8 × 12% = 48 960（元）

【例2】 某商场于 2×15 年 10 月进口货物一批。该批货物在国外的买价为 40 万元，另该批货物运抵我国海关前发生的包装费、运输费、保险费等共计 20 万元。货物报关后，商场按规定缴纳了进口环节的增值税并取得了海关开具的完税凭证。假定该批进口货物在国内全部销售，取得不含税销售额 80 万元。计算该批货物进口环节、国内销售环节分别应缴纳的增值税税额（货物进口关税税率 15%，增值税税率 17%）。

（1）关税的组成计税价格 = 40 + 20 = 60（万元）

（2）进口关税应纳税额 = 60 × 15% = 9（万元）

（3）进口环节应纳增值税的组成计税价格 = 60 + 9 = 69（万元）

（4）进口环节应缴纳增值税税额 = 69 × 17% = 11.73（万元）

（5）国内销售环节的销项税额 = 80 × 17% = 13.6（万元）

（6）国内销售环节应缴纳增值税税额 = 13.6 − 11.73 = 1.87（万元）

出口货物的完税价格，由海关以该货物向境外销售的成交价格为基础审查确定，应包括货物运至我国境内输出地点装载前的运输及其相关费用、保险费，但其中包含的出口关税税额应当扣除。

出口货物的成交价格，是指该货物出口销售到我国境外时买方向卖方实付或应付的价格。出口货物的成交价格中含有支付给境外的佣金的，如果单独列明，应当扣除。其计算公式为：

完税价格 = 销售价格（FOB）÷（1 + 出口关税税率）

出口关税应纳税额 = 完税价格 × 出口关税税率

【例3】某进出口公司向某国出口了一批货物1 000吨，每吨离岸价格US $500，其中佣金3%，其他费用US $3 200，该货物的出口关税税率为20%。当时的外汇牌价为US $100 = ¥683。计算应纳出口关税。

(1) 应从价格中扣减佣金：

1 000×500 (1－3%) =485 000 (美元)

(2) 再从中扣减其他费用：

485 000－3 200＝481 800 (美元)

(3) 计算该批货物的完税价格：

完税价格＝销售价格 (FOB) ÷ (1＋出口关税税率)

＝481 800÷ (1＋20%) ＝401 500 (美元)

(4) 计算应缴纳的出口关税：

折合人民币的完税价格＝401 500×6.83＝2 742 245 (元)

出口关税应纳税额＝2 742 245×20%＝548 449 (元)

第四节　关税的会计处理

进出口企业按关税规定缴纳的进出口关税，设置“营业税金及附加”和“应交税费”等账户进行核算。

一、进出口关税的账务处理

(一) 工商企业进出口货物关税的核算

工业企业通过进出口企业（公司）代理或直接从国外进口原材料或其他产品，应支付的进口关税不通过“应交税费”账户核算，而是与进口原材料等的价款及其他费用一并计入进口原材料的采购成本，应作会计分录如下：

借：材料采购或在途物资

　贷：银行存款

企业根据同外商签订的加工装配和补偿贸易合同而引进的国外设备，应支付的进口关税按规定以企业专用拨款等支付，支付有关款项时作会计分录如下：

借：在建工程——引进设备工程

　贷：长期应付款

　　　银行存款

企业出口产品如果需要缴纳出口关税，作会计分录如下：

借：营业税金及附加

　贷：应交税费

实际缴纳税金时：

借：应交税费——应交出口关税

　贷：银行存款

（二）代理进出口关税的核算

代理进出口业务，受托方一般不垫付货款，多以收取手续费形式为委托方提供代理服务，因此，代理进出口业务的关税均由委托单位负担，受托单位即使向海关缴纳了关税，也只是代垫或代付，日后仍要从委托方收回。

1. 代理进口关税的核算

（1）计算缴纳的税额时：

借：应交税费——应交进口关税

　贷：银行存款

（2）向委托单位托收税款时：

借：应收账款

　贷：应交税费——应交进口关税

（3）收到委托单位款项时：

借：银行存款

　贷：应收账款

2. 代理出口关税的核算

（1）计缴出口关税时：

借：应收账款

　贷：应交税费——应交出口关税

（2）缴纳出口关税时：

借：应交税费——应交出口关税

　贷：银行存款

（3）收到委托单位款项时：

借：银行存款

　贷：应收账款

二、进出口关税会计处理举例

【例1】某外贸企业从国外自营进口商品一批，进口到岸价折合人民币为400 000元，进口关税税率为40%，根据海关开出的税款缴纳证，以银行转账支票付讫税款。试计算进口关税并作会计分录。

（1）计算进口关税，并作会计分录如下：

应交关税 = 400 000 × 40% = 160 000（元）

商品采购成本 = 400 000 + 160 000 = 560 000（元）

借：在途物资　　160 000
　贷：应交税费——应交进口关税　　160 000
借：应交税费——应交进口关税　　160 000
　贷：银行存款　　160 000

商品验收入库时：

借：库存商品　　560 000
　贷：在途物资　　560 000

【例2】某进出口公司代理某工厂出口一批商品，我国口岸离岸价折合人民币为360 000元，出口关税税率为20%，手续费10 800元。

（1）计算缴纳出口关税，并作会计分录如下：

应纳税额 = 360 000 ÷（1 + 20%）× 20% = 60 000（元）

借：应收账款　　60 000
　贷：应交税费——应交出口关税　　60 000
借：应交税费——应交出口关税　　60 000
　贷：银行存款　　60 000

（2）应收手续费：

借：应收账款——××工厂　　10 800
　贷：代购代销收入——手续费　　10 800

（3）收到委托单位付来的税款及手续费：

借：银行存款　　70 800
　贷：应收账款　　70 800

【本章小结】

关税是海关依法对进出境货物、物品征收的一种税。关税会计的确认取决于关税法规的要素规定。关税的计量基本上都实行从价税，即以进口货物的完税价格作为计税依据，以应征税额占货物完税价格的百分比作为税率。

从1997年7月1日起，我国对部分产品实行从量税、复合税和滑准税。其中完税价格，由海关以该货物的成交价格为基础审查确定。根据《海关法》，进口货物的完税价格包括货物的货价、货物运抵我国境内输入地点装载前的运输及其相关费用、保险费。我国境内输入地为入境海关地，包括内陆河、江口岸，一般为第一口岸。货物的货价以成交价格为基础，并根据关税会计的确认和计量进行相应的会计处理。

【关键术语和概念】

关税　计税价格　关税会计核算特点

【学习参考：文献与法规】

1. 赵海龙. 关于企业关税的会计处理以及税务筹划研究. 财经界，2013（11）：93～95.

2. 邵一萍. 关于企业关税会计处理方法的应用研究. 财会通讯，2011（10）：27～29.

3. 袁嫣. 基于CGE模型定量探析碳关税对我国经济的影响. 国际贸易问题，2013（2）：92～99.

4.《企业会计准则应用指南（2006）》（2006年10月30日财政部发布，自2007年1月1日起施行）

5.《中华人民共和国海关法》（2013年12月28日国务院第三次修订，自1987年7月1日起施行）

6.《中华人民共和国进出口关税条例》（2013年12月7日国务院第二次修订，自2004年1月1日起施行）

7. 中华人民共和国海关进出口税则编委会. 中华人民共和国海关进出口税则. 北京：经济日报出版社，2014.

8. 中国注册会计师协会. 税法. 北京：经济科学出版社，2015.

9. 中国注册会计师协会. 会计. 北京：中国财政经济出版社，2015.

10. 财政部会计资格评价中心. 中级会计实务. 北京：经济科学出版社，2015.

11. 国家税务总局的相关税收政策